高睿律师文丛

Mind Track

思维的笔迹

上

法律人成长之道

高云 著

法律出版社 LAW PRESS·CHINA

感谢曾经、现在或未来
在我生命中出现过的所有人
一切的赞扬、鼓励或苛责
都随时光的流逝,静默成人生路上的美丽风景
给予我学习、修炼、感悟和成长的机缘
终成这本
法律人的成长智慧书

一切与成长有关

最近，因为工作的缘故，经常独自一人，驾车来回穿梭于两个城市之间。

很享受这段在路上的时光，车厢里充满着明媚、和暖的阳光，看着远处郁郁葱葱的群山，翠绿的湖水和田野，听着CD机里，陈绮贞悠悠地唱着《旅行的意义》。一切，温暖而明亮，一如我现在的生活状态。

回首过去，蒙上天的错爱，得以收获一份快乐、健康和平衡的人生。对此，我除了深深的感恩外，最大的感受，就是每个人都在路上，无时不在修炼当中。

沉浮在这个浮躁的社会、残酷的人生，时间越久，心灵越变得坚硬如铁。那些生命中最珍贵的梦想，相忘于江湖；曾经的一花一世界、一沙一天堂，不再动情；还有那些简单、美好的情感，不再怦然心动，反而容易报之以冷漠甚至嘲笑。

物质、欲望以及无所敬畏，无情地吞噬着我们的心灵。似乎，这是大多数成年人都无法逃避的魔咒和宿命。

有人为此努力修炼，甚至清心寡欲、离群索居，却始终难见明显进步，似乎又堕入另外一种魔咒当中。

似乎很难找到幸福人生的定义。如果不修，除了虚耗光阴，浪费地球资源外，人生有何意义？如果努力去修，心中充满着想要变成某种理想状态的强烈欲望，这份欲望的本身，又足以令我们封闭自我，原地踏步甚至后退，结果越求越不可得。

我就曾经见过几位努力打坐的老参，他们并不能给人一种睿智明透、成熟从容的感觉，反而有一种急促、竞争的世俗感，比不修之人，还要更封闭、狭隘，原来如此。

在漫长的人生当中，什么才是我们最应该关注和把握的？

时光匆匆如流水,无论是在觥筹交错的酒宴上,雾气腾腾的桑拿澡堂之中,或者在法庭上的唇枪舌剑,摩天大楼里的谈判桌上,它都在无声中过去。我们无法留住它,唯一可以做的,是在岁月的转角,停下匆忙的脚步,张开心灵的慧眼,全身心地投入,感受生命成长带给我们的喜悦和满足,这才是最重要的。

这个世界,就像池塘里的莲花,无论你见与不见,留不留,它都会层层叠叠地,从容地绽放。无论是灿烂阳光洒满的白色海滩上,抖落的串串笑声,赤脚飞奔的我们;抑或遥远的他乡异国,雪夜小屋里,围炉夜读,红袖添香的时刻。

生命有如一场盛大的遇见,无论何时何地,何人何事,一切皆是修炼,这才是我们最应该把握的机缘。

人生路上,总会遇到一些事情,在发生的一刻,自我感觉很重要,很难受。但是,在几个月或几年之后,回头再看,你会发现,其实当中只有很少一部分,能够真正影响我们的人生轨迹。更多的,神马不过是浮云而已。

因为生命有着惊人的韧性,时光则是最好的解药。它能够把昨日最大的痛楚,变成明日前进路上的最大动力。

人在路上,最动人的不是花朵,而是盛开的过程。你若盛开,清风自来。学会批判,学会接受不完美,更学会给出行动建议,向周围输出更多的正能量,努力争取未来。

逐渐的,你会发现身周围的一切,随着时光的流逝,将静默成人生路上的美丽风景。体验它,珍藏它,又不为之所绊,永远不停止飞行。飞翔的梦想,就永远不会坠落。

岁月静好,与君到老。未来的日子里,不苛求完美,不追逐鲜花和掌声,只是怀着一颗简单,喜悦而洁净的心,用心感受生命的每一瞬间,不错过每一个当下;学会坚持理想主义的同时,以现实的态度,宁静的心情,在尘世中守望理想。

其实,这就是最好的生活,最幸福的人生。

高云(汪宏杰)
2012年11月
于广州白云山麓

目 录 CONTENTS

第一章 出发篇

第二章 职业篇

第三章 思维篇

第四章 沟通篇

第五章 写作篇

第六章 营销篇

Chapter 1 出发篇

生活的路还很长，
应该先到你想去的地方，
然后再到你应该去的地方，
未来其实一直在你自己的手中。
……

有一条河流，来自遥远的高山之巅，经过无数村庄与森林，最后来到了一个沙漠面前。它想："我已经越过了重重的障碍，这次这个沙漠也应该难不倒我吧！"于是尝试穿越。

但是，它惊讶地发现，无论自己如何努力，滔滔河水渐渐消失在泥沙当中。它努力了一次又一次，总是徒劳无功，于是它灰心了，决心放弃：

“也许,这就是我生命的终点了,那个遥远的浩瀚海洋,只能是曾经的梦想了。”它颓丧地自言自语。

这时候,空中传来一股低沉而有力的声音:“如果连柔弱的微风都可以跨越沙漠,那么河流也可以。”河流很不认同地回答:“微风当然可以,因为它会飞,而我不能。”

“如果你坚持保持你现在的样子,那么你永远无法跨越沙漠。你必须放弃现在的样子,借助风的力量,变成水蒸气融入到风中,才能顺利越过沙漠。”低沉的声音说。

河流从来没有想过,自己还可以有这样的变化,“放弃我现在的样子,消失在微风中? 不! 不!”它无法接受如此大胆的想法,毕竟从未有这样的经验。放弃自己现在的样子,那么不等于是自我毁灭了吗?

“我怎么知道这是真的?”河流很怀疑、很迟疑地问。

“当你变成了水蒸气,不再沉重,风就可以把你吹起来,送过沙漠。到了适当的地点,你们重新聚集,变成雨水,落到地下,又可以形成河流,继续向前进了。”声音回答。

“那我还是原来的河流吗?”河流问道。

“可以说是,也可以说不是。”声音回答,“你是河流或是看不见的水蒸气,只要你坚持,那么你内在的本质就不会改变。”

此时,河流隐隐约约地想起自己昔日的成长经历。它来自于白云深处的水气,正是风托送着它,让它聚集成雨滴,落在高山之巅,变成潺潺小溪,顺势而下,汇集百川而成今日的河流。

于是,河流终于鼓起勇气,投入微风张开的双臂,消失在微风之中,让微风带着它,奔向它梦想中的远方——浩瀚的大海。

我们的人生就像河流一般,一路激荡回旋,沉淀下所有的泥沙,推开所有的枯枝和障碍,跨过悬崖和峭壁,向着太阳升起的方向前进。不断地成长,才能不断地有所收获。

一、改变

过去十多年以来,看着书店里琳琅满目的法学专著,遍地开花的法学成果，还有高速增长的法学院校和在校法学生数量，一切似乎都在表明，中国法学正处于一个高度繁荣期。然而，在热招的背后，是用人单位对法学毕业生的冷遇。据统计，法学毕业生的就业率，已经连续八年排在所有专业的倒数第一位。更令人奇怪的，是对法律专业人才需求最多的公检法、律所、企业等用人单位，虽然应聘者众，却总是抱怨招不到合用的人才。

为何如此？除了恶劣的就业环境外，恐怕最主要还在于法学教育与现实社会的严重脱节。中国法学教育给学生们灌输了太多抽象正义，理想教条，但却严重缺失教授和训练学生法律实务方面的技能，导致绝大部分的法学毕业生只懂高谈阔论，却不具备发现和处理问题的实践能力，更别提活用法律，在理想和现实之间作出最恰当的选择了。

面对残酷的现实，我们必须求变。首先需要改变的，不是环境，而是我们自己。

• 路在何方

我每次到大学讲课，很多临近毕业的学生，都必问类似的问题：我应该读研还是工作？出国抑或留校？什么才是最适合的选择？等等。

美国当代著名法学家 E. 博登海默说过："法律是人类最伟大的发明，因为别的发明使人类学会了驾驭自然，而唯有法律让人类学会了如何驾驭自己。"[①]法律职业是一个非常高贵的职业，它起源于古希腊，以白袍智者形象为代表；成长于英国，戴假发，穿法袍的法律贵族形象深入人心；到了21世纪，美国律师在全世界的政治和经济领域呼风唤雨，长袖善舞，法律职业迎来了它的黄金时代。

在这个黄金时代里，法律人的职业选择很广，有公务员、公检法机关、企业法务、律师、教师、编辑和记者等。如果按照社会职能来分，大致可以归纳为政治家、法学家和法律家三种，每个行业都有诸多成功的范例。

公务员是政治家之路的起点，丰厚的法律知识，可以让你拥有成为政治家的底气。

成为公务员的最大好处，是你可以进入体制内，生存和发展皆有保障，

① 转引自袁曙宏："'法治 Rule of law'——通往现代文明必由之路"，载《法制日报》，http://news.sohu.com/20070107/n247463563.shtml。

而且受人尊敬,所谓"大树底下好乘凉",或许你还可以一展当父母官的抱负。不好的地方,是体制,它会慢慢将你钝化,就像电影《肖申克的救赎》当中老瑞德描述的那样:"起初你讨厌它(监狱),然后你逐渐习惯它,足够的时间后你开始依赖它。"

体制会磨掉你的鲜明个性和棱角,将你打磨成一颗标准规格的螺丝钉,牢牢地钉在特定部位上,一旦脱离,你就会一无所长。

法学家这个职业其实也不错,此路虽然让你远离实务,但可以生活在大学校园里,享受浓郁的书香,进可思考社会进路,著书立说,鼓吹正义;退而教书育人,独善其身,受人敬重。可以让你在这个物欲横流的黄金时代里,固守人性里面一些清高的尊严。

但是,无论你再清高,还是个凡人,总要吃饭、住房和教书。而目前中国的大学存在严重行政化和官僚化的倾向,你要么努力使自己满足大学里面那些怪异的评价标准,以保有自己的学术活动自由、学者尊严乃至教书的权利,要么接受被排斥于主流之外,逐渐被边缘化的现实。重者还可能被放逐于边疆乃至除名。

还有一种选择,就是"法律家"。即加入体制内从事法官、检察官或公安职业,或在体制外从事律师或企业法务工作,整合法律资源,在个案中实现正义。当中也有部分理想主义者,在谋得安身之所之余,关注时事,热心公益,为民众疾苦奔走呼吁,为伸张法理公义挺身而出,赢得天下美名。

面对如此多的选择,很多毕业生直至踏出象牙塔的一刻,依然对选择不知所措。其实,不只是毕业生,每个人站在社会的大海边上,面对这样或那样的决定,总会徘徊不定,难以抉择。

在我看来,如果不清楚自己想要什么,自己内在的动力源泉在哪里,只是不断地追问别人,什么才是最好的选择,无论答案是什么,都只能将自己推入更为疑惑的境地。

当下的世界,物欲横流,底线坠落,所以导致很多人内心的动力源泉,濒临枯竭。追求正义、努力工作和幸福生活三者之间的关系,已然断裂。高调提倡正义之人,可能不过是为了平衡种种的现实利益;努力工作的目的,却是出于对物欲的过度追求。幸福生活,已经在枯燥工作、世俗现实的浪潮冲刷下,成为逐渐远去的背影。

因工作失去乐趣，因现实而放弃理想，这就是大多数人的真实体验。

所以，没有人能够给你最佳答案。我唯一可能的建议是，收回对外界的期望，静观自己的内在，问清楚你的内心，什么才是真正想要的、真正喜欢的生活？

在我看来，听从自己内心的声音，找到一个自己喜欢、高度认同价值观并愿意为之奋斗的职业，沉静下来，浸淫当中，甘心接受各种历炼。在经年累月之后，你就会发觉，曾经貌似遥远的幸福生活，一定会悄然而至。

就像被誉为“世界上最伟大的商业天才”的苹果公司前 CEO 乔布斯所说，“你的时间有限，所以不要为别人而活。不要被教条所限，不要活在别人的观念里。不要让别人的意见左右自己内心的声音。最重要的是，勇敢的去追随自己的心灵和直觉，只有自己的心灵和直觉才知道你自己的真实想法，其他一切都是次要。”①

例如当年与我一同踏出象牙塔的同学们，他们现在有的在政府部门任职，造福于一方百姓；有的在世界五百强企业担任 CEO，为中国企业在世界各地攻城拔地；有的在外国学校里教书，传播中国文化；当然，也有的在家里相夫教子，其乐融融。

他们的人生道路各有不同，但都很成功，很圆满，很幸福。如果要问他们成功的秘诀，我估计只有一条，那就是寻找到自己真正喜欢的生活，然后沉静下来，努力坚持直至成功。

此外，无论你如何选择，比选择更重要的，是勇敢地行动。我经常对接触的年轻人说，从你们充满稚嫩的面孔和渴望的眼眸当中，我感受到年轻是如此的美好，像沾满朝露的鲜花。年轻人的包袱少，负担少，甚至责任也少，所以应该趁着如此黄金般的时刻，勇敢去尝试，去经历，去体验。

一位哲人说过，人生当中最后悔的事，不是大败后的悲声，也不是路途中的寂寞难耐，而是我们走过的路，一直环绕在当初的梦想之外。

生活的路还很长，应该先走你想走的路，到你想去的地方；然后才是走你应该走的路，到你应该去的地方。未来，其实一直在你自己的手中。

---

① “乔布斯语录：生命随时可能结束 无谓患得患失”，载网易探索频道，http://news.163.com/11/1006/12/7FMCQ0UC0001121M.html。

● 梦想在高处

某人经过一个建筑工地,问那里的建筑工人在干什么?三个工人有三个不同的回答。

第一个工人回答:"我正在砌一堵墙。"

第二个工人回答:"我正在盖一座大楼。"

第三个工人回答:"我正在建造一座城市。"

十年以后,三个人有了不同的活法:

第一个还是工人,还在砌墙;

第二个工人成了建筑工地的管理者;

第三个工人则成了这个城市的市长。

不时听到有人抱怨,没有好机会、好条件,所以找不到好工作,事业发展不如意。也看过身边有更多的人,刚刚踏入社会时,心中大多怀着高傲的理想和战斗的勇气,初遇种种丑陋或黑暗现实时,总能以鄙夷和嘲讽态度对待之,坚守心中的梦想,寸步不让。但是,在社会当中日久,各种教化不绝于耳,你会被磨砺,被告知——必须适应环境,必须迎合众人口味。于是,大多数人会在不知不觉当中逐渐改变,逐渐把欲望当作梦想,把世故视同成熟,把麻木自诩为深沉,把圆滑等同于智慧。

接下来,曾经高傲无比的梦想,会被一份世俗的职业、一座豪华住房甚至一辆名贵汽车遮掩、压倒、打垮。梦想,已经从当年那台高速旋转的发动机,变成夜空中遥远的一颗星星。

正如富兰克林说的那样:"大部分人在25岁时就死去了,但直到75岁才被埋葬"。看看我们身边的人乃至我们自己,有多少人能够逃脱这样的宿命?

孔子曰:"君子谋道不谋食。"如果一个人只是把谋生作为他的目标,那么谋生也难!正如前面的三位建筑工人,只有志存高远,未来才能无比宽广。看看世界上众多名人,他们都有着类似的成功特质,不是依靠聪明,而是对高远梦想的不懈追求。例如世界首富比尔·盖茨,他曾经先后有两个梦想,第一个是"让每个人桌面都有一台电脑",在实现了之后,他的第二个梦想是"让每个生命能够得到公平的对待"。

坚持梦想需要坚韧不拔的毅力，其中的寂寞煎熬，漫长摸索和等待，是必不可少的。世人总喜欢那些热闹和成功的场面，而对成功之前的事情很少关心。然而，这些场面只是成功之后的奖赏，并非是鼓励你努力前行的动力。

所以，曾经有位哈佛商学院的教授对毕业生讲，“如果你要做喜欢的事情，那毕业5周年的聚会，你不要去，因为那时你处在最艰难时刻，而你的同学们，大多在大公司里平步青云。同样10周年聚会，你也不要去。但是，20年的同学聚会，你可以去，你会看到，那些坚持梦想的人，和随波逐流的人，生命将有什么不同”。

是的，树立高远的梦想，并且为之坚守，全世界的困难都会为之退缩让步，你最终会赢得财富，赢得整个世界。

到了梦想真正实现的那一天，你才能真正体会到，梦想有多高，你的生命就会有多精彩。

● 安身立命之本

从事律师招聘多年，收到求职邮件无数，给我留下印象最深的，却是如下这一封：

我不幸出身于农民家庭，无法考入名牌院校。我没有获得过奖学金，成绩也一般。因为意外原因，我没过英语四级。虽然不太自信，但我有心，有热情，愿意从低做起，所以恳求贵所给我一个工作机会。

看着如此低下哀求的语气，我也犹豫过，考虑是否应该帮助他？收留他？不过，转念再想，我如果帮助他，貌似对他好，其实是害了他，因为剥夺了他看清社会真相，接受磨难，激励奋发的机会。

上帝的眼睛从来不往下看，只有弱者的泪水，从来往下流。从来没有绝望的处境，只有绝望的人。每个人都在努力，不过方向不一样，有些人向上，他向下。

于是，我决定回邮如下：

你可以出身贫寒，但你应该考入名牌院校；即使不能进入名牌学校，你至少应该获得奖学金；即使没有获奖，你也可以成绩优秀；即使成绩不优秀，你也起码应该通过四级考试;如果什么都没有,你最起码也应该有一点点自信,一股自强不息的劲头。

这个社会的真相是物竞天择,只相信实力,不相信眼泪。仅仅有心,有热情,是不足以在这个社会生存和立足的,你确实应该努力,但不是努力哀求别人,而是努力建立自己的安身立命之本。

在短暂的人生当中,知识终会老化,人脉变幻无常,财富浮沉易变,神马统统都是浮云。什么才是我们的安身立命之本呢?尤其是对于那些远离家乡的法律新人,没钱,没人脉,没关系,什么才是最重要的积累呢?

在我看来,凡是那些能够帮助我们有尊严地生活和工作的思想、方法和技术,都是我们的安身立命之本。具体一点来说,就是远大的人生价值观,勇气、努力和坚持的品质,还有写作、沟通、说话、演讲、谈判等各种具体的实务技能。

曾经有一次在外地律协讲课,一位年轻律师和我聊,说现在的客户,总让你先干活,不提律师费,问我怎么办?

我反问,你觉得自己写的文件和设计的方案能够帮到客户有多少?

这位律师犹豫了一下说,我对客户的情况没有太深入了解,很难有把握说自己写的东西有多大用处。

我说问题就在这里!连你自己都无法确定工作有无价值,客户又如何对你的工作定价呢?如果你拥有高超的专业技能,达到即使把思路全盘托出给客户,他还是不放心,最终还是委托你操作的地步。你觉得,此时你的问题还是问题吗?

年轻律师社会关系少,人脉不广,这是你的短板和劣势。但是,也同样因为年轻,所以你往往精力充沛,思维灵活,行动迅速,这是潜在优势。

要快速成长,关键不在于弥补短板,而在于将精力集中到一点,充分发挥优势。具体来说:

排除各种社会不良习气的干扰和诱惑,将自己的精、气、神集中于一处,像海绵一样,孜孜不倦地学习;

逐步用高质量的阅读、主动总结和有创造力的思考,填满你工作和生活当中的每分每秒;

不断磨砺自己的笔锋和口才,不断试错,从中总结和寻找正确的前进方向；

时刻注意将大学知识与实践情况充分整合，融会贯通，构筑适合自己的体系。

简而言之，就是做专业人，干专业事，过专业的人生，这才是成长过程当中最重要的智慧。

拥有了安身立命之本的你，好比一匹骏马，在经历漫长的匍匐潜行，穿过幽长的峡谷之后，必将发现一片广阔的新天地。

二、重启

某次演讲，我提问现场听众一个问题：有谁每天都洗脸？所有人的手都举了起来。我继续问下一个问题：有谁每天都洗心？这时，绝大部分人的手都放了下来。

是的，我们都非常注重自己的外表，每天清洁，但却甚少关注自己的心灵。我们很多人，都已经忘记了有多久，没有清洗过自己的内心。心智蒙尘，灵性就会退化。

在这个物质丰富而精神贫瘠的时代里，市场、商品，一切都在增值，只有我们的人生和心灵，在悄悄贬值。所以，我们需要净化和修炼心灵，找回真实的自己。

• 超越本能

本能是我们人类与生俱来之物，求生的本能、恐惧的本能、痛的本能乃至性的本能，等等，成为甚至决定我们行为的重要因素。它的存在，让我们可以无须思考，只需直觉和惯性就可以迅速行动。不过，如果我们过分依赖和相信它，就容易被蒙蔽，容易迷失自己，找不到失败根源。例如：

——习惯。

人们曾观察到这样的怪现象：牵一头大象，用一条细绳就可以了。而牵一头小象，却需要粗绳。因为大象已被约束惯了，它没有想过自己的力量足以挣脱绳子的控制。而小象则不一样，它没有形成被约束的惯性思维，尽管力量最小，反而更有创造力。

人也是同样如此，每当遇到问题，所谓成熟之人，本能的第一反应，就是以老眼光、老经验和老思维分析和判断事物,以习惯性的动作来应对。但对于年轻人来说,最难得的就是不受这些惯性思维束缚,往往可以奇兵突起,收获意外惊喜。

——理由和借口。

那些工作做得比较差,人际关系不佳的人,他们爱说什么?他们总有各种“理由”和“借口”,为自己的错误和失败解脱,似乎错永不在我,而全在他人。

但是,如果你仔细观察一下那些懂得超越本能之人,就会发现他们的思维都有一个共同的特点,就是他们最关注的不是谁对谁错,而是自己可否从中抓住机会,解决问题。

例如接案件,有些律师一听到客户说起,已经咨询过其他律师的时候,就容易退缩,说等等看那个律师办理结果再说,把接案机会白白放弃。因为害怕自己不如那个律师,害怕出丑;但是,有些律师则相反,他们会兴奋起来,因为觉得又有一个机会,证明自己比其他律师更强。

——名人经验。

名人的成功,其实自有其独特的内在因素,并不适合所有人。例如盖茨喜欢宣扬自己的成功创业经历,但他不会告诉你,他的母亲是 IBM 董事,是她给儿子促成了第一单大生意;巴菲特只会告诉你,他从小就具有投资意识,八岁就知道去参观纽交所。但他没有告诉你,是他时任国会议员的父亲带他去的,高盛董事还亲自接待。

——羞耻心。

人都喜欢长时间停留在心灵的舒适区域当中,因为没有人责难、没有人挑剔、没有人批评。每当出丑,羞耻心就会跳出来引诱我们,劝说我们退回到原来的舒适区域当中。如果你答应了,成长自然停止。

要成长就必然会出丑,怕什么就做什么,只有不断地出丑,成长才能进行下去。在经过无数次摔打,身上满是伤疤之后,专业水平才能获得实实在在的提升,你才能真正获得成长。例如做律师,第一次开庭、第一次见客户,肯定会紧张,还可能闹出意外,或者被笑话。但正因为有了这第一次出丑的教训,你才知道自己有什么不足和需要提高的地方,才会激发你不断地改进和提升自己。

如何超越本能呢?首先要明白,最大的障碍不是源自别人,而是我们自己。因为生理和心理,在每个人心里都存在有各种执念,例如贪婪、妄言、怨恨等。所以,要超越本能,首要就是超越自己。方法有很多,但最关键的只有一条,就是不计较。

不计较无非就是不计名利,不计得失,着眼长远等等。这些听起来都似乎很简单,但其实是说来容易做起来难的事。

世界著名大导演卡梅隆,执导过《魔鬼终结者》、《真实的谎言》、《泰坦尼克号》、《阿凡达》等大影片,被誉为"好莱坞最吸金的导演"。然而,很少人了解,他今天的成功,很大程度上源于他未成名前的不计较。

在他还没有成名的日子里,为了说服投资者投拍《魔鬼终结者》及其续集,他只象征性地收取了一美元版税,结果成功获得了巨额投资。结果,《魔鬼终结者》把他从一个三流导演推上了知名导演。

这时候,他其实已经很有资格计较了,但是,他还是没有计较。接着下来的《真实的谎言》,由于成本超支,需要投资者追加3500万美元,于是他又主动放弃了这部电影的版权,确保了这部电影顺利完成。

然后,《真实的谎言》大获成功,将他从知名导演推上了世界级导演的宝座。

再上《泰坦尼克号》,成本再度超支,他这次做得更绝,不仅放弃了巨额的版税、导演费,还放弃了自己的分红(按照后来的票房测算,他的分红至少应该有1500万美元),几项合计总共2300万美元。

后来,《泰坦尼克号》这部号称"史上投资最昂贵电影"拍摄成功,最终创下全球影史卖座纪录——全球票房18亿美元。而他自己最终获得的,只有区区的不到100万美元。

因为《泰坦尼克号》实在太卖座了,投入2亿美元,票房收入18亿美元,回报接近10倍,让投资者感到太不好意思了,最后主动给卡梅隆封了个红包,当作谢礼——1亿美元。

再后来,《阿凡达》开拍,预算投入3亿美元,为了增强投资者的信心,卡梅隆主动向投资者保证,如果亏损,他会先让出自己的收入进行填补。

结果,《阿凡达》投拍成功,并且票房超越《泰坦尼克号》,全球收入20亿美元,成为新一代的传奇。

不计较,说的容易做起来难。尤其是当今的社会,竞争日益激烈,毕业生生活在社会的底层——薪水最微薄,待遇最低,负担最重,怎么可能不计较?

其实,现在的毕业生与过去的学徒相比,待遇已经好很多了。在过去,要拜师学艺,徒弟不得不接受师傅种种的苛刻要求,中间付出的劳力和艰辛毋须多言,需要的时间往往超过十年甚至更长。但现在,这个阶段已经大大缩短为数年甚至更短,在这个期间,还有人支付给你薪酬,教给你技能,倾心培育你成长。如果这么看,还有什么可计较的呢?

我看过一些新人,在求得落脚之处时,态度积极,口口声声说不计较,但实际上内心憋着一股气,忍而不发而已。一旦拿到了正式律师证,就匆忙申请独立执业,至于自己是否已经储备了足够经验和能量,还有师傅为自己投入了多少心血,都视而不见了。

理想未见端倪,就先急着争取那一丁点的私利,这样的思路和格局,如何能成大器?

所以,要注意的只有一点:趁自己还年轻,尽量从师傅或者律所处,学到尽量多的东西。不要因待遇太低而离开,而只因这个师傅、律所给你的压力与学习的机会不够而离开。

在你的经验积累足够多之前,一份既轻松又高薪,甚至没有太多压力和责难的工作,绝对是一剂无形的毒药。

“当自求解脱,切勿求助他人”,相传这是当年佛祖释迦牟尼圆寂时,说的最后一句话。超越本能,关键在自身,无关他人。

● 阳光心态

苏东坡是个大才子,佛印是个高僧,传说两人经常一起参禅、打坐。佛印老实,老被苏轼欺负。

一天,两人又在一起打坐。苏东坡问佛印:“你看看我像什么啊?”佛印回答:“我看你像尊佛”。苏东坡听后大笑,对佛印说:“你知道我看你坐在那儿像什么?就活像一摊牛粪”。佛印微笑不语,苏东坡自以为获胜,回家就在苏小妹面前炫耀这件事。

不料,苏小妹冷笑一下,对哥哥说,“就你这个悟性还参禅呢,你知道参禅的人最讲究的是什么?是见心见性,你心中有眼中就有。佛印说看你像尊佛，那说明他心中有尊佛；你说佛印像牛粪，想想你心里有什么吧！”

阳光心态代表的是乐观、感恩和知足，它能让人心境美好，人格健康，人际关系良好。具体一点来说，就是你的心里有什么，眼里就会看到什么，表现出来的就是什么。如果你把别人看得都很阴险，你就会觉得身边很多魔鬼，好像时刻生活在阴谋当中；如果你把一切都看得很快乐，你就会发现身边都是天使，生活无时无刻充满愉悦的感觉。

如此说法并非必须放弃自我，刻意迎合别人，而是强调宽容和感恩，忘记该忘记的，记住该记住的。不原谅别人，等于给了别人持续伤害你的机会。重要的是学会放下，学会从不完美当中发现美。

律师因为职业特性所致，见过的黑暗面，遇到的坏人，都比普通人要多，所以满眼里看到的，往往都是司法不公、权力腐败、道德沦丧等负面问题，容易忽略其他正面的事物。如果以眼里看到的，定义心里想到的，自然容易牢骚满腹，怨气冲天：“现在法院诉讼这样黑暗，律师竞争又激烈，律师太难做了！”在与顾客沟通时，律师就会在无意当中，把这种负面情绪传染给客户：“这个问题很难说啊，”“这个风险很大啊，”“我也说不好啊，”等等。

想想看，客户已经处于困境和不安当中，如果还要耗费精力，和一个充满负面情绪、行动消极的律师打交道，岂非雪上加霜？恐怕更明智的选择，是一走了之。

如果换一种心态思考，结果又如何呢？曾经有一位年轻律师与我分享成长心得，他说：“我做业务其实也没有什么技巧。只是每次我听到热线电话的铃声一响，我就开始感到兴奋，因为我在想：又有一个大案件来了！又有一个挑战自我能力和增加收入的机会了。”

带着这样的积极情绪，与客户的沟通自然积极和正面，自然给客户带来强烈的信心，成功率自然就提高了。

自己是太阳，才可能照亮别人，如果自己是黑洞，岂可奢望周围充满阳光？所以说，要想照亮别人，首先就要点亮自己，时刻充满阳光，充满正能量，这就是所谓的塑造阳光心态。

• 人生四境界

哲学家冯友兰在《新原人》一书把人生境界划分为四个等级：自然境

界,功利境界,道德境界和天地境界。

当一个人凭着动物的觅食本能或者习惯行事,就像原始人一般,此谓“自然境界”。

例如有些小地方到大城市发展的律师,虽然变换了社会环境,但思维没换,于是行为与在家乡无异,在法院门口摆一小摊代书文书,每份诉状10元、20元的干活。

另外,有些律师比前面的“地摊律师”聪明,出于“趋利避害”的本能,无论待人处事,皆以是否有利于自己为准,此谓“功利境界”,有人将之喻为“出租车司机”,扬手即停,乘客想去哪里就去哪里。

不过,可以想象该等境界的下场,自然是有利可图时秃鹫云集,有难时纷作鸟兽散;即使今天挣了点小钱,也难有大发展。

律师队伍当中有些人,高度自觉地认同自己作为社会一员,与社会共生共荣的关系,他们的所作所为,多以法治精神、社会价值观为重,此谓“道德境界”。

在著名时评人、作家熊培云笔下,将此称之为“社会共识”或“理想”。熊培云认为,中国社会需要重建理想体系,这个理想,不仅仅是吃饱穿暖的生存理想,还应该有为人类社会作出思想贡献的勇气与力量。

近年以来,中国律师界逐渐形成一个具有鲜明特色的公益诉讼律师群体,在中国律师北海维权案、常熟六民工自卫案、贵阳黎庆洪涉黑案等热点案件当中,都见到了这群律师活跃的身影。

此外,根据冯友兰的说法,我们身边应该还有一类人,思维境界已经超乎单个阶级、国家甚至民族,考虑更多是对于人类社会的基本价值观和行为标准的体现,此谓“天地境界”。

在法律职业当中,有如此思维和境界的人士不多,著名法学家江平算是一位,他长期参与立法,为中国法治建设作出了重大贡献。面对种种社会不平现象,也敢于大声呼吁,学识和胆识均为世人称道。另外一位是自谦“一生从未胜诉”的“中国第一大律师”张思之,他屡次担任异端、敏感人物的辩护律师,为维护当事人的合法权益,不惜以身犯险,仗义执言,实为每一位职业律师的偶像。

做人做事,境界有别,高低立见。

现在中国律师界不光彩的那面很多。

比如,关于律师界的潜规则——介绍费。曾经有几个青年律师问过我,怎样才能不给介绍费?我回答,这要看你用什么眼光和高度来看这个问题。如果你着眼于眼前的一案一客,一城一池之失,那就不得不给,因为你需要生存,需要机会,给了介绍费,就增加了自己获得这个机会的可能性。

但是,久而久之,你和介绍人之间,会逐步蜕变成两个龟公的关系,为各种各样的嫖客和妓女介绍交易,乐此不疲。它将会变成你的职业生涯当中的污点,成为噩梦,阴魂不散地缠绕着你。最终,它会锈蚀高扬在你理想天空上的梦想旗帜,将这份你曾经无比珍惜的理想事业,逐渐蜕变成追求生存的世俗职业。

其实,如果你站在更高的人生境界来看待这个问题,一切就会变得清晰和透彻起来。

虽然眼前的机会流失,你为此还不得不承受一段艰难困苦的日子。但是,只要你耐得住寂寞,不断磨砺自己的专业能力,那些看重你个人能力的客户,终究会重新聚集;那些需要你发挥专业才华的案件,也将会自动吸引过来。

等到将来的某一天,你终会惊奇地发现,这个貌似难以逾越的难题,已经被远远抛在后面了。

境界高远之人,虽然孤独但精彩,虽然成功不在当下,但必然赢得未来。

三、未来

很多人忙碌一辈子,始终没有想清楚自己的未来,虽然侥幸获得发展的机会,但始终找不到自己的人生坐标。这好比一场没有目的地的航行,即使燃料充足,最终会迷失于茫茫人海当中。所以,我们要思考清楚、规划好自己的未来,正如前面所说,未来其实一直在你自己手中。

• 人生羊皮卷

传说中的羊皮卷,代表的是历史久远,价值连城的宝藏。谁发现了它,就意味着未来的幸福生活指日可待。实际上,我们不需要苦苦寻觅,因为它就在我们心里,只需要我们仔细规划好自己的未来,绘制好自己人生的羊皮卷,并且果敢地行动并坚持下去,幸福生活同样能够如期而至。

绘制这个羊皮卷,你需要详细考虑清楚如下要点:

第一,树立一个梦想。

正如前面所说,有什么样的梦想种子,才可能结什么样的理想果实。浑浑噩噩地过日子,是对自己人生的极度不负责任。在这个高速发展、激烈变化的年代,只有那些找到并坚持梦想的人们,才可能最终找到自己的幸福生活。

第二,阅读两种书籍。

读书是看有字书,当然要读懂,丰富自己的知识体系。但更重要的是读破,结合自己的工作实践,关注行业发展动向,给予自己更多的感悟和启发。多与各种各样的人交往,是看无字书,更丰富,也更难。正如前面所述,必须学会超越本能,塑造阳光心态,才能真正读懂别人和自己。两种途径交叉运用,才能真正读懂人生。

第三,居住两个地方。

一个人要真正成熟,其实只要在两个地方住过就可以了。第一个是从小成长的地方,有自己熟悉的人文和社会环境,这里将培养伴随一生的个人气质;第二个是你重新选择的一个陌生地方,因为读书、工作或者婚姻等原因,到一个全新的地方,住上一定的时期,并且能够自立、自养下去,你愿意将它选定为自己的人生归宿,这个地方将决定了你的未来生活方式。

第四,多拜几个师傅。

拜师与学艺两者相比,前者的难度在于你需要花费很多时间去寻觅良师,再用足够多的耐心,逐步取得他的信任。后者的重点不在于学习师傅的知识,而是这些知识体系背后隐藏的人生智慧,这部分博大精深,没有经年累月的细心体会,难有大成。

第五,学会与心灵对话。

贯穿我们每个人成长与发展全过程的,是不断地与我们的心灵对话。因为我们每个人都深受身体、欲望的束缚,所作所为有时清醒,有时盲目。如果不学会与心灵对话,就容易迷失方向。

总之,争取在进入社会之前,绘制好自己的人生羊皮卷,学会享受生命的美好与快乐时光,才能享受到事业成就的快乐。

• 读破万卷书

如果把我们的人生当作一场旅行,要么体验,要么读书,身体和灵魂,必定要有一个在路上。

广泛和深入的阅读,可以开阔自己的见识和境界,从中获得和感悟新的经验和技巧,激发和照亮生命中那些还在沉默和幽暗的部分。这好比不断在大脑银行中存钱,你可以终生享受它的"利息",在将来的工作和生活当中,逐步领略到它的神奇魅力。

说到读书,第一个问题就是如何识别和选择海量的书籍?在我看来,众多的经典著作可以广泛涉猎,但并不一定过于深入,否则将把你的头脑变成别人思想的运动场,很容易让你越读越糊涂。

所以,我反对网上流传的那些动辄就五六十本经典书籍的"法律人必读书单",如此庞大的阅读量,除了有利于深入研究法学理论外,对于现实工作并无太大帮助。

以加强法律实践技能为目的的读书,应当注意如下两点:

第一,看作者的经历。

如果作者从学士、硕士、博士一路读上来,一直到留校任教,或许还留洋外国,学贯中西,没有实务经历的话,他笔下的东东,或许有一定的理论高度,但肯定难有较高的实用价值。就好比一个没有结过婚的作家,无论他的文笔如何出色,都绝对无法写出婚姻围城当中的细腻情感。

第二,选择信息来源。

网上有众多的法律专业网站、博客、微博等,由于作者一般多有深厚的法律实务工作背景,案例剖析、办案心得和经验总结等实务精华,信手拈来,字字珠玑,都是法学教育无法提供的。

如果为了提高诉讼经验,可以多看最高院发布的指导性案例和历年出版的《最高院司法观点集成》,这些文书代表了中国最高司法权威对法律的理解和最高院的实务观点,对于提高实践技能非常有帮助。

除此以外,作为一个真正的法律人,不能把视野局限于法学之内,因为法律仅仅是一个工具,你要仗义执言,争取公义,必定要深谙世情,通读历史未来。

以提高个人综合素质为目的的读书,可以考虑如下六类书籍:

第一,文学、美学方面的书籍。

此类书籍可以让我们间接地体验人生、了解生活,提升和培养审美能力和鉴赏品位,所谓“腹有诗书气自华”,就是指文学和艺术作品对一个人潜移默化的作用。

第二,社会、历史方面的书籍。

它让我们超越自身现实环境的局限,深入社会历史和机制深处,获取处世待人的经验和智慧。同时,又能够帮助我们更清晰地把握现实生活的时空坐标,培养自己的大视野和大格局。例如费孝通的《乡土中国》、各种版本的《上下五千年》、吴思的《潜规则》等。

第三,心理学、心灵成长、哲学方面的书籍。

现代科技到今天能够上天入地,却仍然难以透彻了解人类的内心世界,所以我们中间的大多数人,一直是依靠直觉、本能和个人经验为人处世,犯下很多错误而不自知。阅读这方面书籍,能够帮助我们更好地了解自己的内在,激发潜能,提升人生价值观和幸福感。

我推荐大家阅读冯友兰的《中国哲学简史》、[德国]埃克哈特·托利的《当下的力量》、明代洪应明所著的《菜根谭》、清代王永彬的《围炉夜话》、[美国]英特尔首席技术官帕特·基辛格的《平衡的智慧——家庭、信仰和工作的优先次序原则》等。

第四,经济学、信息学、未来学等应用学科的书籍。

现代社会当中,经济生活是现代社会的本质,信息化是活在当下的保证,而未来学则让我们掌握判断未来的趋势,三者缺一不可。我推荐的书籍包括:[美国]阿尔温·托夫勒的《第三次浪潮》、[美国]克里斯·安德森的《长尾理论》、[美国]汤马斯·佛里曼的《世界是平的——21 世纪简史》以及[美国]未来学家约翰奈斯比特的《定见》等。

第五,职场工作书籍。

传统教育只教会我们怎么做事,从来没有教过我们怎么做人。而现实的真相是,你必须先学会做人,然后才能顺便把事情做好。关于职场指南类的书籍,我推荐台湾作者郝明义写的《工作 DNA》、[美国]苏姗·奥尼尔的《美国律师实务入门》等。如果还有空闲,可以抽空读读李可写的《杜拉拉升职记》,一部记载白领在中国商业社会中成长的小说,写的非常真实和有趣。

第六,与法学专业领域相关书籍。

理由这里就不用多说了。首先推荐江平的《沉浮与枯荣》,一书阅尽新中国法律的成长历程、[美国]博西格诺等著的《法律之门》,内容丰富,资料翔实,可以增加自己的法律厚重感。国内法学教授写的既生动又有灵气的书籍不多,我个人比较推崇贺卫方教授的《运送正义的方式》。

还有一书是必读的,就是被称为美国历史上最伟大的辩护律师——克莱伦斯·丹诺律师所著的《丹诺自传》,可以生动地重温美国制宪历程,了解美国律师职业,培养我们的历史责任感。

正如刘勰在《文心雕龙·知音》当中说,“操千曲而后晓声,观千剑而后识器”,对于法律职业人而言,观千剑而后识利器,然后方可人剑合一。

• 接触真实人生

法律是治世之术,了解社会,了解你所遇到的每一个人,才可能真正了解法律背后的含义。此谓读万卷书,不如行万里路,而更重要的是阅人无数。

所以戴尔·卡耐基说:“人人皆是你学习的对象。因为不论相识与否,每个人都或多或少有值得你效法之处。最重要的是,你得研究他们的生活,积极借鉴他们的经验,并灵活地应用在自己的生命中;否则,就容易走弯路,甚至碰壁、摔跤。”①

申请实习是一个好途径。在校期间,主动申请到各大公司企业、公检法部门实习,尤其是努力争取到自己喜欢的行业和城市去,亲身体验真实,远比纸上或者别人介绍要深入很多。

我的事务所,每年都接待很多类似的实习生。他们大多满怀激情和期望而来,但在离开的时候却各不相同,有人带着失望、懊悔甚至埋怨离开,有人则带着满满的收获。

为何有如此大的差别?某次,当我经过实习生的办公桌前,发现他正在阅读一篇名为“大学期间最无聊的十件事”的文章,果真好无聊!

更多的实习生,因为年轻和稚嫩,经常重复犯下一些低级错误,掉入同一个洞中。我在这里总结出如下“法律新人的四个低级错误”,仅供读者参考:

① “做人做事的学问”,载百度百科,http://baike. baidu. com/view/1940308. htm。

低级错误第一条:自作主张,不注意能力和权力的区别

在一家律所里面工作,判断某一事情应不应该做,如何做,重要的不是你的能力,而是权力。意思是在接到一个任务时,你就必须先问清楚,上级是否有授权你可以下判断?高度的授权意识,既是一种团队精神,也是一家以管理风险为主业的企业必须高度提倡的工作风格。

律所的所有风险均由合伙人或律师承担,所以只有合伙人或者被合伙人授权的律师,才有权力对法律事务下判断。因为这两类人,好比律所生产线上的主管,他们对法律服务的最终结果承担无限连带责任。而作为新人的你,不过是生产线上的一个螺丝钉而已,并不对结果承担责任。所以,你听说过螺丝钉有权判断如何生产零件吗?

再如接受任务时,重要的不是展现你的能力,而是问清楚你的权力有多少。一个任务的下达人,有时是合伙人,有时是其他指导律师,有时是行政主管,各人在理解和传递信息过程当中,很可能会造成任务理解的偏差。如果你急着展现能力,没搞清楚上级的意图是什么,就匆忙行动,查几篇新闻,编辑几个法条或者研究几个问题,虽然你的工作成果看起来很漂亮,但实际上可能完全无用,甚至南辕北辙。

最保险的方法,当然是争取向任务下达人直接提问和确认任务,以免信息传递发生错误或遗漏;如果有规定不许越级请示或汇报,也应该向你的直接上司提出疑问,请他去逐一核实。

记住,做什么永远比怎么做更重要。

低级错误第二条:依赖别人,不喜欢自己思考方法

实习生遇到不懂的问题时,第一反应多数是不假思索,马上跑去问别人,甚至要求把解决的步骤和流程,从头到尾给自己演练一遍。作为一个新人,你不懂方法,不懂技巧是必定的,但这并不意味着你可以不懂规矩。

在一个依靠出售时间换取金钱的律所里面,所有人的时间都是金钱,如果你把本属于自己的问题,不经大脑思考,就轻易地推给别人,这是对自己对别人都不负责任的表现。

所以，正确的做法是凡事要多思考，运用你所学的法律知识，还有网上的经验介绍，自己设计出至少两种以上的解决方案，才好拿去问别人，然后通过观察别人识别、判断问题的方法，最终得出自己的结论。一句话，让别人做选择题，而不是填空题。

记住，选择题永远比填空题学到的东西更多。

低级错误第三条：自行其是，不注意程序和形式的重要性

律所或专业团队规模越大，程序越重要。比如说写邮件，有不少实习生总觉得这是很烦的事情，没什么实际的价值，有事打个电话、发个短信多快，干吗要花精力写邮件？

没错，在创造性方面，邮件毫无意义，甚至浪费时间。但是，邮件除了传递信息外，还可以帮助你请求协助，帮助你的上司监控任务进度，所以很重要。

尤其是作为新人，应该培养这样的工作意识和习惯：每到任务的节点上，就要及时发出关于任务进度的说明邮件，帮助你的同事、指导律师、合伙人和律所其他人员随时获知和监控任务完成进度，此举可以帮助你获得更多的指导或协助，避免犯下不必要的错误。

记住，怎么做比做了什么更重要。

低级错误第四条：大包大揽，不懂灵活应对任务冲突

这个错误在新人身上见的最多。在一个律所里面工作，同一时间段里，总会有无数多的工作分配下来，而你作为新人，要博取赏识和晋升机会，自然不好拒绝。所以，你必须学会如何有技巧地应对任务冲突问题，而不是简单、粗暴地回绝或大包大揽。

你首要考虑的，当然是如何充分挖掘、整合和运用所里的文件资料、人脉关系等资源，尽可能地完成所有任务。如果一旦发现自己确实不懂这个问题，或者在规定时间不能完成，就应该马上、大胆地说出来，解释清楚原因。更重要的是在同时，提出你自己的解决方案，要么加资源（询问哪里可以获得完成任务的指南性文件），要么加人（调配其他同事协助），要么换人

(询问是否交给其他更有经验的同事完成)等。总之,不能简单地说“不”而没有其他下文。

最严重的错误,是等到任务的原定提交期限临近之际,你才将延误结果告知上级,甚至忘记了告诉。如此做法会让上级认定你对工作严重不负责任,直接影响到你的职业生涯,后果非常严重。

这些貌似微小的事情,影响甚至决定着你的职业生涯起点和第一印象。不想当元帅的士兵不是好士兵,但当不好士兵的人,绝对当不好元帅,就是同样的道理。

● 笑傲江湖

我给律师讲课,曾经数次被问过同样的一个问题,律师时间都是有限的,如何能够很好地平衡开拓客户和钻研业务两者之间的关系?

有律师主张,律师首要必须解决生存,关键在于多见客户,多接案件。有了丰富的案源和办案经验,专业水平自然就上去了。所以,很多律师白天忙于到处见当事人,跑案源;晚上勤快地发起或者出席各种各样的聚会、应酬。至于专业技能的学习和研究,更倾向主动干活,被动积累。

不过我敢断言,如此下去,看书学习之类的功课,时间长,见效慢,必然会被牺牲掉。于是,此类律师逐渐变成法律的门外汉。

另外一派观点认为,专业技能乃律师生存的根本,你连内功都没练好,当事人怎么会相信你?怎么敢将案件托付给你?即使让你见到客户,又如何能够有令人信服的专业表现?

其实,两种说法各有道理,前者注重实战,后者强调理论,孰对孰错,难以一言断之。不过,这两派观点,倒让我想起金庸的《笑傲江湖》一书当中所写的令狐冲、岳不群和东方不败三位。

喜欢实战者正如令狐冲,率性而为,自命洒脱不羁,来者不拒,不管什么宗,有用就行。遇事也不去积极想法解决,只管天天开怀畅饮,等待天上掉下个金元宝来。结果天公真的会安排,竟然把强敌任我行一朝解决掉,于是皆大欢喜,来个大团圆结局。不过如果你仔细推敲,就会发现,令狐冲有如此的运气,纯粹是金庸捣的鬼。

强调理论的律师大抵像岳不群,信奉对内功推崇备至的气宗,轻视只练招式,不打根基的剑宗。正如实际工作当中某些律师,语必究法理,言必称法条，过于追求理论的严谨性而忽视实践的灵活性，实在是僵化的很。

其实，我倒是建议两派都学学东方不败。我认为，他（她）才是《笑傲江湖》里面最伟大的人物。这完全没有贬低的意思，虽然他（她）不男不女，但实际上颇具兼容并蓄之风，而且不靠别人给的运气，只靠自己的努力（自宫），实在是刻苦耐劳、自学成才之典范，只可惜不招金庸的喜欢，最后被假借令狐冲之手，无情杀害。一代宗师由此埋没于野外长草之中，令人扼腕。

强调实战或理论，这一争论正如问左手有用还是右手有用，永远不可能找到准确答案，因为这是一个度的问题，并非质的问题。各人性格、爱好和机遇不一，度也不一样，所以成就方式各不相同。在我看来，最重要的，应该是掌握好如下三点：

第一，不要学岳不群的狭隘，将气和剑两者绝对对立起来；也不能学令狐冲的过于随性，毫无计划，终日混迹市井，沉迷外物，成功全赖天意；更不可迷信成功有捷径——《葵花宝典》。

第二，除非万不得已，别学自宫，那些所谓自断后路、背水一战的行为，常常是不懂得同时把握多个机会者的借口。现实告诉我们，虽然所谓成功秘笈前面都会写：想成功，先自宫。不过说不定书的结尾会变成：如不自宫，也可成功。

第三，你应该做的是：白天练剑（认真办案），晚上练功（刻苦学习），这个道理符合职场上著名的“三八理论”，那就是：决定人是否成功的时间，不在工作的八小时之内，因为那时候人人都在工作，而在于其他两个八小时——业余时间怎么度过。

白天，大家都在工作，你就争取比别人认真多一点，观察多一点，感悟多一点，但这毕竟是有限的。最容易拉开距离的还是八小时之外的时间，当别人在娱乐、拍拖或者休息的时候，而你还在继续加班工作、学习或者思考。这样做虽然比别人更辛苦，但你学的东西岂非更多？

如此这般几年下来，即使你再笨，但你花的时间比别人多，学的、感悟的东西自然更多，你的发展速度焉能不超过别人？

如此坚持数年之后再看，你焉能不笑傲江湖？

Chapter 2 职业篇

我们不幸生于法治未成的当下，
肩上承担着沉甸甸的责任和使命；
但也有幸生于这个飞速发展的年代，
可以尽情迸发出光和热，
共同驱除冰冷和黑暗，
照亮中国法治的璀璨星空。

若论最近几年的优秀中国电影，姜文的《让子弹飞》绝对算是其中一部。不过，总有点拾人牙慧的嫌疑。

在《让子弹飞》之前，中国众多上市公司和券商已经联合导演了《让股价飞》，紧接着是众多房地产商联合投拍了《让房价飞》，发改委还监制了《让油价飞》。而在《让子弹飞》上映之后，据说因为同类题材泛滥，市场承接力有限,因而导致类似题材的电影例如《让工资飞》等,均出现拍摄困难,何时上映遥遥无期。只有同名的电视连续剧《让眼泪飞》热播,高居各大卫视收视冠军,并接连衍生出《奋斗》、《蜗居》等多个版本。

这个年代,理想丰满,现实骨感,子弹到处横飞。面对残酷现实的铜墙铁壁,如何不让眼泪飞而让梦想飞呢?

自从做律师以来,各色人等在我身边似水流过,让我惊讶地发现,现实并非与理想一致,原来做律师的,通过瞒骗客户、挑词架讼、拉拢行贿,甚至拉皮条、当龟公,也是可以赚大钱的;做法官的,玩弄证据、曲解法律,乃至枉法裁判,也是可以堂而皇之地高居庙堂之上的。

相反地,坚持理想,坚持专业为本,技能立足的,熬的苦,见效慢。而且,身边总有各种质疑和嘲讽的声音在回荡:法律无非就是工具,法律职业说穿了,无非就是一个钱字!你还空谈什么专业、什么梦想,太假、太理想化了。

真的是这样吗?我不相信,正如诗人北岛说的那样:“我不相信梦是假的,我不相信死无报应。”

20年以来,看看我自己的经历,还有身边的朋友们,专注于提升技能,专业研究者众,不行贿、不勾兑、不站队者不乏少数。虽然不甚出名,虽然工作不轻松,虽然赚钱不够多,但走的稳当,晚上睡的香甜。这样的工作和生活,其实已经很完美了。

让子弹多飞一会吧,相信必定能够把现实的铜墙铁壁,打个千疮百孔,让梦想自由高飞。

一、职业素描

中国有五千年的悠久文明,却没有律师制度。1912年,北洋军政府曾颁布过律师试行条例,勉强算是中国律师制度的起源。新中国成立不久,中国短暂地出现过律师,但是其后开始的文革运动,又将律师制度扼杀在摇篮当中。

直至1980年,全国人大才正式宣布恢复律师制度,至今才走过短短的30年。但是,就是这短短的30年里,中国律师业所取得的发展成绩,足以令世人瞩目。

截至2012年,中国已有23万多律师和2万多家律所,他们正逐渐深入中国社会的各个层面，在社会建设、经济发展等各个方面，发挥着积极和巨大的作用。

● 职业使命

还记得美国电影《费城故事》里的丹泽尔·华盛顿吗？他为我们诠释了什么是充满正义感的律师形象；还有电影《刺杀肯尼迪》里面那段精辟洗练的结案陈词，至今还为广大法律人津津乐道；还有近年热播的美剧《金牌律师》、《波士顿法律圈》等，在我们心目中塑造了一个又一个潇洒自如、能言善辩的律师形象。

然而，当下的中国，律师要想如此酣畅淋漓地纵横法庭，追求法律公平正义的圆满时刻，暂时都只能是幻想。近年来，律师被法官非法殴打①、被打致流产②、被非法禁锢乃至被追究刑责等，时有耳闻。

因为当下的中国，法治环境尚不完善，公权力还缺乏有力监督，司法尚未完全独立，306条律师伪证罪利剑高悬，这些都注定了律师之路必定荆棘满途。例如被称为"中国最伟大律师"的张思之，虽然亲历过诸如"江青反革命集团"等重大案件，辩护水平和质量之高，令世人广为称道，但至今仍然因为各种原因，屡遭败诉下场，不得不自称为"从未胜诉的失败者"。

对于这份看起来很美、做起来很累的职业，老律师感到身心疲惫，新律师望而生畏，现实让人感觉很迷茫。然而，令人欣慰的是，还是不断有充满责任感和正义感的年轻人加入中国律师队伍，在一定程度上，这是由律师职业的伟大使命感召所致。

与其他普通职业不同的是，律师职业天生就有保护私权，制衡公权，运送正义之使命。所以近年以来，在众多的社会热点、不公现象的周围，我们总能看到一批批的律师在摇旗呐喊，义无反顾地冲杀在法治第一线，为维护公民权利而战，为法治理想而战。

然而另一方面，律师制度的设计，要求律师必须通过充分运用法律知

① 网易新闻中心："法官在法院内殴打律师 声称自己就是法院"，载 http://news.163.com/06/0411/08/2EDRDOEQ00011229_2.html。

② 在线律师网："'法警殴打律师'事件续：法院与律所达成和解"，载 http://www.52lawyers.net/news/10100834.html。

识,帮助他人保护权利,换取报酬,这就决定了律师职业必定带有商业性。但是,在当下的中国,这个原本正常的属性,却成为律师被侵犯、被压制乃至被妖魔化的理由。

例如在李庄伪证案当中,北京某大报竟然编造所谓的某律师发出"这里钱多,人傻,速来"的虚假消息,公开污蔑中国律师。在最高法院的审判工作会议当中,某领导也公然将律师依法辩护的行为定性为"闹庭"。这些都可算是妖魔化律师职业的表现之一。

从另一方面看,中国律师队伍重商轻义的现象也日趋严重。不少大城市的大律所、大律师,均以承揽涉外业务、非诉业务以及担任大国企、大公司法律顾问为重点业务。全国每年选举出来的优秀律师,大多数都是成功的商人,每日忙碌于为外国资本、国家公权或者私企富豪鞍前马后,劳碌奔忙。偶尔有一两个公益律师,也只是点缀,在邓玉娇自卫案、许霆盗窃案、重庆打黑案、北海律师维权案、常熟六民工自卫案、贵阳黎庆洪涉黑案等近年以来的社会热点案件当中,鲜见此类律师身影出现。

为什么中国律师的职业使命感越来越淡薄?律师们大多是高智商、高素质的,一味指责律师皆为贪图荣华富贵之辈,显然是不客观的,也不公平。如果深入研究一下律师业现状,调研一下高达百分之二十几的税收社保制度,了解一些繁杂的行政管理和行业管理制度,多曝光一些公检法对律师诸多欺压和刁难的状况,还有法学教育对律师人才输送出现严重断层等问题,就不难发现根源所在。

一个法治社会的发达程度,必然反映在律师职业的繁荣程度上。而这种繁荣,必定与律师是否具有政治和经济上的独立人格有关,与律师是否能够大胆运送正义,免受肆意侵犯相关;如果相反,它必然与律师为了生存,不得不竞相卖身于豪门,充当食客,为权力和金钱陪侍无关。

当律师还为自己的三餐而苦苦奔波,被各种名目繁多的管理制度压得喘不过气来的时候,当律师连自身权利都无法保护,随时会被公权力打压的时候,还有这个社会对于何谓成功的定义,以金钱多寡为衡量标准的时候,强行要求律师不顾自身,主动承担更多的社会责任,增加更多的使命感,都是苍白、空洞而欠缺说服力的。

当然,我们应该看到当下的中国,虽然楼价物价依然向上,道德底线还在滑落,现实问题多多,但是,对比 30 多年前那个疯狂的时代,对比那个抓人可以不讲程序,断案可以主观臆断的时代,中国法治毕竟有了质的改变,毕竟在一天天进步,毕竟走在了一条不可逆转的法治道路上。

在这条光荣之路上,虽然走的辛苦,但仍然不断有律师勇敢地站出来,为权利而战,为正义而战。正是有了他们的关注和战斗,才使得公权力有所忌讳,使得普通人免于恐惧和远离冤狱,使得社会民众争取公义的呼声,越传越远。使得这个社会的正义之光,长明不灭。

只要社会还需要进步,还需要公平正义,律师就注定不会缺席。我们不幸生于法治未成的当下,肩上承担着沉甸甸的责任和使命;但也有幸生于这个飞速发展的年代,可以尽情迸发出光和热,共同驱除冰冷和黑暗,照亮中国法治的璀璨星空。

• 职业价值观

我们每个人,从出生开始,无论是居住、上学、工作、购物、旅游,抑或恋爱、结婚,都必须遵循各种社会制度和规范;企业经营更是如此,设立公司、签署合同、投资项目乃至购置资产,面对的各种社会制度和规则更加繁多。所以无论是生活抑或经营,都离不开了解和熟悉一整套社会“游戏规则”的专家——律师。

马克思说过,“为了 100% 的利润,资本就敢践踏一切人间法律;有 300% 的利润,资本就敢犯任何罪行,甚至冒绞首的危险”。[①] 资本首先俘虏的就是企业家,因为商人皆有逐利本性,所以总有冒险的冲动。谁来帮助企业家避免冲动,预防和管理风险呢?当然是律师。

对于同一件事,企业家和律师关注的重点各有不同。假如你在一块白绸上洒上几个墨点,然后拿去问企业家和律师他们都看到了什么?律师会很谨慎地回答:“我看到了几个大大的黑点。”而企业家会很高兴地说:“我看到了大大的一块白绸缎。”很明显,企业家更关注机会,而律师则侧重风险。

要强调的是,律师不应过分强调或夸大风险,那种所谓的“律师的职责是消灭风险”的说法是错误的。

---

① 《马克思恩格斯全集》,中共中央马克思恩格斯列宁斯大林著作编译局编译出版,第17卷第258页。

要知道,一旦风险归零,机会也将归零。律师的正确定位,应该是“风险管理师”,就是运用一切方法和手段,将风险控制在客户可以接受的范围内,而不是执意要消灭它。如果过度夸大风险,破坏了交易机会,律师变成了“交易杀手”,工作就再无意义了。

我曾经办理过一个资产置换项目,我方客户系一国有大型企业,他们急切地希望与对方签订一份《资产置换协议》,将资产进行互换,实现资产优化配置的目标。

为了保证交易安全,对方同意将手上持有的某企业股权质押给我方客户,我们律师负责根据双方的谈判结果起草《股权质押协议》。

我手下的一位律师参照《担保法》和相关法律规定,迅速起草了该份协议,协议当中的生效条款如下:

本协议自双方签字盖章,股权出质记载于企业股东名册,出质人向质权人移转交付出资证明书、股权证、出质股票之日起生效。

我看完之后很不满意,律师不解,我于是提示道:“如此苛刻的合同生效条件,会对谁更有利?”律师恍然大悟,将上述条款改为:

本协议自双方签字盖章之日起生效。出质人应当及时将股权出质记载于企业股东名册,并向质权人移转交出资证明书和相关股权证明等书面文件。

虽然两种写法均无违反法律规定,但效果大不相同。由于我方客户急于达成交易,所以应当把合同生效条件写得尽量简单,以尽可能保证交易机会。如果如前一版所示,对方只需故意不移交书面文件或股票,人为延迟协议生效时间,就可以轻松逃脱违约责任。这种写法虽然在法律上没错,但显然没有考虑如何解决客户的忧虑,结果化身为“交易杀手”。

如果我们更深入地研究律师职业特性,你就会发现,律师的价值其实远不止“风险管理师”如此表面,如下例:

某世界五百强公司招聘一位高级法务经理,面试官来自美国,他在面试众人时,提问的第一个问题就是,你认为一个企业的首席法务官,它的职责定位是什么?

99%的应聘者答案高度一致:为企业控制风险,节省成本;或者更简洁一点的,保驾护航。

面试官对此类答案都不太满意。事后我们与他讨论时,他告诉我们,在美国人的观念当中,法律人对于公司经营的最大作用,不是控制风险,而是创造价值。

确实如此,高明的法律人其实完全可以依据法律武器,帮助企业实现经营目标乃至创造经济价值。不过,这个不算新的观点似乎得不到法律人,尤其是律师们的赞同。他们往往认为,我们是搞法律的,本职工作是控制风险,至于创造价值,那属于企业家经营的事情,与我没有太大关系,我如果整天想着如何创造价值,岂非越权?

如此想法,实在是自我设限。试问一下这两个问题就清楚了。

第一个问题,你是谁?即使你不是企业员工,可能是某家律所的律师,独立人士。但是,只要你受聘于客户,你就是客户工作团队当中的一员。

第二个问题,你的客户目标是什么?难道仅仅着眼于控制风险吗?当然不是,客户的最终目标是获得利润,创造价值。

所以,既然你是客户团队的一员,客户的目标,就应该是你的目标,你应该与客户保持高度一致,就是创造价值。

与客户团队的其他人员相比,所不同的,只是工具、手段和方式而已。与保安相比,他们挥舞的是木棍,你举起的是法条;与财务人员相比,他们强调报表,你强调文书;与销售人员相比,他们的工作是把钱收回来,你的工作是把风险转移出去或者有效控制起来。

也许有人会继续问,帮助企业创造价值这一说,听起来不错,但具体应该怎么做呢?

只要你留意一下平常,无论是在投资合作、国企改制、上市融资、资产重组、收购兼并抑或破产重整等领域,法律人通过富有创造力、博弈力和整合力的想象和辛勤工作,帮助企业创造收入、激发潜能和提升盈利能力的例子比比皆是,如下例:

1993年,美国,有一位工程师与一位律师成立了一家在手持设备上收发电子邮件技术的公司,简称NTP,他们为此先后申请了数十项专利。十多年之后,以手机收发邮件这一功能被普遍应用于各种智能手机当中,成为几乎所有的手机软件的标准配置,不幸全部坠入 NTP 公司多年前布下的专利大网当中。

2006 年,NTP 起诉黑莓手机制造商 RIM 公司获得胜诉,RIM 为此不得不向 NTP 缴付 6.12 亿美元的巨额和解款。其后,NTP 乘胜追击,先后向苹果、GOOGLE、HTC、微软、LG 及摩托罗拉等 6 家公司发起侵权诉讼,要求他们支付巨额赔款,这批世纪大案目前仍在继续诉讼当中。不过,可以预见的是,无论官司结局如何,有 6.12 亿美元的巨额和解案例在前,NTP 的幸福光景可以维持很多年。

为什么 NTP 能够如此注重和善于运用法律智慧的力量?因为 NTP 的老板之一,就是一名律师。在十多年前,一位律师出身的公司老板,以一个法律人敏锐的嗅觉,作出了一个不起眼的决定,竟然引发了今日全世界高科技公司的骨牌效应,创造了巨大的经济价值。

为客户服务,这种创造性思维是不可或缺的关键因素。想想看,让客户选择两位律师,一位只懂常规技术——“管理风险”,另外一位则是“管理风险”和“创造价值”技能兼备,客户会选择谁?答案应该不言而喻了。

• 职业形象

希拉里还是参议员的时候,有一次在某法学院对着一个班级的学生发表演讲,主题是公民义务。学生们全神贯注,仔细聆听这位名声赫赫的美国前第一夫人的讲话。结果她的发言让在座学生们大吃了一惊。

她一本正经地说:“今天,我必须对你们说的最重要一点,是头发很重要。这是人生中的一个经验,我家里没有教过我,韦尔斯利和耶鲁法学院也没有教过我。你的头发,会向你周围的人传递出重要信息……人人都会关注你的头发,所以你们一定要重视它。”①

虽然很多人都信誓旦旦地说,我看人更注重的是内在而非外貌,但现代科学研究表明,“以貌取人”其实是人类的本性。古人黄庭坚有云:“焦子初

① “第一印象很重要”,载豆瓣网,http://www.douban.com/group/topic/26720653/。

见我,如兰生幽林”,形容的就是外貌带来的惊艳感觉。我们身边确实有些人,就为了这一刻,决定一辈子。

20 世纪 50 年代,著名学者阿尔伯特·麦拉宾在研究了大量的案例后得出结论,别人对你的总体印象,7% 来自于语言(仅指文字),38% 来自于声音(其中包括语音、音调以及其他声音),剩下的 55% 则全部来自于对你的服饰和行为举止。因为服饰覆盖了人体近 90% 的面积,当人们还没有听清楚你的说话,来不及判断你的性格特征、行为处事风格之前,你穿什么、做什么,他看的一清二楚了。在对方心里,不自觉中已经将你定位在某一圈子或层次之中了。

我在各地律协讲课的时候,曾经有不少律师询问过我,如何能够获得高超的说服力。看着他们并不得体的穿着和举止,我回应,人际交往当中,说什么、怎么说是第二步,是次要的因素,与对方打交道,第一步需要考虑的,是你穿什么和做什么。

我在某次培训当中,对实习生举过这样一个例子:

“为什么我带你们出去见客户,客户一眼就看出来你是学生、你是新人?”

实习生答曰,全因客户眼光锐利之故。

我摇头否定,道出个中缘故,“皆因你穿的就是学生、新人服装”。

很多学生、新人到律所工作,容易忽视衣着,有些离谱的,身穿汗衫,脚蹬运动鞋;好一些的,领带是系了,但松散歪斜;白衬衣是穿了,但袖口汗迹斑斑。还有,头发不梳,皮鞋蒙尘等等。这些细节都在无言中透露着一个事实:你就是一只雏鸟。

法律人需要经常穿梭于商业楼宇和公检法机关等庄重严肃的场合,职业形象自然要求成熟稳重,服饰庄重大方。因为在他人眼里,职业形象代表着你的身份和专业水准。如果你不拘小节或不修边幅,这不是有个性,而是对你自己的职业、客户乃至法庭的不尊重,也暴露出你缺乏足够专业水准和态度。如此缺乏职业精神和态度之人,又如何能够取得他人信任呢?

所以,即使你兜里钱不多,也应该设法备上几套得体的职业服装,有条件的,最好是找裁缝给自己量身订做一二套合体的西装,因为外面买回来的衣服,往往不一定合体。

此外,服饰细节也很重要,把衬衣洗干净,熨平,袖口、领口切忌有污迹;

把头发打上发胶,梳理整齐,别像乱草般随意;把皮鞋擦的铮亮,不要布满灰尘。这些要求貌似很细节,却很重要。如果你见过港澳或外国的律师,仔细留意一下他们的穿着,尤其是他们的袖口和领口的标志,你就知道我所言非虚。

所以我们可以理解,为什么世界著名的瑞士银行,在员工守则当中强调,“衣着是非言语交流中的关键因素,银行家对穿着的认真和热忱,是因为遵循注意仪表和正确穿着的着装规则能够更好地传达我们的价值观,我们的文化”。①

其次,你的行为举止,例如站姿、握手、递送名片等,也非常影响别人对你的印象。这些似乎是你从小自然就懂的举动,其实可能存在很多问题。我曾经看过国外一本律师杂志,里面就专门介绍过一些建立良好职业形象的具体做法:

例如站姿,有些人要么驼背,要么重心偏一边,让人感觉不够阳光。正确的应该是抬头挺胸,目视前方,收腹,双腿并拢直立、脚尖分呈V字型,身体重心放到两脚中间。

又如握手,有些人只习惯与人轻轻触碰一下,这样显得没有自信或者有戒心。给人留下愉快印象的握手方式,应该保持手掌干燥、温暖,相握时坚定有力,并且持续几秒以上,这能充分体现你的信心和热情。

还有递送名片,正确的应该用双手拇指和食指执名片两角,让文字正面朝向对方。接名片时要用双手,并认真看清楚上面的内容。如果接下来与对方谈话,不要忙着将名片收起来,应该放在桌子上,并保证不被其他东西压起来,使对方感觉你很重视他。

别小看外表、衣着、行为举止等,这些无声的信号,不增不减地把你对专业的态度、价值观等信息,直接输送入客户的潜意识当中。

客户对你的印象和判断,不偏不倚,就在这一刻开始形成。

• 职业思维

在哈佛法学院某次合同法课程上,一个教授提问他的学生,“如果你要

---

① “第一印象很重要”,载豆瓣网,http://www.douban.com/group/topic/26720653/。

给某人一个橘子，你会怎么办呢？”学生回答，“给，橘子。”

教授大怒，“不！不！像法律人一样思考！”

学生答道：“OK，我会告诉他，我在此向你赠与我的上述橘子的全部财产、权利、请求权、命名权和其他好处，连同它的所有外皮、汁液、果肉和籽，以及所有咬、切、冻、榨汁等等吃或消费的全部权利和利益……”

这不是一个笑话，这是对法律人思维模式的真实描述。正如在医生的眼里，人体不是艺术家眼中的掷铁饼者，而是一根根骨头、血管和经络组成的碳水合成体。法律人面对各种社会问题时，看到的不是矛盾冲突各方激愤的情绪、冲动的话语或者让人血脉贲张的场面，而是一件件独立的事实和证据，以及从中抽取并重新组合而成的法律词语、逻辑关系和权利义务体系。

同样是思考和判断问题，普通人的思维通常是发散性的，思路散乱，表达无序，还经常受到主观意识、情绪和关注焦点所左右。而律师的思维严谨有序，有如“围棋盘”，无论星斗市民的私人官司，抑或跨国大公司的并购重组项目，都会经过专业思维的梳理和分类，然后再放入“围棋盘”中进行分析。

在律师的“围棋盘”中，各种花哨的形式和外衣被剥去，剩下的只是具有法律意义的事实和证据。此时律师就有如围棋高手，对于放入“围棋盘”中的事实和证据，攻与守、弃与取、先与后、得与失，统筹思考，最终将其重新组合成风险和收益、矛盾与和谐的统一体。

与普通人的“结婚思维”，通常表现为只注重商业交易的成功喜悦和所获收益，而对于交易风险以及失败后果，往往不愿意深入了解和面对不同，律师思维更多是“离婚思维”，除了安排好结婚程序外，还会同时设计好将来一旦离婚，双方如何分钱，分子女。

因为在律师眼中，任何交易和事物都充满风险，安排好各种万全和应对之策，是律师工作的应有之义。所以在商业交易的谈判当中，你往往会看到一个似乎不可思议的场面：尽管双方律师都认为此次交易大概只有1%甚至更低的失败可能性，但仍然会在“交易一旦失败双方如何划分责任和赔偿损失”这一问题上耗费掉整个交易谈判10%甚至更多的时间。

另外一个有趣的现象是，法学老师和律师的思维流程，往往是截然相反的。老师喜欢“从理论到实践”,从普世价值入手,加上概念法学、宏大叙事、注释西法等常规手法,从而获得权威结论,而且能够居高临下地解释各种实践问题,这是因为老师的思维目标通常是研究理论。

而律师必定先搜索“经验库”,看看过往有无遇到过类似案例或做法,找出可供参照的案例;然后,再搜“法条库”,看看相关的法律法规、规范性文件,为前述做法提供法律依据;如果确实找不到案例或依据,才会搜索“法理库”,从抽象法理当中寻找支持。这是因为律师的思维目标是解决问题。

两种思维模式的对比如下图:

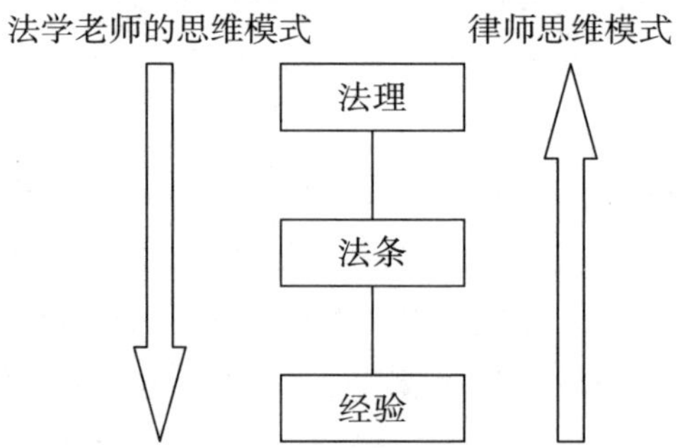

概括起来,法律职业思维的特点是注重理性和逻辑,擅长分析和判断各种社会现象,寻找理性的解决方案。不足之处是思维方法过于线性,容易忽视人类的丰富情感,解决方案往往失之僵化。

• 职业意识

法律职业犹如航行在大海上的帆船,时时可能面对的是不可预知的风暴、暗礁和漩涡,如果我们仅仅懂得像“律师一样思考”(Think like a lawyer)和行动,而没有救生衣——职业意识防身的话,迟早会被大海无情吞噬。

我曾经承接过一个房地产合作投资项目,客户委托我们设计交易框架和起草相应法律文件,并多次强调必须依法进行。

我安排了一位刚入职的助理,按照我们之前做过项目的文件模板,起草该项目的法律服务方案初稿。

不久,助理向我交上了功课。我打开一看,顿时惊出一身冷汗。原来,文稿当中有这样的一句话：

敝所理解和保证贵方的合作项目完全合法。

我把助理叫进办公室问她：你当时是怎么想的？

她答曰：我记得当时开会时，客户是这样要求的，我们也当场答应啦。

法律人虽然都从书本上学过什么是“风险”，但在法律实务当中，风险意识仍然很薄弱，如上例所述，在代理合同当中为客户的商业交易保证合法，自己给自己下了一个死套，埋了一颗超级地雷，居然还浑然不知。

类似的错误不仅是新人，有时候连富有经验的律师都难以避免。例如2011 年的苹果公司与深圳唯冠公司 IPAD 商标争议案，此案当中，代表苹果公司的是中国某著名律师事务所。他们向深圳唯冠公司发出律师函，其中颇多地方因为直译英文的缘故，给自己埋下了巨大的职业风险，例如，在未经司法机关认定相关案情的情况下，该律师函就轻率地写道：“就我们所知，作为唯冠机关的实际控制人和负责人，以及深圳唯冠的董事长和法定代表人，您知悉并授权深圳唯冠就前述商标转让与英国 IP 公司进行磋商并最终达成协议……”

对于未经过法庭认定的关键事实，律师轻易地以“就我们所知”的方式来描述，就是对所述内容的真实性和合法性作出了担保，如果这些内容将来被司法机关否认，律师就不得不承担相应的侵权风险。这个明显的错漏，仅仅以中文翻译水平不够来解释是明显不够的，更多的应该是风险意识不足的缘故。

果然，该函件后来激发了深圳唯冠公司的强烈反应，他们对媒体公开宣称，对该律所保留就此事诉诸法律的权利。

当下中国法治环境尚未完善，律师地位不高，执业权利缺乏强有力的保障，如果律师个人风险意识稍有淡薄，就容易遭遇灭顶之灾。例如 2000 年上海律师的“预包租”百万元案件赔偿案、2001 年北京发生的律师尽职调查报告错误千万元赔偿案、2008 年广州律师被控合同诈骗案、2010 年北京律师李庄被控“眨眼”伪证案等，这些案件的最初起源都与前述情形类似，只是一言不慎或者某些细节处理失当而已，结果却遭受了无法预料的巨大风险。

归结起来，律师职业当中有如下几类的风险需要重点防范：

第一，决策参考风险。

现在许多大企业在作出重大决策时,通常都要求律师出具相关的《律师意见书》,据此作为决策参考。此时,如果律师声明“本意见书不作任何决策依据”,则让客户感觉你的意见毫无价值;如果为了迁就客户,将该等风险防范条款删去,则必定背上风险。所以,在写作相关法律意见时,需要详细询问案情和调阅相关文件,在行文当中明确作出若干假设和责任排除情形。还有,在写作起诉状,确定诉讼请求,确定诉讼方案或起诉金额时,必须征得客户的同意,最好的方法是让客户亲自签署相关文件。此举可以有效防止将来一旦决策错误,客户将责任推卸到律师身上。

第二,原件风险。

只要不是非常必要,尽量不要收取或保管原件。因为原件一旦丢失,你就陷入了万劫不复的境地。如果确实需要,例如开庭需要核对证据,最好还是让当事人自己带证据原件上庭,自己交给法庭核对,然后自己收回。我就亲眼目睹过一位老律师,因为不慎丢失客户的收条原件,被客户在街上拉住质问,狼狈不堪。后来听说,法院判决他按照收条记载金额全额赔偿给客户,教训不可谓不重。

第三,伪证风险。

在我国,《刑法》第306条的伪证罪专门针对并无拥有公权力的律师而设,为世界罕见。尤其近年以来,某些地方政法部门对于律师“另眼相看”,不时刁难,以至有专做刑辩的著名律师公开宣称,他做刑事案件二十多年,屹立不倒的经验就是三个字:不取证。由此可见,律师在调查取证的时候,必须小心谨慎对待,一字一句都马虎不得。

第四,文字风险。

法律文书是律师提供法律服务的重要载体,而对于文字的理解,在不同的环境、语境甚至文化当中,可能产生歧义。以律师与客户的往来邮件为例,因为邮件用语一般较为简单、随意,因而也容易引起双方误会。为了防范该等风险,大多数外国律师事务所都会在邮件签名当中专门列出大段的免责说明,例如英国最大的20家律师事务所的电子邮件“脚注”内容尽管各不相同、脚注长度从40字以下到300多字不等。[①]

---

① 克莱尔·史密斯(ClaireSmith):“电子邮件‘脚注’有用吗?”,载《金融时报》2006年1月4日,http://home.donews.com/donews/article/8/89620.html。

第五,说话风险。

在办案的过程当中,时刻警惕与对方的谈话场合和谈话内容,尽量保持多人在场,防止被对方录音,注意警惕对方可能会冒用委托人名义,向律师打听代理思路,套取情报等。

第六,代表风险。

这种风险在律师代表客户签收任何书面文件的时候都会发生。例如律师代表签收诉状、裁定书、判决书等,均会产生是否上诉等问题,最好要求客户自己前往签署或者一同前往签署,不要轻易地签下自己的名字。否则,一旦将来客户错过了什么期限或程序,就容易把责任推到律师身上。

律师职业里面其实还有很多的风险,这里无法一一列举。法律职业人必须拥有高度的风险意识,无论何时何地,每说一个字,每写一句话,每签一个名,每过手一份文件,必定要谨慎小心,如履薄冰地对待,如此方可走好职业之路。

二、职业规划

通常而言,人生规划的黄金时间,为二十三岁至六十岁这段区间。其中,二十三岁到三十七岁左右,主要是积累,通过学习、寻找、摸索和模仿,积累自己的资本、经验、能力和人脉;三十七岁后,才是真正创立属于自己的事业,实现自我人生梦想和目标的黄金时期。然后,就是不断地磨砺专业能力,逐渐转为守业,直至事业的顶峰。

• 在高处起飞

律师职业是一个天道酬勤和厚积薄发的职业,需要较长时间的积累,方才初见成效。尤其是最近十多年,行业竞争程度加剧,更加延长了法律职业新人的成长期,从一个新人成长为一个优秀的律师,起码要在30岁之后。

法律人如何更好地储备能量呢?关键是找到一个适合自己成长的良好环境,得到充足的阳光和雨露,具体而言,就是要找到一个好平台或者好师傅。

好平台指的是法律业发展较为发达的地区,主要是沿海城市,以北京、上海、广州、深圳四个地方为首选。如果有机会,找到一个规模较大、综合实力较强、有机会接触到高端客户的律所,作为自己职业生涯起点,同时逐步积累自己的人际关系网络,能够为自己的职业未来奠定更坚实的基础。

如果难以找到好平台,那退而求其次,必须找到一位好师傅,一位作风严谨,乐于培养后辈的好律师。这样的师傅不一定很出名,关键是看他是否有真材实料,现在的网络、微博等信息渠道相当发达,搜索一下,必定可以找到不少这样的人选。

当然,向这类师傅征询学习机会的新人肯定不少,如果希望获得宝贵的机会,除了毛遂自荐外,还必须不怕碰壁,不怕丢面子,反复沟通,尽量展示自己的才华和想法。如果有幸获得机会,要懂得珍惜和感恩,愿意奉献自己的青春和时间,才可能获得师傅的青睐,倾囊相授。

不过,不能把培养你成才的希望完全寄托在平台或师傅身上。你要理解,律师事务所不是学校,不以培养人才为目标。律师的每一件工作,皆为实现客户需求、创造价值为第一目标。之所以对你提供教导和培养,起码首要目的不是为了培养你成才,而是为了更快速和更高效地完成工作。那种以牺牲客户利益为代价为你造就学习和锻炼机会的想法,只是存于你自己脑袋当中的幻想而已。

所以,切不可期待师傅能够将他的所学所知,灌输到你的脑中,最好是手把手教你具体操作。做不好时,还可以让你一遍遍地重来,这些期望都是不切实际的。

要学会在实际工作当中,边工作、边观察、边总结。尤其是自己要在事后主动复盘,做到可以将师傅做过的、教过的内容,熟练地分拆、重组和还原,甚至从中提炼出普遍法则和原理,能够将经验移植到其他法律业务当中,举一反三,如此才算真正地有收获。

我看到不少青年律师,选择早早地脱离师傅,自己独立办案。为了生存,白天忙于拜访各色各样的人,每晚忙于各种各样的交际应酬。同时,又带有颇多的抱怨,例如:业务开拓困难、机会太少等等。其实,他们没有好好挖掘一下身边的宝藏,没有仔细审视周围,有多少自己值得参考的经验,有多少可以借力成长的平台和人。甚至也没有定期回顾一下自己遇到的人,写过的文字还有办过的案件,当中哪些值得总结,哪些需要推敲,哪些需要磨炼和提高?就像狗熊掰棒子,掰一个扔一个。其实,丢掉的那些,正是帮助自己成长的机会。

在中国律师职业竞争日益剧烈的今天，如果你是一个没技能、没人脉、没关系的“三没”新人，又找不到适合自己的平台或师傅，仅仅依靠自身努力，挣扎沉浮于律师大军当中，我建议你不如及早上岸，抽身而去，是为上策。否则，下场恐怕难逃如下三种：要么被淹死，要么被大鱼吃掉，要么异变成皮条客。即使不被吞噬，也只能在大海当中随波逐流，难有出头之日。

• 和谁在一起

一天，一个喜欢冒险的男孩爬到一座山上，发现了一个鹰巢。他从巢里拿了两只鹰蛋，带回父亲的养鸡场，把鹰蛋和鸡蛋混在一起。然后，小鸡群里就多了两只小鹰。

小鹰和小鸡一起长大，不知道自己除了是小鸡外，还可以是什么。它俩起初都很满足，过着和鸡一样的生活。但是，当它们逐渐长大的时候，内心里都不由自主地生长出一种想飞的强烈欲望，觉得养鸡场不是它们应该待的地方。

一开始，它俩一次又一次，从养鸡场的高处跳下，展开翅膀，用力地学习飞翔，一次又一次的失败，遭到了鸡群的嘲笑。

结果，其中一只小鹰认为，这是个不切实际的幻想，于是回归到原来的每日嬉戏逐食的状态当中，受到了群鸡们的欢迎。

而另外的一只，始终坚信自己不属于这里，不怕丢面子，不甘心失败，不断地尝试。终于有一天，它终于借着风势，逆风起飞，飞过高山和森林，与其他雄鹰一样，翱翔于九天之上！

曾经听过无数人提问过同样一个问题：“怎么才能成功？”答案很多，除了自信心、坚持等常规性答案外，一种较为特别的说法来自于陈安之，他说：“成功的秘诀，就是你先为成功的人工作，再与成功的人合作，最后是让成功的人为你工作。”比尔·盖茨也有类似说法，他说：“我的成功，是因为有更多的成功人士为我工作”。

如何能够做到这一点呢？对于大多数人而言，不可能一开始就让成功的人为自己工作，但起码可以做到的是：选择和谁在一起。所谓：与智者同行，你就不会愚钝；与高人为伍，你的眼光必高；与成功者在一起，你就容易成功。

当然,与比自己差的人在一起,容易产生优越感,不过,你无法学到什么,而且容易消磨掉你原本很优秀的本性和潜质。

例如有些青年律师为了学习和积累律师工作经验,曾经尝试设立以“青年律师经验交流”为主题的论坛或Q群,但无一例外地,最后逐渐荒废掉。为什么呢?

原因很简单,一群没有案源的律师坐在一起谈论如何拓展案源,还有一群没有工作经验的新人坐在一起交流经验,能够有什么结果呢?除了增加多一些对社会不公的抱怨、对律师职业艰难的感慨外,又能有多少提升技能的可能性呢?

由此可以知道,为什么很多人到现在还没有成功?不是别的什么原因,只是因为他们已经习惯了和其他还没有成功的人待在一起,这才是人生真正的悲剧。

不要觉得我的这个观点太俗,只要你还不是圣人,这个观点就对你绝对适用。曾经有相关科学研究结果表明,“人是唯一能接受暗示的动物”。和成功的人士在一起,就会对自己产生强大的积极暗示,会对人的情绪和生理状态产生良好的影响,从而激发内在潜能,发挥人的超常水平。

要进步,要成功,就必须争取与比你好,比你成功的人在一起。

经常与这些比你强大的人在一起,你会变得充满勇气,敢于尝试新事物,善于把握机会;你会注重看事物闪光的一面,想最好的,做最好的,期待最好的。

和成功人在一起最大的好处,就是你会有一个又一个,不断升高的标杆,激励着你一步一步地前进。经年累月之后,你就能够在不知不觉当中越变越优秀。

借人之智,成就自己,这才是成功之道。

• 人的黄金七年

有一位印度的哲学教授奥修,一生出版了650多种书,研究范围从弗洛伊德到老庄,从耶稣基督到泰戈尔。他在那本非常著名的《隐藏的和谐》一书当中,提出了一个很引人注目的观点,叫做“人的黄金七年”。他写道:

生命中有某些片刻是改变会发生的时刻。身体每隔七年会改变一次,而且这个改变会每隔七年持续下去。

每隔七年，身体会来到一个旧换新的过渡时期，如果你希望某些新的层面能够进入生命中，这正是最佳的时刻。

想想我们自己的人生，是不是也曾经经历过这样的一个个七年，完成人生的一次次飞跃？

我们迈入社会的第一个七年，一般从大学毕业的23岁起算。站在社会大门口，向后看，是青葱岁月；向前看，是深不可测的茫茫人海。一切都是未知，一切都需要自己领悟、把握和决定。尚带青涩的你，多数不是富二代，也没有过人的长处和必胜的绝招。唯一可以凭仗的，也许只有自己的努力，加上对未来的无比渴望与热情。

在这个阶段里，你必须努力使自己从一名新手变成熟练工匠。无论是在律所做助理还是在企业里做法务，刚开始的时候，你都不大可能独立承办案件，更多的是一些琐碎的小事情，例如为客户起草一些常规性的通知、管理制度等文件，跑法院，甚至贴发票，等等。有不少人对这些杂碎事务毫不在意，结果白白耗费了大好机会。

这些琐碎事务貌似没有意义，其实正是这些工作，让你逐渐熟悉这个行业的全貌，包括专业术语、工作流程、工作规范乃至人脉资源等。例如跑法院送文件，细节可以深入到哪个法院哪段时间立案窗口人最少，哪个立案窗口的法官有什么偏好等。貌似小事，却可以明显提高工作效率；就连贴发票，也可以是技术活。例如我以前的一个秘书，通过发票总结出律师们的出行规律，据此提出了几项提高用车效率的建议，她的工作经验藉此得到了明显提升。

除此之外，坚持长期钻研专业，不断地总结和积累，才可能获得成功。按照“一万小时定律”，要成长为一名优秀的专业人士，通常需要超过1万小时的磨炼和积累，例如莫扎特6岁作曲，到20岁才创作世界级作品；甲壳虫乐队1964年风靡全球前，已演出10多年，至少1200场；微软创始人比尔·盖茨最聪明，耗时最少，但在创业前也从事了编程工作7年。

每一天都坚持这样的态度和方式工作，直至对各类“疑难杂症”从陌生到熟悉，从不知所措到应对自如，如此坚持不懈地度过七年的光阴，你会惊奇地发现，越做越畅顺，越做越得心应手。自然地，你的第一个黄金七年就这样顺利度过,为你的事业奠定坚实基础。

当你大概到了 30 岁,职业生涯有了 7 年的积累,知识、技能和人脉都有了一定的储备,同时也拥有了较长远的眼光、智慧以及稳重的架势、危机意识,此时,你的职业生涯将渐入佳境。

如果你是创业型或工作型的,这个阶段里应该做的,就是争取把自己从"工匠"提升到"专家"。因为随着你的知识和经验不断累积,你承接的案件越来越重大,自然也要求你必须对案件和客户所处行业和专业领域的方方面面有更深入的了解。

所以,你必须在工作之余,多读书,多研究新问题,还要多参与行业的聚会和活动,结识更多专业人士,熟知各种行业规范、专业术语、典型案例和代表人物等,达到顺手拈来,滔滔不绝的地步,此举对你奠定专业律师的层次和地位至关重要。

不过,机会永远是不够的,业务是永远不够的,金钱也是永远不够的。同时,你或者不得不背上更多的压力和责任,例如:结婚、生育、读书、更多的客户和工作压力等。带着更多的期盼、希望和责任,你将自然进入下一个七年。

大概从 37 岁开始,你会发现人生又进入了更高的一个层次——第三个黄金七年。如果说以前的阶段更多是积累和学习的话,这个七年才是你真正创立自己一生事业的最佳时机,因为你已经有了足够的能力和经验,可以清晰判断和把握自己的人生方向。

一定要记住的是,你在 37 岁左右所做的一切决定,都将对你的人生影响深远,或许会彻底决定了你的一生。

在这个阶段里,你还需要继续积累经验和深化知识体系,把自己逐渐提升至"智者"的层次。在办案过程当中,不仅仅把关注重点放在案件情节,法条本身乃至客户问题上,还要学会把眼光放的更高更长远,放在如何平衡各方利益维护社会公共规范和秩序等更为重大问题上。在提出法律意见时,不仅考虑如何有效管理风险,还要积极发挥创造性思维,使法律成为推动企业盈利和社会经济发展的助推器。

此时,你要重点学习和提高的,不仅是法律专业知识,更重要的是法律人思维模式和人生智慧结合而成的法律智慧。

当你努力度过至少两个黄金七年之后,你累积下来的名声、经验,还有形成的思维、知识、技能和人脉等，将逐渐在你身边形成一个强大的气场，帮助你逐渐攀上事业的高峰。

从此，你应该可以如鱼得水地从事法律职业，自然实现财务自由和时间自由，让你有更多的时间，大胆去追求人生当中更宝贵的东西。

三、职业品质

• 第一品质

两位美国著名管理学专家库泽斯和波斯纳，曾经做过一个关于人类品质的调查。他们发现，“几乎所有调查报告中，诚实正直总是排在第一位的品质。这是唯一的超过了80%的人选择的品质”。①

法律职业人的工作就是扶危解难，这意味着你应该保持勇气，坚持内心的信念，公开反对你认为错误的东西。在需要的时候义无反顾，奋勇前行。支持这种信念和行动的强大力量源泉何在？答案就是法律人最应该坚持的第一品质——诚实和正直。对于以运送正义为使命的律师职业，这两个品质尤为重要。

被称为“世界上最伟大的律师”克莱伦斯·丹诺，他从来都是为普通民众而辩，为人民而战。但是，他的辩护生涯当中也曾经有一次站在大多数民众的对立面，就是关于美国反战分子的辩护案。

在此案当中，一批反战分子因为拒绝服兵役而被抓起来，全国民众都纷纷指责他们的道德缺失，没有一个律师愿意为他们辩护。而在这时候，丹诺出于法律人的正直，坚决站出来，为他们辩护。

他说道，“如果某人信仰的宗教教导他不要去杀人，那么，即使在保卫自己和自己的家园的时候，他也不能去杀人。这句话对99%的持不同意见的人来说，就像是自杀性的胡言乱语。但是，如果他们的上帝希望他们这样做，那么，我们就必须给予他们遵从上帝旨意的权利，这就是民主制度的含

① 转引自“领导力沉思录”，载腾讯网，http://www.chinavalue.net/BookSerialise/BookShow.aspx? ArticleID=6054。

义。不给予他们这种权利比我们在战争中不使用他们去战斗更有害于我们国家的国体”。①

什么是正直?正者,不为外界的诱惑、威逼所引,也不受内在的感受、情绪所左右,能够尊重客观,尊重事实,崇尚正义,秉持良知;直者,刚直、耿直、率直,不虚伪、不矫饰,不为了达到个人的目的和意图,逢迎大众,委身权贵。正如前述的美国律师丹诺,用他的亲身经历,生动诠释了这一品质的具体含义。

而诚信,则是律师职业生涯的生命线。

不“诚”则无“信”。苹果公司的前CEO乔布斯说过,“不要去欺骗别人,因为你能骗到的人,都是相信你的人”。一个人如果不受信任,即使再有才华和能力,也没有发挥的空间。

因此,法律职业人必须牢牢把“诚”、“信”两字深植于自己职业生涯中,是所谓“慎独”,而不是一个“机会主义者”。例如明明是因为自己出门晚了,错过了与客户约好的开会时间,你却搪塞说是塞车迟到。别自以为如此掩饰很聪明,其实很愚蠢。

虽然人性当中,趋利避害,实属本能,但作为律师,如此做法会非常打击客户的信心。试想一下,以后一旦客户发现真相,就难免担心:这个律师在小事上都不对我说实话,我如何能够信任他?如何放心将大事托付于他?

一个不诚实的律师,也许可以依靠谎言和欺骗,风光一时,但是,这样的职业生涯其实是建立在沙丘之上,说不准哪一天就会土崩瓦解。不被信任,意味着口碑变坏;口碑沦落,客户就日渐稀少。等到客户绝迹的那一天,职业生涯就该走到末路了。

一个有诚信的律师,往往小心谨慎,不会轻率承诺;而一旦承诺,又会是掷地有声,一诺千金,无论发生多大的困难,总是知难而进,勇往直前。发觉客户的要求确实无法做到,不会考虑律师费损失多少,而坚决对客户说“不”。虽然会损失一些有形利益,但留下的却是无形的口碑。

公正率直,方可坚持理想,把握好人生方向;待人以诚,方可取信于人,

---

① 转引自“丹诺辩护实录——为自由说话(14)”,载京东商城读书频道,http://read.360buy.com/2290/104242.html。

在社会中立足和发展。

• 做人和做事

某次,我在家里写稿,我的小女儿吵着要我陪她玩。我随手将一本杂志的封底撕碎,对她说:"你先将这上面的世界地图拼完整,爸爸就陪你玩。"

不想刚过五分钟,女儿就高兴地跑过来说:"爸爸,爸爸,我拼好了,陪我玩!"

我很生气,说道:"小孩子要玩是可以理解的,但说谎就不好了,你怎么可能这么快就拼好世界地图?"

女儿一脸委屈,把拼图拿出来给我看:"可是我真的拼好了呀!"

我仔细一看,确实如此啊!这么神奇?我非常好奇地问:"你是怎么做到的?"

女儿说:"这个地图的背面是一个人的头像。我反过来拼,只要这个人好了,世界就完整了。"

世间很多事情有如世界地图,有时候直奔主题会很困难,而如果你反过来,先把人做好,一切也许就迎刃而解。

中国的教育,教学生做事情的课程无数,但教做人的几乎没有。因为表面上,似乎没有这种现实需要:在家里父母千依百顺地宠着,在课堂老师不厌其烦地教着,在宿舍同学无私地帮着。结果,学生自然形成这样的思维方式:出来工作,只要把事做好了,其他都是顺理成章的事情。至于做人嘛,做"好人"就好,待人接物,真诚,热情,主动,谦卑就好。真的是这样吗?

世界著名的麦肯锡公司有一位著名的领导人马文·鲍尔,他服务麦肯锡超过60年,被誉为"麦肯锡的向导和良心"。当他回忆起自己的成长之路,一再强调他刚入职时发生的这样一件事情:

当年他刚入职,就被派去为一个企业做咨询项目。在进行问题诊断时,他认为这个企业的问题根源在于当事人公司的总裁独断专行,决策不当,导致了公司利润上不去。

于是,他找到那位总裁,将自己的意见和盘托出。结果,大大激怒了总裁先生,他认为马文作为一个年轻人,不好好干活,却在挑刺,是对自己的大不敬。于是,他马上打电话给麦肯锡公司,要求立刻撤换马文。

麦肯锡公司老板只好连夜坐火车赶到企业所在地,经过与这位总裁再三协商,最后虽然连老板都不得不认为马文是对的,但还是决定按照当事人的要求,撤换了马文。

这位老板后来对马文说,你的结论虽然正确,但方法错了。和一个年纪大到可以做自己父亲的人,绝对不能那样说话。正确的方法应该是先打电话给老板,哪怕他去和总裁说同样的话,总裁也会坦然接受。

新人初入职场,容易犯下两种错误。要么像鹌鹑,对人过分谦卑,遇事唯唯诺诺,给人留下没有主见、不坚决的印象;要么像初生牛犊,喜欢与人较真,直来直往,不顾及对方感受,被认定为不懂规矩,桀骜不驯。

两种态度的结果都不好,轻者给自己的职业生涯制造障碍,重者会由此断送职业前途。

解决方法就是八个字:做人低调,做事高调。

所谓做人低调,就是在心态和姿态上学会以谦卑、平和的心态待人处事。所谓“地不畏其低,方能聚水成海。人不畏其低,方能乎众成王”,世间万事万物皆起于低处,发端于低处。与人相处,要注意低调介绍自己,高调赞美别人;低调陈述自我成就,高调宽容他人之失。与人沟通,先想对方有什么值得学习,再想有什么做的不好;先赞美别人,再说有什么需要改进;批评别人之前,先想想自己有什么做的不对;谈话的结尾,一定是自我谦虚和赞美别人的话语。这些方法貌似细节,其实都是低调做人的重要体现。

长久以来,律师界有种非常不好的风气,就是“同行相轻”。有些所谓著名律师,刚有一些资历和经验,就牛鼻子哄哄,对同行沟通交流不屑一顾,好像非如此不足以显示自己显赫的江湖地位;有些原来不太有名的律师,喜欢在网上的论坛、博客、微博上开骂,逮着谁骂谁,藉此增加自己的知名度。更多的,则是三分成绩七分自吹自擂,脸皮厚的很。

曾经看过一篇网文叫《大律师装逼指南》,里面就列出了一些很好玩的例子,例如“没个司机简直都不好意思出门、办公室摆设与领导合照俗了、全国十佳律师可以用20年,全国优秀律师只能用2年”等等。

其实,公众的眼睛是雪亮的,你有多少斤两,公论自在人心。摆谱或作秀久了，处处都是漏洞，自然让人觉得恶心而远离。踩低别人，只会招致更多公众的鄙视，最终无法抬高自己。观众都走光了，你演给谁看？

正确的方式是，谦虚的态度，让你赢得众人的尊重；踏实的工作，让你一步一个脚印，虽然走的慢，但走的稳；虚心向所有人学习，少走不必要的弯路；宽容所有的事物，让你团结尽量多的力量。前述四点，乃低调做人的四大诀窍。

所谓高调做事，更多强调的意识和责任。首先是思想上高调，不论遇到多大的困难、阻力和挫折，意志不滑坡，态度不松懈，不找到解决方法，乃至不达到完美境界誓不罢休；其次是细节上高调。就是面对客户委托的每一件事情，无论大小，你都应该以强烈的事业心和责任感去研究透彻每一个细节。我经常向手下的律师强调，在你接过客户委托案件的一刻，你就必须做到比你的客户更加熟悉这个案件的来龙去脉，每一细节，而不仅仅是法律关系分析。

还有就是结果上高调。对于自己所做的一切，不需要高喊口号，告诉全世界你在做什么案件，而是以一种很专业的、追求完美的工作姿态，进入每一案件当中仔细研究和发掘，穷尽一切精力、专业能力、人脉资源乃至外部种种力量，拼尽全力去完成。记住一句话，对客户而言，最重要的是一个完美的结果；对律师而言，完美的过程和完美的结果，同样重要。

低调做人，高调做事，是法律职业必备的品质之一。

• 态度决定一切

有一个中国某名牌大学法学院的大四学生到所里实习，强调希望学习诉讼案件的专业分析、辩论等专业技能。两周后，他走进我的办公室投诉，说指导律师每天只让他干些复印、传真和跑腿的活，不给机会让他学些有技术含量的东西。

我找来他的指导律师，想不到他也一肚子怨气，他说：这个实习生我根本没有办法用。让他跑腿送文件，不事先查好地址，坐车的零钱都忘记带，去半天还找不到地方，到最后还得打电话回来问路。

我想你外出不行，在办公室干点活总行了吧？发个传真，连文件的钉子都不拆，整叠文件放进传真机，差点把机器弄坏了；传真不行，那就复印吧。交给他一个装订得整整齐齐的卷宗去复印，这次钉子倒是拆了，但最后却是将卷宗材料和复印件全部混在一起，散作一堆的交还给我，我自己还要花半天时间重新将文件分类整理装订好。

我说了他几句，他还反驳说他是来实习的，不是来打杂的。

这个实习生身上暴露出来的问题具有普遍性。几乎每个实习生到律所，都渴望尽快参与研究案件、讨论案情和参加开庭，而不愿意做传真、复印、送文件之类的小事情。

他们往往忽略了，所有的大事，其实是由无数的小事构成的。小事不做好，大事何以能够完成？

更何况，你是新人，律所还不清楚你的斤量有多少，怎么可能交给你办"大事情"？如果有哪家律所这样做，我只能说，这是拿客户的利益给你交学费，这是对新人、对律所和对客户的严重不负责任。

著名的足球教练米卢有这样一句名言：态度决定一切。作为一个新人，如果想不明白这一点，又不愿意从低做起，结果往往是大事不会做，小事干不好，被人批评两句就负气放弃。

试想，一个新人带着这样的态度进入社会，能有什么未来呢？

其实，如果你想深入了解每一个行业，就必须从这个行业最基础、最底层做起。事情虽小，但从中引申出来的所有的方法、技能，却是整个行业和职业都通用的，你完全可以从一个小事情当中，观察到工作流程，学习到思考技巧以及更多。

所以说，简单的事情重复做，你就是专家；重复的事情专心做，你就是赢家。

从低做起的另外一个好处，就是不断提升别人对你的信任度。人与人之间的熟悉感和信任感是逐步建立起来的，尤其在法律这个讲求严谨、注重风险的行业。如果你连跑腿送文件、传真文件和复印卷宗如此简单的工作都搞错，你的指导律师怎么可能会交给你更多的工作？怎么可能给你更多的表现机会？

别说你是一个刚入行的新人，即使你是一个正式的执业律师，恐怕也无法取得合伙人和客户的信任。

一个人不被信任，别说发展，恐怕连生存都成问题，你在这行就应该走到尽头了。

我经常对手下的律师说：律师生涯，从来只有小律师，没有小案件。别看你最初开始干的都是些枯燥、简单和重复的工作，但这是每一个新人成长的必经阶段。无论多高级或复杂的案件，分拆开来，就是数个小案件。

只有踏踏实实将普通的小案件办好了，尤其是将各种枯燥和重复性事务办得滴水不漏，你才可能在办理大项目、大案件时，轻松达至应付自如、举重若轻的境界。

所以，不要总有怀才不遇的郁闷，在漫长的职业生涯当中，机会有无数个，总会在你不经意的时候，与你不期而遇。关键是，你准备好了吗？

四、职业方法

法律新人最容易犯的错误之一，就是坐等别人给现成答案，或者教导工作方法。要知道，在社会这所大学里，没有人有义务给你现成答案。如果有，要么你必须额外支付学费；要么，在你得到这个答案的同时，也被告知“请走”了。

• 期限观念

小钟是一位律师助理，某次接到合伙人指令，被要求在当天下班前，向合伙人提交一份合同初稿。合伙人并且告诉他，已经答应客户在明天下午3:00前提交定稿。

小钟刚接下这摊事，又陆续接到了另外两单比较紧急的工作，等忙完这两单事，已经接近下班了，小钟连饭也不吃，赶紧开始起草合同。

晚上8点，合伙人打来电话，不高兴地质问小钟，为什么没有按时交稿？小钟赶紧解释说，因为有其他工作发生冲突了。合伙人语气不是太满意，简单地告诉小钟，要求在当晚12点前将合同发给他。

到了晚上12点，小钟总算将合同写完了，但毕竟第一次写如此重要的合同，心里犯嘀咕，觉着反正合伙人已经休息了，就决定等明天早上上班，最后看一遍再发比较稳妥。于是，他就上床睡觉了。

第二天一上班，小钟又被分配做了其他比较紧急的事情，等忙完一看，已经接近中午了，赶快打开合同作最后复核，就在此时，合伙人的电话打进来了。

可以想象到的是，合伙人在电话里说什么？自然是大骂了小钟一通，然后告诉他，合伙人自己已经将合同文稿全部写出来了，小钟的所有努力全部作废。

最糟糕的是，小钟还给合伙人留下了一种做事拖沓，不讲信用的坏印象。

发生上述问题的原因在于，小钟错把律所当成学校了。法律职业工作不像法学院上课，功课可以延期，后果不过是挨两句批评。在现实社会当中，客户的所有问题都是限时解决的，否则就可能造成商业损失。即使没有损失，客户也会认为律师工作拖沓，不守承诺，随时转身离开。

为了确保如期完成工作，你要注意把完成期限细分为“外部期限”和“内部期限”两种。外部期限是指合伙人和主办律师对客户承诺的最后交稿期限。询问清楚外部期限之后，你应该与指导律师马上商定一个内部期限，中间要留足时间给指导律师。记住要询问清楚“马上”、“尽快”等说法的确切含义，具体到哪一天哪一小时。因为在不同人的观念当中，同一词汇所代表的紧急程度各不相同。

不要拖到外部期限届满前，才将初稿交给指导律师，这意味着你没有给指导律师留下修改文书的充分时间，如此会让指导律师很被动：如果将你的稿件直接交出来，一旦出现问题，承担责任的是他不是你；如果要亲自动笔修改，势必拖延交稿期限，从而招致客户的抱怨。

所以，律师应当养成这样的习惯：在每接到新工作的一刻，就有如在自己身边放上了一个计时器，开始滴滴答答地进行分秒倒数，提醒自己必须按时完成工作。

• 善做千手观音

我给法律职业人起了个别称，叫做“千手观音”。因为，法律职业人每日的工作都非常地匆忙和杂乱：白天，或穿梭于公检法各部门之间，与形形色色的人讨论问题；或坐在办公桌前处理文件、分析案情；或不停地与来自不同地方、不同的客户见面，记录下他们的困惑，照顾他们的悲喜，解决他们的苦恼。至于高大的落地玻璃窗外，春风秋雨，花开花落的风景，根本无暇顾及。

到了晚上，回到家中，吃过简单的晚餐，或许还要再看看白天写好的文件，为明天的工作做好准备。最后，当你拖着疲惫的身体躺上床的一刻，才想起：日子在不知不觉当中又翻过去一页。繁忙的工作，沉重的压力和责任，是法律职业人的工作常态，把生活压迫得混乱一团，碎片一地，而且长期如此。

不过，如果你愿意稍加改变，善用一个技巧，前述烦恼可以大为减少，生活亦将改观。这个技巧就是“计划”。

计划像一座桥，连结你现在的位置和未来想要去的地方。未来不是现实，当然无法一一确定。但是，计划可以让你对不确定的未来和各种变化，成竹在胸，一切尽在掌握。

尝试每天清晨来到办公室，第一件事情，不是急着开始工作，而是先拿出一张白纸，按照下面四个区所对应的重要程度和紧急程度，将你今天的所有工作项目，分别填入 A、B、C、D 区当中：

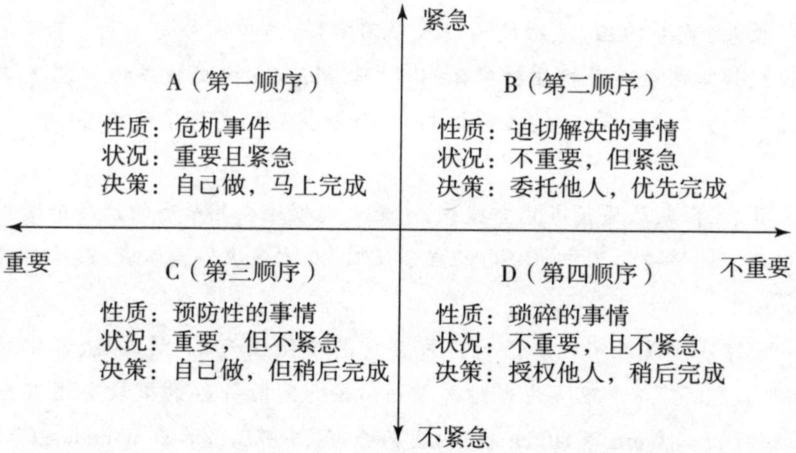

填写完成后，你会发现原来乱麻一团的事务变得清晰有序起来。然后，拿着这张纸，按照 A、B、C、D 四项，逐一完成，是不是有种有条不紊的感觉？每做完一项工作，就在纸上把这个工作划掉，是不是很有成功感？

记得下班之前，把这张纸拿出来回顾一下，看看完成的情况和哪些地方需要调整，把那些还没做完的抄到另一张纸上去。然后，把这个工作记录放入抽屉锁起来，这代表着提醒自己，该到了忘记忙碌工作的时候了。接下来,你应该带着轻松的心情回家,享受家人的笑脸,热腾腾的饭菜。当然,还有饭后悠闲的个人时光。

有计划的生活即使紧张,但却井然有序;有计划的工作即使繁忙,但也会变得充实而有效率;有计划的人生即使艰辛,但也能处之泰然。

• 什么决定结果

2009 年 11 月 16 日,随着北京市第一中级人民法院的宣判声落,IT 界的庞然大物微软遭到了重重一击。法院认定微软公司侵犯了原告中易公司的知识产权,涉及中易宋体、黑体两套字库约 4 万多个汉字的著作权,要求其立即停止生产、销售使用包含有中易字体字库在内的 Windows 8 个版本的操作系统。

据估计,本次判决波及的微软产品价值超过上千亿元,此案因影响面之广、金额之巨大,被媒体评为"中国互联网维权的里程碑案件"。

仔细探究此案,我们竟然惊奇地发现,此案的争议焦点竟然集中在各方对一个字——"或"的不同理解上。

原来,早在 1995 年,微软为打入中国市场,与中易公司签订《字体许可协议》,许可微软公司将相关字体用于"Windows95 中文版或任何其他微软产品"。协议签订后,微软依约分 11 次向中易公司支付了使用费 100 万美元。

其后,微软认为获得完全授权,于是大规模地在其所有的产品中使用中易字库。此举遭到了中易公司的强烈反对,双方多次协商不成,最后对簿公堂。

北京一中院经审理后认为,"或任何其他微软产品"的表述,其中的连接词"或(or)"应该理解为当时与 Windows95 同时并存的微软公司其他应用软件(例如 Word 等 Office 软件)更为合理,并不涵盖其后 Windows2000 等新版产品,因此判决微软败诉。

针对前述案件,我们姑且撇开文化或经济利益层面的深层差异,单纯从法律文书写作技术而言,如果当初签订合同时,对原文稍作明确,由一个"或"字引发的这宗大案,其实是完全可以避免的。例如:

完善相关的定义和解释条款,将何谓"任何其他微软产品"具体定义为微软公司过去、现在或将来独自或合作开发的任何软件产品。

采用“包括但不限于”的描述法。在“任何其他微软产品”之后，加上一句：包括但不限于＊＊＊＊＊＊＊，采用列举的方式，即可将微软所有产品涵盖进来。

还有，制订更详尽的声明和承诺条款，写明本次合同所支付的对价，已经包括了微软使用中易字库目前和将来所有版本的对价等。

人们常说，一字千金。此案当中，一字岂止千金？由此也可以衬托出律师职业的另外一个特点——但有纤毫即是尘。

老子曾有云：“天下大事，必做于细”。一个优秀的律师，之所以能够洞察案情，甚至比客户还熟悉，不是因为他有多聪明，而是源于他对案情反复沙盘演练，烂熟于心。同样地，经过律师之手的文书之所以精妙无比，是因为经过了多次反复推敲和修订。一个完美的法律文书和解决方案的背后，是由无数完美的细节组成的。别看律师在法庭上能够滔滔不绝、口若悬河，但有谁能深切体会“台上三分钟，台下十年功”的苦处？

法律新人大多缺乏对如此精神和态度的重视，以为把握好原则性的大方向即可，细节可以放松些甚至跳过，或只凭个人喜好，率性而为。讨论法律专业问题时，精神百倍，神采飞扬，而在做些打印、复印、传真的程序性工作时，则很不耐烦，不上心。

孰不知，细节决定成败，客户不是专业人士，对于文书内容写得好不好，观点是否准确，分析是否严谨，解决方案是否完美等等，不一定能够立刻分辨出来，但是，如果你排版错误、装订随意甚至是有错字，客户非常容易看出来。一旦这些问题被挑出毛病，客户心中就容易形成这样的判断：这个律师对于细节如此马虎，连这些小错误都犯，可见多么地不严谨和不专业！所以，客户往往就是这样流失的。

所以说，但有纤毫即是尘，越专业越懂得细节。细节造就了过程，更决定了结果。如果你不幸忽略，它一定会在某个时候跳出来，突然给你狠狠一击。

• 网络化工作

这个世界，自从有了电脑和网络，就发生了天翻地覆的变化。还记得

20年前,为了写一篇短短的论文,兴师动众到图书馆里查资料;16年前,传真一页纸需要6分钟;14年前,打字员还是律所里一个专业职位;10年前,与朋友见面习惯写信预约,一般提前半个月。

而今天,电脑和互联网,已经成为了我们日常工作当中最亲密的伙伴。信息技术已经把传统模式下的写作方式(包括资料收集、引用和编写)、视觉形象(从纸面到液晶屏)以及整理、排版和储存等工作,全部颠覆。一台携带方便、可以连接上网的电脑,完全取代了以往的一整座图书馆当中无数书籍、参考卡片,潦草的文稿和墨迹斑斑的写字台。打开电脑,连上网络,整个世界瞬间展现在你的眼前。

中国律师业对信息技术的应用方面还是比较落后的。据我所见,律师界当中五十岁以上的人,一般比较拒绝网络和电脑,视打字为畏途,收发电子邮件为难事,收发邮件多数由助理代劳,从来没有听说过SKYPE、MSN为何物。

现在的"80后"、"90后"对于信息技术的运用也有缺陷,除了不太熟悉办公软件的操作技巧外,没有系统学习过知识搜索和管理课程,信息搜索只知道百度和若干零碎技巧。而这些欠缺的部分,恰恰是从事法律实务工作最为需要的。

现在的律师工作,对于信息技术的依赖程度越来越强烈。以我所在的律所为例,我们每天接收多达几十份的电子邮件,与世界各地客户和事务所的同事保持充分沟通联系;使用MSN、SKYPE和网络电话,实现远程协同工作和异地办公;使用搜索引擎查阅大量的法条、案例和专业文章,研究法律热点问题,与世界保持知识同步;通过互联网发表各种专业评论和文章,向全世界的客户传播法律知识、展示专业形象。

在信息技术应用方面,国际上一些著名的律师事务所已经远远走在前面。例如伦敦一些大型的国际律师事务所,拥有上千名的律师和遍布全球的分支机构,它们都拥有自己独立的外部和内部网络管理系统,律师统一使用事务所的邮箱与同事及客户进行沟通,发给客户的邮件均自动生成律师及事务所的联系方式及免责声明。客户可以凭密码进入网站,查看与自己相关的案件进程和文件。交易结束后,客户的所有文件资料会予以电子化形式永久保存。

此外,律所的众多内部事务,例如收费小时、知识管理、远程会议、异地办公、业务培训乃至请假等，都可以通过网络进行。还有，它们的知识库管理系统也相当发达，可以将几百位、上千位律师的常年累月积累下来的实践经验，例如各种范本文件、业务操作流程和法条研究等，全部保存下来。

也正是通过这种方式，他们让全所的每一位律师，能够迅速掌握最前沿、最精华的业务知识和法律智慧，快速成长起来，为客户提供最优质的法律服务。并且，将优秀律师的个体经验逐步演变为事务所的集体智慧，世代相传，成为自己的核心知识产权和竞争力。

现代信息技术最大限度地缩短了人与人之间的地域距离，但同时又留下了一道深深的信息鸿沟。如果不学习、不跨越，势必变成“新文盲”，逐渐落后于世界。中国律师业在这方面与世界差距颇大，急需主动学习，迎头赶上。

Chapter 3 思维篇

在深邃和辽阔的思想海洋中，
如果说法律知识，好比洒落洋面上的一个个岛屿，
法律思维就是海洋深处的一颗颗珍珠，
孕育着无数人类思想的精华。

在深邃和辽阔的思想海洋当中，如果说法律知识好比洒落洋面上的一个个岛屿，法律思维就是海洋深处的一颗颗珍珠，孕育着无数人类思想的精华，等待着有心人的采集。

什么是法律思维？百年以前，在奥尔巴尼法学院第74届法学院毕业典礼上，著名的大法官卡多佐面对踌躇满志的学子时，这样解释道："你们所

获得的，不仅仅是一些纯粹与原则、规则和先例有关的东西，你们学到的有更为重要的，就是以法律方式思考问题的能力。”①

大致说来，法律思维是一种尊重规则的理性思维方式，它是一种“人为理性”（柯克法官语），它以社会普遍价值观为基础，例如公平正义、合法合理等，以考察各种社会主体之间的权利义务为主线，运用逻辑体系和语言模式来分析和解决问题。所以你看到，大多法律人都具有理性、冷静等性格特质。

尤其在面对各种社会矛盾冲突时，法律人特有的思维模式更明显，例如常用各种演绎、归纳和类比方法，分析判断问题非常强调程序和步骤，从拆解事件、分辨争点、寻找瑕疵、整合证据、搜寻漏洞、比较成本、梳理要点直至提出解决方案，将原本混沌一片的客观事实，逐渐澄清为清晰、连贯、融合的秩序和状态。最终找到问题核心，准确地作出判断和采取行动。

一、思维黑洞

我们目前的法学教育，多说理想，少讲现实；只教逻辑，不教人情，教育过于机械、刻板和理论化。它将思维这个本来调皮活泼的家伙，用锤子钉、焊枪烧，牢牢地钉死在原地，使得很多原本充满灵性的学生，变成了只懂写笔记、记笔记以及考笔记的考试超人，但到实践当中一检验，往往难堪大任。

这些错误给我们的思维造就了一个个黑洞，将我们引向歧途。

• 非常真实

某次我到大学讲课，说到我们眼中的世界不真实，有些同学很疑惑，提问道：“能够看到的东西，还不真实？”

于是，我走到他的面前，向他竖起我的手掌，问道：“你仔细看看我的手，上面有毛吗？”他非常仔细地看了好一会，鼻尖几乎贴到我的手掌心上，然后非常肯定地回答没有。我再问旁边的其他同学，无一例外地全部同意他的看法。

---

① 转引自孔祥俊：《法律方法论（第一卷）法律规则的选择与适用》，人民法院出版社2006年版，第1页。

然后，我把手背转过来，重新展示在他眼前，再问："现在呢？"

我们的大脑通过视觉、听觉、嗅觉、触觉或味觉等器官来感知世界，并据此形成对世界的印象和判断。然而，我们的器官功能是有局限的。例如我们看不到普通光线之外的红外线、紫外线、X射线和其他在电磁波范围内的光线；我们也听不到频率超过2万赫的声音。还有颜色，据统计这个世界上有大约8%左右的人患有色盲症，在他们眼中看到的某些颜色，与普通人的认知完全不同。

大脑的局限决定了我们对世界认知有偏差，一是获得信息不完整，因为我们的大脑会在有意无意中忽略一些信息。二是判断问题有偏差。由于我们偏重于某种感觉，例如听觉、视觉或触觉，忽略了事物的其他部分特征，因此对于相同的事物，不同人有不同感受。

这些局限其实不一定是坏事，这个世界正因为有差异的存在，才变得多姿多彩。如果我们了解和尊重这些差异，在与人沟通过程中，根据对方的感知类型和特点，灵活调整表达方式、顺序和结构，让对方听起来更开心，更舒服，更自觉去做你希望他做的事情，一切不是更美好吗？

例如表达顺序。有些人认为，让对方理解自己思想最好的方式，莫过于"原装出口"，就是自己怎么想，就怎么说，够坦白，够真实。所以，你经常会听到一些人是这样说话的："对于这个问题，我首先了解到什么……（事实一、事实二、事实三、事实四）；然后，对于这些事实，我是这样判断的……（判断一、判断二、判断三、判断四）；最后，我的结论是这样的……（结论一、结论二、结论三、结论四）。"

不知道你的感觉烦不烦？我反正是烦的。每每遇到这样的表达，不等对方讲述完事实，我已经很不耐烦地打断，然后单刀直入地问道："你的观点究竟是什么？""你说这么多，最后的目的在哪里？"

也许你会觉得，这样的表达顺序很真实地再现思考过程啊，有什么问题？的确，人的思考过程是这样的——先看到若干个别事实，获得一些模糊的感性认识，然后运用知识和经验将这些事实进行归类总结，分析判断，从中提炼出若干抽象原理和要点，最终浓缩成一个明确的结论。

但是，我们容易忽略这样一个道理：人脑接受信息的顺序，不是按照你的思考顺序来的。人脑是一个贪图新奇的懒家伙，它愿意接受的，首先是那些有趣的内容,越有趣,越新奇,接受越迅速,记忆越深刻;其次是那些有鲜明结构、容易理解的内容,因为不用再花费脑力给它重新搭建结构;再次是那些听者自我价值观当中认可的,有实用价值的内容,例如权威的话;最后,它只留下很少一点空间,接收那些它认为是无趣的、散乱的或者不重要的信息,而且容易迅速遗忘或忽略掉。

所以,正确的表达方式应该是四步骤:先观点,再提问,三回答,四总结。

即首先是简明、扼要地说明自己的观点,给对方留下深刻印象;然后主动询问对方的关注重点所在;再按照他的思维结构,逐一将你要表达的信息填进去;最后作一总结,回应开头。

这里不是说只解答对方的问题,而不顾及其余信息。实际上,你只是通过提问,了解到了对方的思维结构,然后借用对方思维的“旧瓶”,装你信息的“新酒”,让对方听起来完全符合他的思路,正中下怀。

如果能够做到这一点,你很快就会从对方脸上,看到那种期待中的“会心的微笑”。否则,即使你滔滔不绝,长篇大论,却会看到对方一片沉默,或者是那种茫然、不予置否的神态。

同理,什么样的法律文书容易受到客户欢迎?必然不是一开篇就罗列大段法规、事实的文书,而是开门见山,将全文观点放在开头的那种。

因为法律文书的写作目的,不是为了炫耀知识的高深,而是为了快速解决问题。先结论,后解释,符合客户对法律文书实用、快捷的价值判断标准。相反,如果你不懂得思维和表达两者之间的差异,只懂自说自话,必定会掉入“非常真实”的思维黑洞当中。

- **非黑即白**

小时候,看小人书、看电影,总会爱问大人:“这是好人还是坏人呢?”在孩子的世界里,这个世界上的人可以直接归类为好人和坏人两种,“非黑即白”的思维模式已经在我们头脑当中深深地扎下根来。

及至长大,非黑即白在成年人的世界里仍然无处不在。例如对待感情和婚姻,一个女人在感情受伤之后,通常会骂一句:男人没有一个好东西。结果天下所有男人,都被伤害这个女人的那个男人无辜拖累了。

还有讨论问题,如果一方批评另一方的某某观点是错误的,被批评方往往会在潜意识当中产生对抗的想法:我的错了,难道你的观点就正确吗?再有，如果别人告诫你，不要去试图改变别人，而要先改变自己。你就可能会思考：先改变自己，而别人不变，那吃亏的不是自己吗？

在法律工作当中，“非黑即白”思维尤其容易被强化。因为无论是行为性质判断抑或定罪量刑，数额、情节等，都是可以标准化的，乃至量化，所以法律人在判断法律问题上，习惯了依据黑白标准行事，例如盗窃多少钱以上属于刑事犯罪，多少钱以下属于治安处罚等，两者性质完全不同。所以我发现，法律人在判断事物的事后，容易采用两分法，要么应该做，要么不应该做，少有第三种甚至更多选项。

过于强调非黑即白，往往也会导致我们行为错误。例如法律代表正义，这都只能在一定程度或一定范围内而言，如果将之无限放大，就容易得出错误结果。

例如当年2000年美国总统大选，候选人戈尔与布什竞争总统，双方票数非常接近。戈尔认为选票点算过程存在错误，于是向法院起诉，要求重新点算选票，结果将美国总统选举拉入漫长的诉讼当中。

就在此刻，原政府班子的任期已经届满，旧官员不得不离职，新官员却无法任命，美国眼看将陷入无政府状态。最后，美国最高法院5位保守派大法官投票决定，驳回戈尔的起诉，维持已经宣布的投票结果。

在判决书中，美国大法官布雷耶写道，“为使这一久拖不决的、令人烦恼的选举过程有一个明确的结果，我们有必要制衡我们自身权力的行使”。显然，在宪政危机的压力面前，过分地追求正义，会让一切显得苍白无力。维护秩序为先的思维，实际是为一种眼光更高远的智慧。

在与人相处时，黑白思维也会把我们推入一个完美主义的陷阱当中。一说到好人，就应该是完美无瑕的。这个好人一失足，犯个小错误就完了。

现实情况是，大千世界不乏“中间人物”，比坏人好，比好人坏的人。男女间可以产生爱情，也会产生友谊；做不成夫妻也可以做朋友，做不了朋友就当陌路人，不至于非要做仇人；每种人都有他的中性评价，就是处于对与错之间。

纳亨利·比群说过：“当一个人标榜他已做到十全十美的地步时，他的容身之处就只剩两个地方：一个是天堂，另一个是则是疯人院。”

还有，黑白思维会影响我们判断事情的成效，把我们推到逻辑困局当中无力自拔。例如律师营销的问题，优秀律师不用营销，因为客户多已经忙不过来了;而不优秀的律师再营销也没有用,因为客户不会因为你的营销来购买服务。结论自然是:律师不用营销,死心吧。非黑即白的思维结果,往往是不问青红皂白地得出自以为正确却毫无用处的结论。

非黑即白使得我们想的很简单,说的很容易,判断很快捷。但是久而久之,这个思维的黑洞会将你生活当中的,尽管有缺陷,依然鲜活的正面事物,逐步地吞噬掉,你只有眼睁睁地看着自己的生活轨迹,不断向下坠落。

应该记住世界万物,不可能只有对或错之分,好或坏两种绝对的结果。每件事情都会有它的灰色地带,每个人都有不好不坏之处。思考事情必须多向,选项应该多于两个,至于行动,在做与不做之间,肯定还有其他方式。

• 非常逻辑

强烈的逻辑思维是法律人特征之一。每当遇到难题时,法律人头脑当中的逻辑机器会瞬间启动,排列组合各种要素,筛选推断各种要素,从而得出貌似严谨的答案。

作为一个法律人,如果你只懂得如此思维,必定寸步难行,一事难成。

道理很简单,所有貌似严谨的逻辑,当中往往隐含着悖论,容易将我们的思维拖进死胡同中,一切变得无解。

例如:客户总是希望接受质量好、交件快、成本低、服务好的产品,所以,要经营一家成功的律师事务所,只要你提高专业水平,加快交件速度,降低成本,改进服务,你就能够成功。但是,如果当年诸葛亮用这样的逻辑对刘备说,估计就不会再有后世千古传诵的三国吧。

因为,原因和结果之间,起决定性因素的,往往不是有形的、可见的逻辑关系,而是社会的、环境的、文化的乃至未来的种种意外因素。

这个世界太复杂,太多的事情不能单纯使用逻辑推断,而必须花费更多的时间精力,主动适应和调整思路来适应。

举个例子,个人身份转变与思维转变的关系。当年没有钱买车,骑自行车的时候,容易大骂开汽车的不人道,轮到自己开上了车,又会大骂骑自行车的不守交规;没有钱的时候,总是痛恨富人的不仁,成为有钱人之后,却鄙视穷人的不思上进。

又如正确理解法律和行动的命题。以如何运用法律实现正义为例,一般逻辑推断结果是执法必严，违法必究，这样的道理听起来当然对，但没有用。

运用法律、实现正义的前提必须是正确理解法律精神。如何做到这一点？仅仅停留在对法律字眼含义甚至立法本意的理解和推断是不够的，我们还需要细致考究法律效果和社会效果。

偏重法律效果，则看到的是对于立法本意的深入理解，法律条文的准确适用；偏重社会效果，则以化解矛盾、维护秩序稳定，维护国家利益和社会公德为优点。

最好的做法，是两者的有机结合和统一，而非剑走偏锋。例如在本章当中的“四、思维要素之均衡与公平”当中提及的案例，就是如此。

再如理性思维和感性判断的问题。法律职业人的思维习惯是线性的，无论是做研究还是思考问题，总喜欢沿着一种单向的、直线的路径进行，提出问题——分析问题——判断问题——得出结论，逐步递进，以为如此便可找到确切无误的答案。

其实，随着现代生物学、心理学对思维规律的逐步深入研究，我们发现人类思维，并非是一根筋抻到底的愣小子，更多时候，它是一位懂得凌波微步的武林高手。

我们的大脑，有如一个立体的世界，在同一时间里，有无数多观点和想法，四处浮现，难有规律或体系。每每遇到问题，就像洛神，体态飘逸地游走于水波之上，千变万化，难以捉摸。而且，人思考问题的时候，有如眼蒙黑布行路，只是凭着一点感觉，朝着前面那一点朦胧的亮光——目标，摸索前行。

在这个过程中，大脑就像渔夫，不断地把渔网撒出、收回；如果有收获，大脑就会受到鼓励，开始新一轮思考；如果不行，大脑就会自动停下来，四处张望，另寻他路。

我们的思维活动可以分为意识和潜意识两大部分。每当遇到问题，大脑有时候是运用意识来解决，调动包括知识（包括各种文字、数字组合）、策略（平衡、对比等）以及决策方法综合进行。更多时候，则是潜意识占主导，也就是我们通常称呼的“感觉”或“直觉”来决定我们的反应或行动。

例如熟练的老司机，在挂档、加油和踩刹车的时候，是不需要经过任何意识思考的。还有人们每每听到熟悉的音乐和歌曲,心头自然涌起对往昔流金时光的温馨回忆,或者失声痛哭,都是同样的道理。

所以,著名的美国大法官霍姆斯在其名著《普通法》当中画龙点睛地指出,“法律的生命是经验而不是逻辑。被感受到的该时代的需要,流行的道德和政治理论,公认的或无意识的对公共政策的直觉认识,甚至法官与他们的同胞所持有的偏见,在确定支配人们规则应是什么时,都比演绎推理来得更重要”。

明白了前述原理之后,我们就知道,在解决某些重大复杂而棘手的法律问题时,最聪明的做法,是忽略技术细节和琐碎的事物,绕过枝蔓丛生的逻辑灌木丛,直奔问题的核心和主题,此谓透过现象抓本质。

我们的潜意识引导着逻辑等理性因素前进,通向我们心中希望的某个方向。同时,我们的意识主动清除着潜意识当中那些模糊、专断、恣意的东西,制约过分泛滥的情感。

两者互相作用的结果,是逐步将无形的情感与有形的规则、秩序和传统连接起来,最终使得我们成为一位思维高手。

逻辑可以参考,但绝不是权威。正如太阳每天都是新的,问题和应对之道皆是。

人类的思考和行为,若危若安;进止难期,若往若还。只有不唯书,不唯上,只唯实,多点平衡,综合考量,才能拨开思维的重重迷雾,找到正确的前进方向。

二、思维方法

思维方法非常多,我在此书当中为大家介绍五个方法,它们是按照两个标准筛选出来的,第一是它具有普遍性,可以普遍适用于解决各类问题;第二是它具有实用性,有具体的操作步骤和程序。具体如下:

分类总结	寻找事物规律的快捷方法
推理判断	思考专业问题的基础方法
收敛发散	激发全面思考的必然方法
想象创造	寻找解决方案的最佳方法
逆向求异	突破思维困局的独特方法

如果读者能够用好这五种思维方法,即使面对复杂多变的局面,也可以游刃有余。

不过,方法之外,还有技巧高低之分,何时、何地、对何人应用,纯熟程度如何,是否灵活变化,等等,都足以影响结果。空有思维方法而不知灵活应用,结果就如同金庸笔下《天龙八部》当中的段誉,身怀绝世神功而无法运用自如,每次获胜仅靠临场即兴发挥。如果多遇到几次鸠摩智强抢王语嫣的场面,恐怕不会一直都是这般好运吧。

• 分类总结

我们身处的这个社会,关系繁多而复杂。有些充满朦胧美,还稍带暧昧,比如男女搭配,干活不累;有些很软性,只由道德、风俗或习惯等规范调整,就如自称为中国红十字会商业总经理的"郭美美",即使她再多买几个爱马仕的包包,也与法律关系无涉。

法律很刚性,而且只解决社会关系当中的一部分,就是我们称为法律关系的东西。它由三要素构成,主体、客体和权利义务。它的起因也很简单,要么是法定的,包括合法的关系(例如:婚姻、继承)或不合法(例如:侵权)两种;要么是约定的,例如合同、合作、投资关系等。

如何透视和分析法律关系,是法律人日常最重要、最大量的工作之一,我将之比喻为把颜色球放入不同"盒子",再将"盒子"放入"袋子"的过程。

以诉讼案件为例,我们应该有两个大袋,里面装满了各种盒子,一个装的是实体问题的盒子,例如主体、客体、权利义务;另一个装的是程序问题的盒子,例如管辖、诉讼或仲裁、时效等。以下就是几个典型的盒子:

第一个盒子:主体

主体乃法律关系之首,找错了主体,有如儿子喊错老爸,关系大乱。有如下两个要诀:

一是"定",即法定或约定。例如我要购买甲公司的股权,根据工商登记显示,乙某是甲公司的股东,那么与我签订《股权转让合同》的相对方必然是乙某;如果乙某告诉我,他其实是代丙企业持股的,有乙某与丙企业的《代持股协议》为证。那么,股权交易文件就从一份合同变成两份,法律主体就从两方变成了三方。

二是"拆"。但凡内容较为复杂的法律事务,几乎都存在复合主体的问题,如何拆分,详见本章“思维流程—分清关系”当中的相关论述。

第二个盒子:客体

法律关系的客体定义很明确,就是权利义务所指向的对象,但理论界对此定义的理解颇有争议。在法律实务中,实用和保险为先,通常做法是将实物与权利两者合一。

例如房屋转让的客体,通常包括了具体的房屋本身和抽象的房屋所有权;又如审计服务的客体,包括了被审计主体的具体行为和审计范围所涉及的现金财物等。还有不良资产处置当中的客体。它同时包含了债权、房地产、股权、商标等各类客体,每一个客体的权属、特征、品质、现状和移交方法各有不同,必须对每一项的具体实物和抽象权利逐一定义。

本书下册案例篇当中的“财产租赁案之简单任务”就提供了一个关于客体描述的真实案例,可供参考。

第三个盒子:权利义务

正如天下没有免费的午餐,在法律上,权利和义务从来就是一对孪生兄弟。而且,它们会跟随主体和客体的变化而变化。

如果主体身份改变,权利义务内容会随之改变。以继子女、养子女对生母、继母和养母的权利义务为例:

假若继母曾经抚养过继子女,那么无论是否办理了收养手续,继子女在成年之后,都应该赡养继母。同时,由于继子女与生母的身份关系仍在,所以还需要赡养生母。如果继母办理了收养手续,继子女与生母的身份关系自然解除,继子女则只需要负责赡养养母,而不再赡养生母。

退一步说,就算主体身份不变,如果具体行为不同,所产生的责任也不同,以公司法上股东对公司的责任类型为例:

如果股东对公司没有实际出资,需要承担的是虚假出资责任,属于无限责任,这是所有责任当中最严重的;①如果只出了一部分,承担瑕疵出资的

① 1991年3月16日,最高人民法院下发《关于在经济审判中适用国务院国发(1990)68号文件有关问题的通知》。在通知中所转发的国务院(1990)68号文件明确规定:“公司虽经工商行政管理机关登记注册,但实际上没有自有资金、或者实有资金与注册资金不符的(国家另有规定的除外),由直接开办公司的主管部门或申报单位、投资单位在注册资金的范围内,对公司债务承担清偿责任。对注册资金提供担保的,在担保范围承担连带责任。”

责任,但仅以应当出资部分为限;[1]如果是出资之后又抽回,承担抽逃出资的责任;[2]如果是收购后抽逃资金的,承担与抽逃出资相同的责任;[3]如果在公司停止经营后未及时清算的,承担清算责任;如果未经法定清算程序就将公司注销的,对债权人承担赔偿责任。

如果客体不同,权利义务内容也会产生差异。以物权和债权两大权利为例:

如果我买下一套房子,就持有了物权,这是一个绝对权、对世权,我有权拒绝任何人进入,所谓"风能进,雨能进,国王不能进"(英国法谚)。但是,如果我目前仅仅签署了《房产买卖合同》,哪怕款项全部付清了,只要我一天没有办理产权登记,根据法律,我持有的也只是债权——对该房产的请求权而已,而不是物权,我只能请求合同相对方履行合同,交付房屋以及办理产权登记,而无权阻止其他人进入这个房子。

第四个盒子:管辖

在教科书上,管辖问题往往只是一笔带过,简单地介绍一下条文。其实在法律实务当中,这个问题很重要。如果运用和设计得当,可以起到大幅降低诉讼成本,拖延应诉时间,防止地方保护主义对案件的影响等等好处。

以判断网络版权侵权诉讼的管辖为例,如果你仅仅机械地依据民诉法关于侵权案件归"侵权行为地和被告所在地法院管辖"的规定,跑到被告网

---

① 1994年3月30日最高人民法院作出的《关于企业开办的其他企业被撤销或者歇业后民事责任承担问题的批复》中规定:"2. 企业开办的其他企业已经领取了企业法人营业执照,其实际投入的自有资金虽与注册资金不符,但达到了《中华人民共和国企业法人登记管理条例实施细则》第十五条第(七)项和其他有关法规规定的数额,并且具备了企业法人其他条件的,应当认定其具有法人资格。但如果该企业被撤销或者歇业后,其财产不足以清偿债务的,开办企业应当在该企业实际投入的自有资金与注册资金差额范围内承担民事责任。3. 企业开办的其他企业虽然已经领取了企业法人营业执照,但实际没有投入自有资金,或者投入的自有资金达不到《中华人民共和国企业法人登记管理条例实施细则》第十五条第(七)项或其他有关法规规定的数额,以及不具备企业法人其他条件的,应当认定其不具备法人资格,其民事责任由开办该企业的企业法人承担。"

② 2003年1月3日,最高法院发布《关于审理与企业改制相关的民事纠纷案件若干问题的规定》(法释〔2003〕1号),第35条规定,以收购方式实现对企业控股的,被控股企业的债务,仍由其自行承担。但因控股企业抽逃资金、逃避债务,致被控股企业无力偿还债务的,被控股企业的债务由控股企业承担。

③ 同注1。

站服务器所在地法院起诉,经济成本高,而且胜诉难度也随之加大。其实,如果你再仔细查查司法解释,就会发现"侵权行为地"原来还可以包括"侵权内容的计算机终端设备所在地",这就意味着你可以帮助客户争取在原告当地起诉,从而为客户节省大笔的诉讼成本,还能防止地方保护主义。

此外,在法律实务当中,经常会遇到法院出于某种原因,将证据交换时间和开庭时间压缩到很短甚至是同步进行的情况。此时,被告准备证据、设计应诉方案甚至提起反诉的准备时间就相当紧迫了。如何能够争取更充分的准备时间?常用的技巧之一就是提起管辖异议。提起管辖异议后,算上一审法院的审理时间、驳回、送达、上诉、交费和再驳回的时间,大概可以争取到2-3个月的等待期,从而可以扭转准备时间不足的不利局面。

在本书下册中的"诉讼程序案之四地律师的时空连线"一案,就是关于管辖异议的应用技巧说明,可作参考。

• 逻辑判断

逻辑是人类思维当中的抽象派代表,借助概念、判断、推理、论证这一系列要素,理解和区分我们周围的现实世界。它最早起源于公元前三世纪,由亚里士多德发明,他说道:"一个好的律师要与法律共舞,就要把一个复杂事件冷酷地分解为若干个环节,在这个分析和决定的过程中,没有所谓的'痛苦'、'悲伤'、'不幸'、'羞愧'、'气愤'、'预判'以及'震惊'这些感情因素。这个律师要能够'独立'并且'封闭'地分析事件每一个环节,一步一步得到结论。而且,通过改变任意一个环节的某个条件,能够得出一系列不同的结论。"①

逻辑是一种方法论和判断体系,有自己的特定流程和技术,以法律人分析判断问题为例,大致的流程如下:

第一步,理清双方纠纷产生的原因,将原因逐一理清;

第二步,针对逐条原因,寻找有何事实和证据可作支持;

第三步,结合事实、证据,对照法条,找出解决方法是什么。

图解如下:

---

① 转引自"时雨:像律师一样思考",载 http://www.douban.com/group/topic/1981737/。

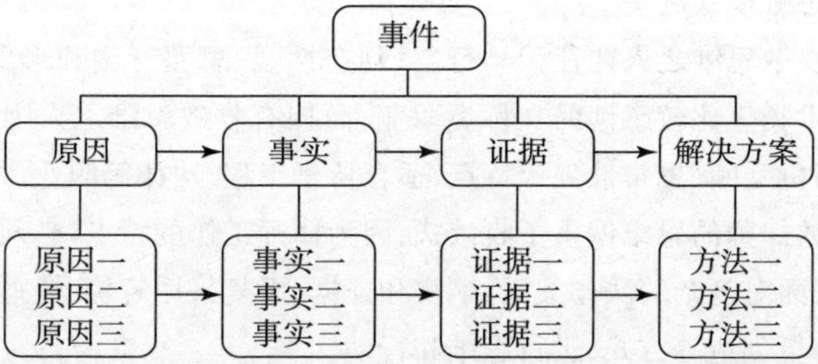

逻辑判断的好处是使得思维路径明确和清晰，容易找出事情发展的关键要素和线索，形成周密计划。缺点是容易固化人的思维模式，导致视野狭隘，从而形成思维定式，过于依赖理性判断和历史经验而忽略实践和事物发展的多样性。

正如前面的“思维黑洞—非常逻辑”所言，世界万物的原因和结果之间，不仅仅是依靠逻辑推断存在和延续的，还有很多政治、经济、社会、文化等因素在起作用。

所以，我们在进行逻辑推断的同时，还必须注意利益的衡量。每个社会的利益，就好比一张大网，斑驳不一的阴影和七彩斑斓的颜色交织在一起，看起来浑然一体，但水面之下却是盘根错节、混乱不清，复杂而不确定。

没有利益的衡量，逻辑推断就有如无根之本，无源之水，毫无现实意义。

运用逻辑推断，不仅需要对字句含义的深刻理解，更重要的是充满正义、道德和文化感，还有对社会利益的充分考量。

• 收敛发散

收敛式思维与发散式思维是两种相反的思维方式，在法律人日常工作和生活当中大量使用。

收敛式思维就好比凸透镜，将不同方向的光线集中到一点，最终引起燃烧。它聚焦于问题核心，运用已有的经验和知识，将各种信息从不同的方面和角度，重新组合，从而找到解决方案。

发散式思维与收敛式相反，它是从一个中心出发，将思维尽量地扩散出去，尽量思考各种可能性，最后再汇总成解决方案。

通常而言，发散思维可以用于收集尽量多的信息，并进行广泛对比。收敛思维可以用于深入思考，精细加工。两种思维互相补充和促进，构成了解决问题的思维模式之一。

具有发散思维之人往往天马行空、创造性强、思路开阔和形象感强,适合从事艺术类等比较感性的文科类职业;而拥有收敛思维之人则体现出意志坚强、当机立断、思辨性强等特点,适合从事工程、法律等职业。

大多数律师的思维偏重于收敛式,因为律师工作的特点,必须以客户目标为中心,面对复杂的法律关系、事实和证据,反复采用解构、梳理、重构、简化、组织乃至创造等方式,进行思维和行动。

但是,发散式思维对于律师而言,同样不可或缺。例如在与客户讨论案情的时候,客户的描述往往一片混乱,事实和证据残缺不全,这时,律师就应该充分运用发散式思维,根据客户的只言片语,不断进行联想和推敲,将事实和证据重新拼图,推敲研究各种可能性。如果跳过了这一步骤,就可能会遗漏重要事实和证据,导致整个解决方案发生根本性错误。还有就是在思考问题时,能够运用发散式思维,在很短时间内想出多个好点子,为找到最终的解决方案打下基础。

在律师角色定位上,我们同样运用发散式思维与收敛式思维,为客户创造价值。通常认为,律师的角色是"风险控制师",而在我看来,律师角色不仅局限于此,还应该是"价值创造者"。

也许你会反对,律师本职工作就应该是控制风险,至于创造价值,应该是企业家的事啊,与律师何干呢?

我们首先运用收敛式思维想想,如果我们每天只是被动地加强合同约束,提示客户交易的风险,制定更多更繁琐的规章制度,制造员工对公司更多的怨气,我们能够为企业激发潜能,提高知名度,带来新客户吗?显然是不能的。

如果你再运用发散式思维想想,在企业经营当中,有什么与法律服务类似的活动,能够给企业直接创造经济价值和收入的呢?你会发现盈利"蓝海"远在天边,近在眼前,只要耐心挖掘即可。

当然,运用这两种思维,挖掘和设计属于新服务,找到新的盈利亮点,必定有一个重要的前提条件,就是你不能仅仅懂得法律,还必须掌握更多营销学、社会学、经济学乃至心理学等方面的知识。

收敛思维求同,寻找关键线索,建构解决体系;发散思维求异,挖掘多种可能,博采众家之长。如果你能够善用两种思维,就可以显著提升思维活动的缜密程度，轻松面对各种繁复的局面了。

• 想象创造

工作之余，看电影是我的一大爱好，尤其爱看那些带给我无限想象空间的电影，例如《黑客帝国》、《泰坦尼克号》和《阿凡达》等。它们能够让我的思维和想象，跟随电影情节，飞翔穿越于过去、现在和未来之间，纵观天下之余又能穷纤入微，激发人的想象力和创造力。

法律职业工作，也不时需要“放电影”：客户是主角，参与各方是配角，题材是客户面临的各种事件和冲突，谈判、辩论、演讲、会议是常见的场景，客户双方的矛盾冲突是主线，情节如何发展全赖法律职业人的巧妙设计。所以，“放电影”其实就是法律职业人运用想象力和创造力，开展思维活动的过程，它是法律思维的精彩表现。

想象力和创造力，有些是“无中生有”，凭空创造出新的事物和关系；更多的则是“深化加工”，在原有的基础上深入下去，将原有事物重新组织或雕琢更精细。

这两种方式本质上都是创新，正如苹果公司前 CEO 乔布斯的观点，“所谓创造力，就是把事物联系在一起。当你问那些有创造力的人们他们是如何做事的，他们会感觉很内疚，因为他们并没有真正创造什么，他们仅仅是观察到了一些事物。对他们而言片刻工夫就昭然若揭。那是因为他们善于将已有的经验联系在一起并整合出新的东西”。①

美国某企业的一台大型设备出故障了，老板找了很多技师来修理，这些人都无从下手，让老板快急疯了。

后来，一位工程师告诉老板，他知道问题所在，但要价一万美元。老板已经不胜其扰，痛快答应。不料工程师仅仅是在设备外壳上画了一条线，说道：“问题出在这儿，打开修吧。”结果不出所料，设备很快就修好了。

老板心疼地追问：“就画这一条线，你就敢要我一万美元？”工程师回应道：“其实这一条线我只收一美元，但是，知道在哪里画线，价钱是 9999 美

① “乔布斯语录：生命随时可能结束 无谓患得患失”，载网易探索频道，http://news.163.com/11/1006/12/7FMCQ0UC0001121M.html。

元。”

这种知道在哪里划线的能力,就是创造力。

创造力对法律职业人尤为重要。因为法律人的工作,就是在了解客户目标和案件事实的基础上,把立法本意、立法原则、适用对象等理解通透,然后判断取舍事实和证据,选用法条,最终创造出效益和成本最佳比的解决方案。

但是,想象力和创造力的培养却是困难。因为多年的法律专业训练,已经将法律职业人培养成习惯于分析、判断和推理的“认证机器”,自然排斥一切不符合既定模式的事物。而且,创造力意味着要保持激情、勇于冒险和敢于挖掘,意味着要突破现有的条条框框,这和法律人的既定思维和保守态度都会产生严重冲突。

法科学生在法学院里很难获得培养想象力和创造力的机会。因为上课所用的各种案例、事实和证据,往往都已经编排好,编辑整齐,版面清洁地印在纸上。所谓的判断力训练,只不过你复制拷贝了老师的思维,你的大脑,其实是别人的运动场。

而在法律实务工作当中,法律职业人面对的,往往是事实的杂乱无章、客户的东拉西扯、不知所云,对方的躲闪腾挪,被调查单位的不配合甚至故意刁难,还有证据的不知所踪等,让你感到有理说不清,有力用不上。此时,想象和创造,这种直取中宫,一击即中的能力,就变得非常重要和关键了。

法律新人常犯的一个毛病,就是把法律条文等同于解决问题的方法,在与客户讨论问题的时候,动辄把法条、司法解释挂在嘴边,所思所想都是法律如何规定的,一旦遇到法律没有规定的或者规定不明确的情形,往往以“这样做有风险”就含糊其辞,轻易打发了,其实忽视了这样一个重要命题:风险所在就是价值所在。不解决风险,无从谈论价值。

我经常对手下的律师说,面对客户的提问,你的脑袋里要时刻问自己,我要做机器还是做律师?如果你仅仅向客户解释法条,那你只是代替百度在干活,你是在做机器;如果你要做律师,就必须懂得运用想象力和创造力,把法条、证据、事实和解决途径融合起来。要把所有思维看作是灵活游动的鱼,而不是僵硬死物,一切皆可分拆搭配,反复组合,直至设计出面面俱到的解决方案为止。

如果你要成为一个优秀的法律职业人,除了善于在现有材料当中组织证据、设计方案外,更重要的是学习如何在材料不足甚至没有的情形下,凭借着想象力和创造力,创造证据,乃至创造规则。

想象力和创造力的完美结合,能够使一个又一个的疑难案件起死回生,这就是它的魅力所在。如果一旦突破了原有思维的局限,你会发觉自己进入一个新的天地。

本书下册的"诉讼实体案之高新企业的绝地反击"就是一个运用创造力而使案件起死回生的典型案例,可供参考。

• 逆向求异

曾有这样一个笑话,说的是一位中国人移民到了美国,因为要打一场官司,于是就对自己的美国律师说:我们是不是找个时间约法官出来坐一坐或者给他送点礼?

美国律师一听,大骇,说千万不可,如果你向法官送礼,你的官司必败无疑。那人奇怪说怎么可能。律师回答:你给法官送礼,不正说明你理亏吗?

一个月后,美国律师打电话给那人,通知他说:我们的官司打赢了。那人淡淡地说,我早就知道了。律师奇怪地问,怎么可能呢?法庭的判决才刚刚出来。中国人说,我给法官送了礼。那位律师差点跳了起来,不可能吧!

中国人说:的确送了礼,不过我在邮寄单上写的是对方的名字。

在这个笑话当中,撇开那人的道德观暂且不论,我们不得不佩服他的逆向思维。很多时候,我们觉得解决问题很难,可能只是因为我们习惯了沿着事物发展的正方向去思考问题和寻找答案,如果你逆向而行,时常会有"豁然开朗之感"。

逆向思维也叫求异思维,它是对司空见惯的似乎已成定论的事物或观点反过来思考的一种思维方式。敢于"反其道而思之",让思维向对立面发展下去,从问题的相反面深入地进行探索。这种对流程图的逆转应用,通常用于正面思维不得其解的情形。

例如写合同,很多律师都希望能创写一份"如何写一份滴水不漏的合同"。

正向思维的做法是直线进攻,尽可能多地汇总各种范本和模板,将尽量多的细节和情况包括进去。想想看,如此做法能够做到滴水不漏吗?恐怕再多再细,也难免挂一漏万。而且有可能因为你写的太苛刻、太恐怖,会让对方感觉不好,要么大发雷霆,要么知难而退,结果是你变成了“交易杀手”,将对方和你自己的客户都得罪了。

如果知道运用逆向思维,问题就简单很多。例如你可以将对方假定为如下两种人,尝试让自己代入这两种人身份当中,以其眼光看合同,你会发现,可以轻松找到合同的缺陷所在。

首先,假定对方是粗心人,善意但经常粗心大意。像这样的一个人,在合同履行过程中,有无相应的制度安排,给予对方及时补救,“改过自新”的机会?

其次,假定对方是心怀不轨乃至歹毒之人。看看此人如何寻找这份合同的漏洞,找什么借口可以废掉整份合同?或者拒不履行?或者逃脱违约责任等。

如果连心怀不轨之人或粗心大意之人,都无法找出合同的漏洞,你写的文书即使不算滴水不漏,起码也算非常高明了。

还有寻找法条依据。我国现行的法律法规和规范性文件数量之多,据说居全世界之冠,要从中找出适合某一具体案件的法条,工作量很大。但是,如果你懂得运用逆向思维,一切就变得比较容易了。

最高人民法院知识产权庭庭长孔祥俊将这个方法称为“反弹琵琶”。在他所著的《法律方法论(第三卷)裁判模式、自由裁量与漏洞填补》一书当中,他提出,“在有些特殊的情况下,法律适用是反弹琵琶,采取‘颠倒论法’,即先入为主地首先确定答案,然后按图索骥,寻求支持这种答案的路径,为答案的正当性寻求证明”。①

为何能够如此?因为司法实践最注重的,并非是如何僵化理解法条表面的意思,而是如何使得法律适用结果达到最佳,实现裁判结果符合社会普遍理性、价值观和认知水平的目标。

归结起来,逆向思维的最大好处,就是帮助你从一个新角度、新位置,重新审视原本已经熟知的事物。在桃花流水的尽头,其实别有洞天。

---

① 孔祥俊著:《法律方法论(第三卷)裁判模式、自由裁量与漏洞填补》,人民法院出版社2006年第1版,第1131—1132页。

三、思维工具

思维工具能够显著提高思维效能，延伸思维深度，把抽象思维具体化、可视化，本书因为篇幅所限，仅介绍三种在实践当中影响较大、非常实用的思维工具：金字塔、流程图和思考帽。

• 金字塔

这个工具系由美国人巴巴拉·明托（Barbara Minto）于1963年发明①，世界最著名的咨询机构麦肯锡国际管理咨询公司已将其作为公司标准，在全世界应用。

"金字塔法则"的核心是强调写作方式以一般人的阅读和理解喜好为标准，陈述先主后次，先抽象后具体。主要思想必须从多个次要思想概括而成，抽象结论从具体事物当中抽取出来。一篇上佳的文书或演说词，必定是如下的金字塔结构，通常称为"金字塔法则"：

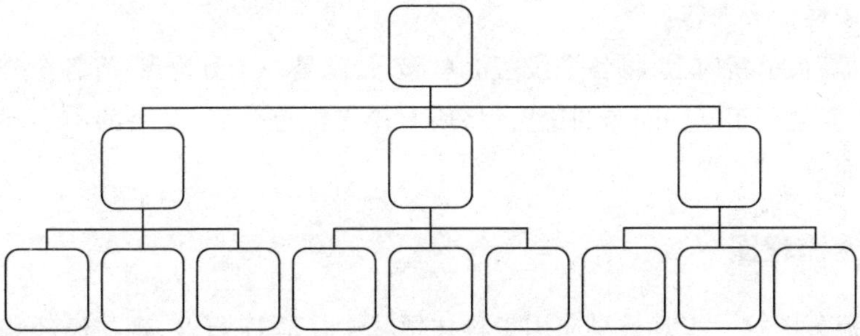

具体而言，"金字塔法则"有如下三个要点：

第一，金字塔最顶部的方框，指的是全文的中心思想和观点，是下部各个方框内容的汇总和提炼，通常出现在文书开头或结尾部分；

第二，处于金字塔某一层的方框，相当于文书当中某一章节的观点，由该章节当中所有段落观点汇总而成；

第三，在金字塔最底层当中的各个方框，相当于文书当中各个章节的观点，它们的排列应当遵循相同的逻辑顺序，起码外在的表达句式应当相同或相似。

① 明托：《金字塔原理》，王德忠、张珣译，民主与法制出版社2006年版，第2页。

所以,如何让你的文书显得脉络清晰,条理分明,关键就在于搭建好你的文书“金字塔”,将要写的内容逐层定好位,理清对上汇总、左右平行和对下细分三种关系。

以客户要求律师研究“如何整体转让在建工程”并且写作法律意见书为例:

首先,我们需要明确和定位中心思想,也就是金字塔顶端的第一个方框,客户的要求很明确,就是如何整体转让在建工程,需要注意当中的三个关键词,“整体”、“转让”和“在建工程”,这是搭建下面第二层方框的基础。

其次,第二层,按照同一逻辑关系,由于客户既要了解实体问题,又要知道具体程序如何操作,因此第二层次的方框可以确定为实体、程序两个。

再次,继续往下第三层,细分下面各层的方框,以实体为例,按照同一逻辑关系来分配,自然是法律关系的各个组成部分,比如主体问题(转让方和受让方的资格是否合法)、客体问题(什么是在建工程?是否能够转让?)、内容问题(在建工程的转让模式如何设计?如何交割?交易失败如何回转?)等。

然后,继续向下第四层,例如涉及主体问题的分析,应该有哪几个段落,分别表述什么内容。

最后,重新向上,将各个段落汇总起来,就是一个分论点;将各个分论点汇总,就是关于某一问题的论点;将所有论点汇总之后,文书的中心观点就自然而成。

• 流程图

流程图这一工具最早应用于科技领域尤其是IT行业,现在已经普及到社会科学的各个领域当中。它通常代表了一个系统的信息流、观点流或要素流的演变过程。

我们处理每一事件或解决每一个问题的过程,可以看作是一个信息流动和决策分支的流程。流程当中的各个阶段均用图形块表示,不同图形块之间以箭头相连,代表它们在系统内的流动方向。下一步的流向,取决于上一步的结果。作为一种流程判断工具,流程图可以让决策者清楚地知道,问题可能出在什么地方,选择的方向有哪些。

在法律实务当中,律师面对客户时,可以运用如下步骤绘制流程图,最终设计出正确的解决方案:

第一步——画出客户面临的困境和期望的目标：

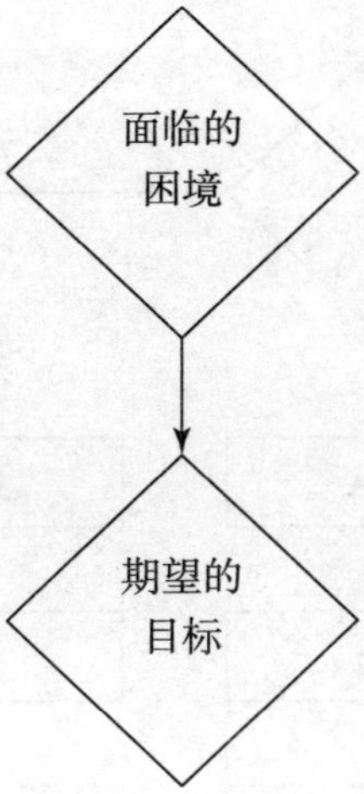

第二步——把流程当中的步骤逐一补充完整，注意上下步骤之间的衔接：

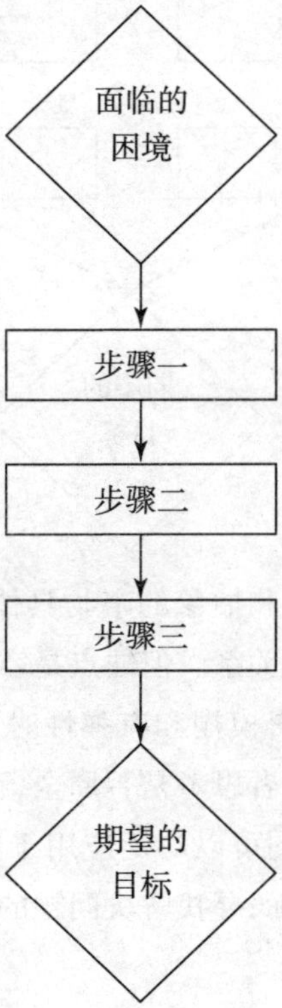

第三步——遇到选择的情形下,画出相应的处理方法:

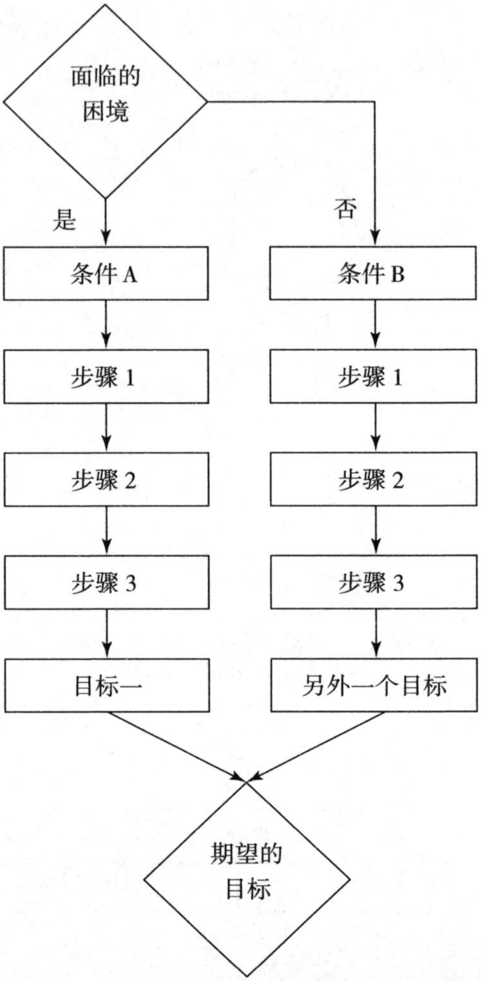

流程图的好处是将复杂和抽象的事物具体化和程序化,让你容易找出事物内部的先后顺序和关联关系。但缺点是容易造成思维的僵化和缺乏灵活性,尤其是当分支条件变得模糊和有弹性时,缺点就更加明显。此外,流程图是否有用很重要看设计者思考是否周全,否则比较容易遗漏意外情况。

在法律实务当中,流程图可以广泛应用于法律工作的操作流程设计方面,对于进一步清晰客户目标,寻找解决问题的关键路径,尤为好用。

• 思考帽

某次培训课程，我把学员分成两组，面对而坐。中间的桌子上放一张白纸，如下图：

我的要求是：请两组运用各种理由说服对方，你看到的数字是"6"还是"9"？

两组学员一时讨论热烈，分别从字体的大小、颜色、倾斜度乃至眼睛与纸张所形成的夹角来说明己方数字的正确性，但各自都难以说服对方。

终于，有一学员在辩论中发现了其中的诀窍所在，他说道：

"请你过来，站在我的角度看。"

同一问题，不同角度，有不同的答案，无所谓对错，这就是"水平思考"与其他思维模式的本质差异。

这种思维方法由"创新思维之父"、英国人爱德华·德·波诺于20世纪70年代首先提出。在他的《水平思考》一书当中，他提出，"常规的逻辑关注的是'真相'和'是什么'，而水平思考关注的是'可能性'和'可能会是什么'。""在水平思考中，我们致力于不同的看法，所有看法都是正确和相容的。每个不同的看法不是互相推导出来的，而是各自独立产生的"。①

国人看事情，多关注"是什么"，而经常忽略"可能是什么"。在这方面，万科董事长王石处理事情的巧妙方式，可以对我们有所启发。在冯仑所著的《野蛮生长》一书当中，他这样介绍道：

---

① ［英国］爱德华·德·波诺：《水平思考》，冯杨译，北京科学技术出版社2006年版，第57页。

假如说你有一个朋友,或者是发小,犯了事要逃跑,有一天,他突然跑到你这儿来要钱,你这时给还是不给呢?

有很多真君子说:不能给,你给的话就是帮助他逃跑,就犯法了。所以,多数人都不会给他,或者给了又不敢说;只有少数二杆子,意气用事,明目张胆地给,而且帮助逃跑。

但是这件事情搁在王石身上,他处理得就非常有艺术,既不犯法,又有人情味:他给了,但同时又提醒并反复教育这个人去自首,然后告诉他这个钱是让他在去自首的路上用的,他必须答应一定要去自首。

显然,王石这样的做法,考虑的重点不是首先判断问题性质,区分黑白,而是放在如何解决问题上,寻找多种可能性,既顾及了朋友面子和人际关系,又保护了自己。如此思维方式,实在与"水平思考"有着异曲同工之妙。

后来,爱德华·德·波诺在前述基础上,推出了新一本著作《六顶思考帽》,他将"水平思考"的方式具体分解为思考问题的六个不同角度,分别用六顶不同颜色的帽子代表,分别是:

蓝帽——理性之帽,象征思维中的控制与组织;

红帽——感性之帽,强调从感情、直觉出发感性地看问题;

黑帽——批评之帽,从事物的缺点、危险、隐患看待问题;

白帽——事实之帽,要求客观、全面地收集和反映信息;

黄帽——热情之帽,设想完成后的好处,寻找事物的优点和光明面;

绿帽——创造之帽,运用创新思维思考并且行动。

他认为,"思考最大的障碍在于混乱。我们总是试图同时做太多的事情。情感、信息、逻辑、希望和创造性都蜂拥而至,如同抛耍太多的球"。[①]而"六顶思考帽"可以帮助思考者尝试从不同角度去分析同一问题,从而得到完整的答案。

以法律实务为例,那种单纯通过逻辑推理来解决法律问题的期望,其实是不切实际的。因为客户面对的问题,既有法律困境,也有经济成本问题,

---

① [英国]爱德华·德·波诺:《六顶思考帽》,冯杨译,北京科学技术出版社2004年版,第13页。

还有政治、制度、情感乃至心理上的因素。所以，法律思维活动的重点，不在于分辨黑白，而在于灵活地戴上各种颜色的帽子，考察和平衡各种要素，权衡再三后，方始得出结论。

例如律师在为大型企业尤其是国有企业提供法律服务时，客户首先看重的往往不是经济利益，而是各种政治的、法律的、财务的乃至人事的风险，需要考虑的因素很多，如决策是否完全符合法律法规乃至税局、财政局、国有资产管理委员会等政府部门的规范性文件要求？决策过程是否符合规范等。

因此，律师更多用的批判之帽——黑帽，最后得出的解决方案，有可能在经济角度来看，它不是利益最大化的，但风险肯定是最低的，尤其是对于领导人的责任风险肯定是最低的。

不过，如果客户换成是私营或者外资企业，思维的重点就可能不同。私营企业的客户当然也会重视风险，但更注重经济利益。而且，他不需要注重领导者的责任风险，因为他是老板，不需要对别人负责。当然，老婆可能除外。无论如何，此类客户对于决策的评判标准，往往是经济利益第一，风险第二。此时，律师要注重运用的是热情之帽——黄帽，在帮助客户控制风险的同时创造更多价值。

无论是“水平思考”抑或“思考帽”，对我们的有益启发在于，在面对问题时，学会把思维重点放在全面思考和分析事物的多种可能性上，而非简单地判断真实与否、黑白抑或做与不做。

四、思维要素

法律思维活动，总有一些基本要素贯穿其中，技术的、现实的、社会的、历史的、文化的和心理上的，等等。如何组织和运用这些基本要素，帮助客户安全走过法律风险之河的大桥，是法律职业人的重要工作之一。

• 成本与风险

某次我带助理与一位富二代的老总见面，他向我咨询是否应该办理婚前财产公证一事。

我的助理听完客户介绍之后很兴奋，偷偷对我说，高律师，这个问题我熟,我们学校为这个专题还搞过辩论赛了。

“好啊,那你说说”,我答道。

助理说到,“我们当时讨论的主题是婚前财产公证的必要性,这个话题其实涉及讨论人性当中感性和理性之间的冲突问题。办吧,让双方感觉互不信任;不办吧,又有违法律的理性,所以很有点意思”。

我说:“啊,我怎么没有想到这方面? 确实有点意思,不过……”

“不过什么?”助理奇怪地看着我。

我答道,“我作为律师,没有想过感情、信任这些东西,我想的是客户的目标,还有实现这些目标所可能面对的风险,以及有可能付出的成本。”

客户的目标是防止他将来的老婆分掉他的庞大财富,所以觉得有办理婚前财产公证的必要。但是,以风险和成本来衡量,客户的方案是错误的。

首先是风险,客户的许多财富至今产权不清,如果强行办理,则会将这部分的收入暴露在阳光之下,个人隐私容易泄露,法律风险太大;

其次是成本,公证处收费通常是根据公证财产价值的百分比来收费,成本太高。

所以,客户的想法用广州话来说,就像“寿星公上吊,嫌命长”。

啊,那怎么办? 助理吃惊地问道。

我说:附耳过来,如此如此……(此处删去1000字)。

这段的标题乍看之下,可能会以为我说的是律师掉进钱眼里面的故事,当然不是,我重点强调的是成本两字。

在多数情况下,法律事务的成本是显形的——钱,要付多少银子请律师,能够为我分回来多少钱,这类成本都能够看到,也是大多数人所关注的;但是,优良的法律服务,其实能够帮助客户有效控制和节省另外两种隐形成本。

这两种隐性成本包括:一是法律风险,正如本书前面所述,律师的角色之一就是“风险管理师”,通过设计各种方案,帮助客户有效控制法律风险。二是守法成本,即出于遵从法律的需要,不得不额外支付的经济成本,例如直接购买大宗房地产,必须支付巨额的营业税、增值税等,如果方案设计的好,完全可以在不违法的前提下,节省下大笔银子。

所以,解决方案合法与否,是法律说了算;但可行与否,是成本说了算。

就以前面的例子来说，对于同样的问题，普通人看到和想到的，是人与之间的感情和信任；而法律人想到的，远不止这些，法律人更注重研究它们之间的法律关系及其成本。法律人要做的不是挑动别人动辄诉诸法庭，而是如何既节省成本，又能解决问题。

正如美国总统林肯在150年前，在题为《做一个诚实的律师》的演讲词中主张的那样，“作为一名律师，只要可能，你要尽力劝说你周围的人们和解。向他们讲清这样一个道理，一个名义上的赢家，往往实际上是输家——开导他们从诉讼费用、各项开支，以及时间的浪费等各方面去考虑。充当和事佬的律师，最有机会成为好人，而且，业务也少不了。不仅如此，千万不要挑动打官司，没有比那种挑动打官司的坏人更坏了。他总是喜欢在那些注册的契约、产权证书中去挑毛病、寻找漏洞、煽起纷争，从而将钱揣进自己的口袋——这简直是个恶魔，谁还比这种人更可恶呢？”①

谈事先谈钱，其实谈的是实现客户目标所必须付出的成本和风险。这是职业特点使然，其实也是在帮助客户争取公平和公义。

• 事实与证据

“所见即所得”（What you see is what you get）是一种电脑技术应用效果，它使得人们可以对操作的效果获得直观感受。在普通人眼中，法律的作用就该如此，我们见到什么，法庭就应该尽量全部还原出来。而在法律人的眼中，这种思维方式是错误的。

啊！难道你要教法律人掩盖真相吗？呵呵，别启动你的“非黑即白”思维，我否定“所见即所得”，并非等同要掩盖真相，只是说将客观事实转化和固定为法律事实，中间需要大量的证据证实，需要专业逻辑推断，需要受到各种程序约束和限制，等等。法律事实，是证据的集合表现结果；而证据，是对客观真相的法律化描述。所以，最终在法庭上呈现出来的所谓“客观真相”，并非等同于客观事实。

换而言之，不是所有的事实都可以成为断案的证据。在普通人眼中明明存在的客观事实，很可能因为各种原因，被推定为不合法或者不存在，从

① ［美］林肯：“一个诚实的律师”，载豆瓣网，http://www.douban.com/group/topic/8246064/。

而不得在审判当中作为定案的依据。

在实践当中,关于证据的采集和梳理技巧如下:

1. 采集

法学论著中有关证据采集的介绍很多,此处只给大家推荐两种较为好用的方法:

方法一:申请公证保全。

例如假扮买家,带同公证处前往生产或销售侵权产品的厂家或商家,借购买产品为名,公证该厂家或商家销售侵权产品的行为,此所谓"陷阱取证"。采取该种方式可以确保证据的优先效力①。

方法二:申请证据保全。

依据我国《民事诉讼法》和最高人民法院相关司法解释,在商标权、专利权和版权诉讼当中,客户可以申请诉前证据保全②。在诉讼当中,客户可以向法院申请证据保全。此类方式往往可以保存客户不易取得或保存的证据,在本书下册介绍的"诉讼实体案之高新企业的绝地反击",就是一个证据保全的案例。

2. 梳理

证据梳理应该依据法律关系进行,以主体、客体和内容三要素为骨干,主要研究法律关系是否实际存在或者描述是否准确。然后,按照证据发生的先后顺序,对证据作逐一分组。

以一个诉讼案件为例,证据梳理工作如下:

——准备阶段。

主要是进行原始事实的收集、法律事实的提炼,当中穿插进行的,是证据的寻找、采集、组织乃至创造,目标是确立法律关系,构建证据体系。如果事实或证据不足,就需要及时考虑补强和创造。

---

① 依据《中华人民共和国民事诉讼法》第67条规定:"人民法院对经过公证证明的法律行为、法律事实和文书,应当确认其效力。但是,有相反证据足以推翻公证证明的除外"。

② 最高人民法院于2002年1月实施的《关于诉前停止侵犯注册商标专用权行为和保全证据适用法律问题的解释》规定,在商标权侵权案件中,可以申请诉前证据保全;在最高人民法院于2001年7月1日实施的《关于诉前停止侵犯专利权行为适用法律问题的若干规定》当中,规定了诉前证据保全。此外,在最高人民法院于2002年10月15日实施的《关于审理著作权民事纠纷案件适用法律若干问题的解释》当中第1条规定:"人民法院受理以下著作权民事纠纷案件……申请诉前财产保全、诉前证据保全案件"。

——立案阶段。

主要是证据的书面梳理，包括编制证据清单，及时提交受诉法院。在立案前，做好证据原件的核对和保存。为了保护自己，防止执业风险，原件应当尽量由客户自行保管，自行带往法庭，自行向法庭出示，律师尽可能不转手。在接到诉状后，要及时查看对方提交的证据，列出表格，逐一记下你对每一证据真实性、合法性和关联性的意见，然后逐一组织新证据予以反驳。如遇收集证据时间太紧等情况，需要延长举证期限的，应当及时向法院提出申请；如无法自行收集证据的，马上向法院提交调取申请书；需要鉴定、勘验证据的，也应当提出书面申请。记住，这些申请的期限，都应该在法院规定的答辩期间提出。

另外，在准备证据时，切记不要被法律规定的证据份数所迷惑，实践当中，需要的证据份数更多。除了按照对方人数准备相应的证据份数外，你一般还需要多准备至少 2 份，一份交客户保存，一份自己使用。

3. 创造

没有证据，可以创造证据，这是所有法学院都没有教的实务内容。在各种创造证据的方法当中，最常用的方法就是录音和录像。在以前，因为这种方式的取证手段被质疑未经对方同意，存在侵犯他人隐私的问题，所以被定性为非法取证而无效。如今，最高院在司法解释中明确，即使是偷拍、偷录，只要不涉及个人隐私(例如你不能跑到别人睡房去偷录、偷拍)和违法行为(例如不能以暴力相威胁)，采集到的资料也是合法的，可以当作证据使用。

不要以为录了音和拍了录像就高枕无忧，要把录音录像做成铁证，需要同时符合四个条件：一是谈话人身份明确无误；二是谈话客户所陈述的内容，应当是其真实意思表示，没有受到人身自由和权利等限制；三是内容未被剪接或者伪造，无疑点；第四也是最重要的一点，录音录像能够和其他证据相互印证，例如其他间接证据等，必须互相呼应，连成证据链，才能成功。

本书下册介绍的“诉讼实体案之高新企业的绝地反击”案例，就是一个以录音证据作为关键证据而胜诉的典型案例，可供读者参考。

在法律的世界里，事实的真相，有如初春迷雾中的淡淡远山，若隐若现，它需要法律职业人细心寻觅，耐心采集、梳理乃至创造证据，才能使之露出庐山真面目。

• 程序与实体

1995年，美国佛罗里达州警察接到匿名举报，一位名为JL的公民携带有违禁武器，于是警察在未取得法院同意之前，马上将其截查，确实找到了违禁物品。但是不久之后，JL居然起诉警察，诉其行为严重侵犯公民人身权利。

此案后经美国各级法院多次审理，最后上诉至联邦最高法院，结果多位大法官一致裁定：单纯依靠匿名举报而无其他证据，警察不得在马路上截查公民。

程序是法律的心脏，没有程序的保障，权利就如同遥远星空中闪烁的星光，可望而不可及。以上述案例为例，该案为日后美国法律树立了一个重要的程序性法律原则——即行政执法必须严格遵循合法程序而行，它反映了整个美国宪法和司法制度的设计核心观念——对程序公正和确凿证据的重视程度，远超案件客观真相本身。

正如美国最高法院大法官道格拉斯所指："权利法案的绝大部分条款都与程序有关，这绝非毫无意义。正是程序决定了法治与随心所欲或反复无常的人治之间的大部分差异。坚定地遵守严格的法律程序，是我们赖以实现法律面前人人平等的主要保证"。①

反观我国，在目前的司法实践当中，轻视程序甚至践踏程序的问题依然比较严重。例如2008年轰动全国的"杨佳袭警案"。被告人杨佳因为对警察的执法方式不满，坚持"你不给我一个说法，我就给你一个说法"，结果持刀直闯上海市闸北区公安局，刺死刺伤多名警察。

虽然此人的犯罪情节和恶意都非常明确，公众对其行为性质没有异议。但是，由于司法机关采取了一系列漠视保护被告人程序性权利的行为，例如指定与本案有直接利害关系的上海市闸北区人民政府的法律顾问担任被告人的辩护律师，拒不播放被告人杨佳声称被殴打的盘问录像等违反程序的种种举动，招致社会公众的诸多非议，致使判决的说服力和权威性锐减。公检法三机关的一系列做法严重违反法定程序。

---

① "辛普森杀妻案"，载百度百科，http://baike.baidu.com/view/1183157.htm。

2010 年，轰动全国的“李庄伪证案”，更将如何保护被告人的程序权利这一话题，推向社会公众的热议焦点中心。例如所谓的“伪证”竟然从未被提交给法庭；检察机关指控李庄有罪的关键证据，竟然拒绝在法庭上出示；李庄申请出庭作证的 8 个证人，当中有 6 人已经被公安机关拘留，完全具备出庭作证条件，检方却代为宣布其拒绝出庭；还有李庄助理之一的马晓军律师，属于关键的知情人物之一，却被重庆公安机关违法拘留超过 2 年。

综观全案，“李庄伪证案”留下了太多让公众诟病的程序瑕疵问题，削弱了法律在民众当中的权威性。或许，李庄确实有其自身的问题，但是，正如激愤不能代替理性，法律也不能逾越程序，否则它就会从天使变成魔鬼。

一个国家之所以要制定法定程序，强调保护被告权利，其目的除了打击犯罪外，更重要的是为了防止伤及无辜，防止国家公权力的滥用。所以，我们有特别规定刑事诉讼程序的刑事诉讼法，有规定罪刑法定、罪刑相适应、犯罪构成、刑罚幅度、追诉时效等具体程序，更有特别针对国家公权力规定的很多特殊义务，如证明有罪责任、向辩护方开示本方证据的责任、上诉不加刑等。

包括李庄在内的每个公民，都拥有这些法定权利，作为国家机器的审判和检察机关，应当倾尽所能，保护每一个被告充分、全面地运用这些权利。如果法律程序不合法，证据不充足，也不应该判决其有罪。

一份有程序瑕疵的判决，固然能够惩治一个罪犯，但从长远而言，却削弱了法律的权威，损害了整个社会的法治基础，美国著名的大法官杰克逊认为：“不要忘记，正当法律程序并不会使被告人成为唯一的受益者，它还是使政府摆脱一些错误的最好保证，而这些错误会不断地玷污一个司法制度，并注定以单方面的形成发生……”①

确实如此，在实务当中，最终的实体判决结果，往往很难令双方都满意，唯一可能让双方都感到满意的，只有公正的程序。因为只有公开透明的程序，才能使事实充分显露出来。

更重要的是，把公权力这头猛兽关进法律的牢笼当中，使所有人免于莫名的恐惧当中，这才是法治社会的应有之义。

---

① 陈瑞华：“《看得见的正义》之从三位大法官的名言谈起”，载爱思想网，http://www.aisixiang.com/data/44986.html。

• 均衡与公平

我曾经代表某地方政府处理过一宗与当地农民的土地租赁纠纷。某地方政府早年为了照顾当地农民生活，将国有土地分割出租给农民分散养鱼种菜，现在为了提高土地使用效率，决定将租期已满的土地收回，成片开发，在当地建设“创意农业城”，提高土地的集约化效率。

结果，当地农民提出高额赔偿，并且拒绝退出土地。政府为了尽快回收土地，起诉至当地法院，希望尽快收回土地。

开始的时候，代表政府的司法所与法院多次协调，将申请先予执行的法条和理由都对法院做了详细说明，但法院都不认可，并且打算要驳回。我们把《先予执行申请书》要过来一看，当中如此写道：

申请人就被申请人侵权纠纷一案，于××××年××月××日向贵院提起民事诉讼。鉴于××××年××月××日，被申请人承租××号地块的租赁期限届满，经申请人多次催告，被申请人仍拒不搬离，导致严重妨碍申请人对××号地块的生产急需和使用，进而造成申请人巨额经济损失。

为防止由此产生的经济损失进一步扩大和无法挽回，根据《中华人民共和国民事诉讼法》第九十八条：“人民法院裁定先予执行的，应当符合下列条件：(一)客户之间权利义务关系明确，不先予执行将严重影响申请人的生活或者生产经营的……”之规定，申请人特向贵院申请先予执行，责令被申请人立即搬离××号地块。

我们发现，原来的思路过于狭隘了，仅限于就事论理，没有向法院强调此案所涉社会公共利益的重要性，于是我们将申请书补充修改如下：

鉴于涉案地块系本地区政府部门用作设立创意农业城，这是本地区为响应中央和省政府的号召，大力发展现代农业和带动周边地区“三农”发展的重要举措，对改善本地区农民就业现状和促进本地区整体经济发展有重要影响。

趁着递交补充文件的机会，我们与法院进行了反复沟通，法院的态度有所改观，表示理解政府的难处，但是，态度依然不明朗，也迟迟未见行动。

于是，我们再次与政府开会，反复推敲，发现法院存在另外一个顾虑——如此大规模的申请强制执行，牵涉面广，影响社会群体众多，如果因此引起群体事件，社会影响太大，因此法院对此申请犹豫不决。

根据这一分析，我们对现场进行了走访，深入农户和田间了解情况，结果发现被申请人中的大部分，实际上已经将涉案地块出租给他人牟利。我们再次将上述情况补充提交给法院，在申请书当中补充写道：

> 被申请人为一己私利而罔顾社会公共利益，将个人利益凌驾于集体和国家利益之上，导致集体和国家利益受损，于法于理于情实属不合。

中国人无论是做人抑或做事，都讲究一个"度"，就是大势的和谐和均衡。在西方的观念看来，这是一种系统性均衡思维，讲求利益之间的均衡与公平。中西方文化在这个目标上是一致的，都是讲求均衡和公平。

例如，基于利益均衡的思想，各国公司法不仅关注公司与股东、股东和董事、公司与雇员、公司和社会公众之间的权利义务关系，而且还强烈关注对公司债权人合法权益的保护。《最高人民法院关于审理公司强制清算案件工作座谈会纪要》也提到坚持利益均衡保护原则。公司强制清算中应当以维护公司各方主体利益平衡为原则，实现公司退出环节中的公平公正。人民法院在审理公司强制清算案件时，既要充分保护债权人利益，又要兼顾职工利益、股东利益和社会利益，妥善处理各方利益冲突，实现法律效果和社会效果的有机统一。

以上述案件为例，第一次写法的思考重点，在于解释法律对于个体权利的规定，没有站在更高的角度，从兼顾个体权利和公共利益方面展开说理，这是表面、肤浅地理解法律；第二次有了改进，强调了保护公共利益，将法律和道理合二为一，但没有更深入地考察当地的实际情况；最后一次的写法，不仅详细讲述了法律和道理，更重要的是融入了情感因素，考察了被执行人的现实状况，兼顾了社会弱势群体利益，甚至为法院考虑了执行是否困难等现实问题，实现了法—理—情三者的高度统一。

于是，在我们递上文书后不久，法院就批准了先予执行申请，很快就将此案执行完毕。该案件在半年之后宣判，所有被告均表示服判息诉，案件圆满结束。

这是法律人应有的思维和态度：面对任何法律问题时，不要只满足于在书本中寻章摘句，或者在法庭上慷慨陈词；更不要以某一方的利益作为判断标准，充当利益的掮客，而应该深入现实的市井和田间，小心翼翼地穿过各种利益纠缠的灌木丛，努力种下一颗颗法律观念的种子。

应该让每一次的努力，不仅帮助个体收获利益，让法治观念的种子逐渐怒放于社会的田野上。

五、思维流程

总有学生问我，习法之初，总觉得思维混沌一片；或者面对问题，找不到解决的思路。为何如此？因为没有建立自己的思维系统。

- **找到原点**

内地某一法院面试法官助理，其中一个问题是："如果你母亲和你女朋友同时掉到河里，你只能救一个，你应该救谁？为什么？"

现场多数应聘者的答案是：先救母亲，后救女朋友。然后解释到，母亲与自己有骨肉亲情，还育我成人，当然重于没有血缘关系的女友了。

有些应聘者有技巧地补充，母亲代表社会公义，女朋友乃个人私利。我当然应该选择公义在前，个人私利放后。另外有些应聘者，给出两头都不得罪的答案，例如：我会选择救离我比较近的那个人；我会选择救我的母亲，然后跳到河里，跟我的女朋友共赴黄泉等等。

面对这几种似乎无懈可击的答案，考官却都不满意，为什么呢？

这是因为几乎所有的应聘者，都忽略了寻找思维的原点，那就是这是法律专业考试，重点自然在于考察应聘者是否具备法律思维而非其他。

法律人的思维原点，就是对任何问题的判断，不是建立在道德观念或经济价值，也不是凭着自己的主观感受或个人喜恶，而是建立在以法律为原点的逻辑上，任何思维活动和判断，均遵循法律而行。

以前述为例，根据我国民法和婚姻法的基本原则，家庭成员之间有法定的相互救助义务，而你与女朋友之间，则只是一种情感关系，无法优先于前述的法定义务。由此可知,答案只能有一个:先救母亲,后救女朋友。

当然,最佳的方法,是永远不要带你的母亲和女朋友一起去水边玩,这可以让你避开前述困境。如果你把女朋友变成了老婆,就更加要小心了,在老婆和母亲两位大人面前,道德和法律都会黯然失色,因为无论你如何选择,你都注定无解,难逃一个悲催的下场。

• 界定起止

某次,事务所新员工培训课,我向学员提出这样一个问题:

“如果客户将一大叠证据材料送到你面前,你要做的第一件事是什么?”

学员们众说纷纭,答案不一。思维比较直接地回答:“分析整理证据材料”,心思较为细密的答曰:“询问材料有无遗漏”,稍有经验的说道:“分析案件的法律关系,再据此开始分析证据”。

我点评道:“你们的回答都没有抓住关键,其实最重要的应该是首先问问客户,他所面临的困境是什么?他最终想达到什么目标?”

法律思维的起点和终点应该在哪里?在启动法律思维前,必须先弄清楚这个问题,否则要么南辕北辙,要么信马由缰。

以律师思维活动为例,清晰地了解客户所处的困境,应该是律师思维的起点。因为只有深入了解客户的困惑所在,才可能服务好客户。而律师思维的终点,则应该是客户期望当中的“理想状态”,即客户的期望峰值和接受底线是什么。考察整个思维过程,连接两头的中间部分,还应该有细分问题、实现途径和方法三个节点。三个节点串联起来,就是一个完整的“客户目标”。

所谓寻找“客户目标”的过程,就是在“面临困境”和“理想状态”起止点之间,运用法律专业知识和实践经验,来回穿梭推敲,最终设计出理想的解决方案,如下图:

有人可能会问,为什么不干脆跳过“困境”一步,让客户直接将问题总结出来?这样的想法很理想,但不现实。正如病人去看医生,往往只能提出症状,无法自己把问题总结出来。客户多数是普通人,他们眼里看到的,心里感受到的,是对方的背信弃义以及自己面临的困境和痛苦,他们只知道要

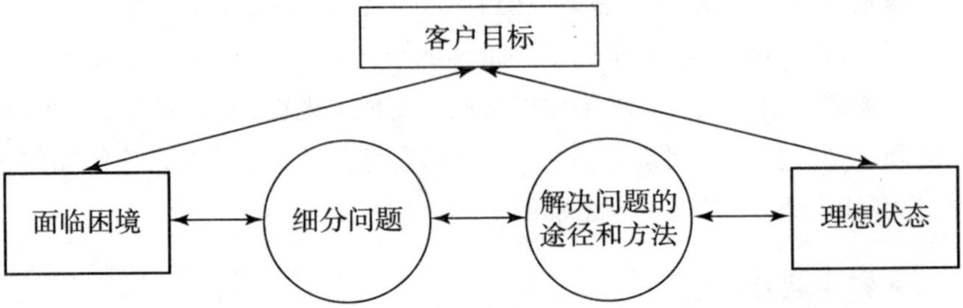

将自己想到的,感受到的,各种疑惑和担心,统统抛给律师。即使客户具有很好的法律专业知识,也容易“当局者迷”,哪里能够清晰地把问题总结出来?

我们经常遇到的另外一个常见问题就是,有些客户喜欢自作聪明,凭着对法律的一知半解,喜欢自己臆想一套“解决问题的途径和方法”,例如“诉讼是解决问题的最好方法、我们的证据很充分”等,殊不知这些“聪明建议”往往存在各种法律瑕疵和风险。律师在此刻首要保持的,是静心、耐心和细心。不为客户的态度所动,不受他的言词所欺骗,以法律思维为引导,通过耐心的询问,从客户那些啰嗦、混乱的表述和文字材料当中,列出客户面临的困境,细分出若干问题,然后逐一制定解决问题的途径和方法。

在寻找和确定客户目标的过程中,需要注意防范的常见风险之一,就是你的客户会骗你。不错,我说的是骗!很多时候,不是客户有意欺骗,而是出于人性的弱点——有时候是不懂,有时候是下意识掩饰错误,更多的是自作聪明。

例如,明明是希望你提出具体的解决方案,但是话到嘴边,下意识会变成试探性的说法——这个条款是否合法、如何起诉对方、如何获得赔偿等貌似操作程序等问题,其实这些并非客户内心真正想要的东西。如果你被客户的神马忽悠了,只懂被动解答,他就会马上认为你答非所问,水平有限,决绝地转身离开,丝毫不管此次沟通失败,部分原因是他的欺骗所致。

怎么办?我们无法期望客户改变,只能主动改变自己,学会挖掘对方话语里面的真正含义。

面对客户的提问,你应该将思路向前后延伸开去,探寻他的深层意图和理想结果,例如你可以反问客户:你问这个问题,背后的真正意思、用意是什么?如果合法,你打算怎么做?如果不合法,你又该当如何?

就这样逐步深挖下去，你会惊奇地发现，客户的话就像竹筒倒豆子，倒了一罐，还有一罐。细细将这些豆子的表皮剥开，最后呈现在你眼前的，才是你真正需要的信息。

界定了思维起止的坐标，才能找到前进的方向。方向找对了，思维活动才有实用价值。具体实例请参见本书下册介绍的“诉讼实体案之高新企业的绝地反击”当中的相关内容。

● 辨识争点

请看这样一个案件：乘客A搭乘某汽车公司的公交车，B是驾驶员。在开车经过某路段时，路人C违反交通规则，突然窜出马路，B情急之下紧踩刹车，结果造成A在车上不慎摔伤，事后住院治疗，花了一大笔医疗费。出院后，A起诉汽车公司和驾驶员B，要求他们共同赔偿损失。汽车公司和驾驶员见状，另行起诉路人C，要求C对A和B承担连带赔偿责任。

要断明此案当中各方责任如何承担和分配，首要的专业工作就是辨识争点。例如，要判断汽车公司是否需要承担责任，就要辨清A和某汽车公司之间究竟是什么法律关系？

根据我国法律规定，原告可以选择以下两种法律关系起诉。假设A选择以侵权人身损害赔偿为案由，起诉汽车公司和驾驶员B，我们的辨识重点就要放在某汽车公司和驾驶员B在驾驶过程中是否已履行注意义务，进一步细化下去的争点还包括，发生事故时该路段的路况如何、B的驾车方式是否有过错、发生事故时B采取的制动措施是否恰当和周到等。

假设A选择以客运合同法律关系为案由，起诉汽车公司，争点则围绕着双方的合同关系展开，包括主体身份判断（A是否购买了车票）、客体（汽车公司是否提供了相对应的客运服务）、内容（汽车公司是否提供了承运义务，尽到了相应的提醒和防范风险义务、乘客是否采取了恰当的自我保护措施等）。

近年来，我国的民事诉讼改革提出了争点这一概念，要求在诉讼过程中，围绕争点开展举证、质证、说理和审判等活动。1998年6月19日，最高人民法院颁布的《关于民事经济审判方式改革问题的若干规定》将了解当事人的争议焦点列为开庭前应做好的准备工作之一（第五条），规定审判长或独任审判员在法庭调查阶段当事人陈述之后,应当归纳案件争议焦点或法庭调查重点,并征求当事人意见(第八条),规定审判人员应当引导当事人围绕争议焦点进行辩论(第十七条)。2002 年 4 月 1 日起施行的最高人民法院《关于民事诉讼证据的若干规定》规定了举证期限及证据交换制度,要求通过证据交换,确定双方当事人争议的主要问题(第三十九条)。

诉讼过程就是解决争点的过程。在原告起诉和被告答辩之后,争点一般来说就可以确定下来;在开庭审理中,当事人围绕争点进行举证、质证,展开辩论,在民事判决书中,法官围绕事实争点分析证据,认定事实,在“本院认为”部分针对法律适用争点进行说理论证。

争点通常有三个特征:第一是争议双方对其存在与否、应当适用与否持相反意见;第二是它要么属于事实问题,要么属于法律适用问题,二者必有其一;第三是它对案件的处理结果存在法律上的意义。

对争点的寻找和揭示,是一个在事实与法律间进行来回穿梭的过程,我们必须不断地对事实、证据进行寻找、组织、扩充或缩限,才能使某一纠纷,从原来混沌不清的状态,使之逐渐浮出水面。

• 分清关系

某日突发奇想,要给只有小学程度的妈妈解释一下什么叫法律关系。难得妈妈给面子,不忍扫我兴致,坐下来当我的学生。

我决定举一个最简单的例子,“就拿你天天去菜市场买菜这件事来说,虽然你天天到胖大叔那里买菜,但法律关系实际不是建立在你和胖大叔之间。”

妈妈奇怪道:“这怎么可能啊,明明是我和他一手交钱,一手给菜啊”。

“法律关系不是根据具体行为定的,是根据责任主体。因为胖大叔是菜市场雇的,他的行为代表菜市场,不代表他自己。他收钱只是代表菜市场收钱,菜有问题,他也不负责,因为法律关系建立在和你菜市场之间。”。

“啊,东西是他卖的,他还不负责?你这个法律关系怎么会这样。那以后碰到这些问题,我找菜市场就对了吧”,妈妈有点失望。

“对了,昨天在菜市场门口,有个女的卖给我几件衬衣。回来一洗就褪色，今天想换，结果找不到人，看来我可以找菜市场给我换”，妈妈想起这事，开始高兴起来了。

“啊，你需要先弄清楚她和菜市场的法律关系才行。如果她是菜市场雇的，当然可以；如果她是向菜市场承包摊位，那法律关系就建立在你、那个女的和菜市场之间；如果她仅仅租的摊位，或者只是在门口练摊，那法律关系是建立在你和她之间，与菜市场没关系”。

“你刚才不是说可以找菜市场吗？现在又不可以了，好复杂啊，我总不成每次买东西之前，都问一下人家，你是菜市场雇的、承包的、租的还是借的？”妈妈开始有点晕了。“对了，她还给我开了张收据，好像是个什么经营部的，这总能证明了吧”。

“那就好，收据可以证明法律关系实际建立在你和那个经营部之间，你可以找经营部负责”。

“不过收据里面好像写的是用具，没有写清楚衣服哦。”

“啊，那这个收据没有用啦，法律关系又回到你和那个女的之间了”。

“都是在菜市场买的东西，用你的法律关系一讲，变得好复杂了。下次再说吧，我要去买菜了”。

这个例子告诉我们，即使是在日常生活当中，因为主体、客体和内容的不同，法律关系经常发生交叉、复合或其他变化，如果不将其仔细区分，就难免变成陆游笔下的“漠漠断云开复合，纤纤微雨落还收”断续的雨雾，一片朦胧，不知从何开始连接了。

一般而言，现实当中的各种事件或行为，均可按照法律关系三要素（主体、客体和内容）进行剖析，其中大多存在主体复合、客体复合和内容复合三类情况。

1. 主体复合

在日常生活中，如果A公司联合B公司，共同卖货给C公司，或者买家有两个，我们就称为产生了主体复合的情况。由此伴随而生的，是各个主体之间的权利义务产生复合。在写作合同时，内容必须涵盖所有主体的权利义务内容，见下图：

第一类:1+1 主体合同

单一主体之间的合同,权利义务数量单一,权利义务内容数量应该也是单一的,如下图:

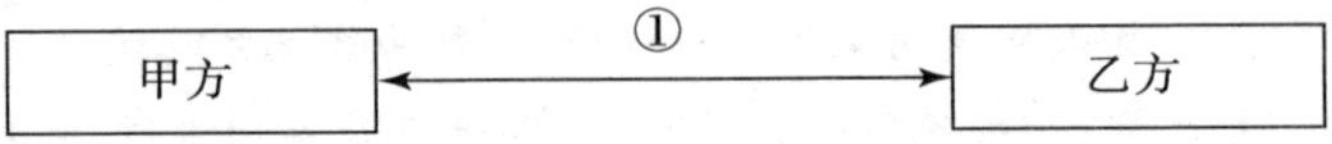

第二类:N+1 主体合同

当 N 个主体对单一主体时,权利义务内容数量为 N+1, 如下图:

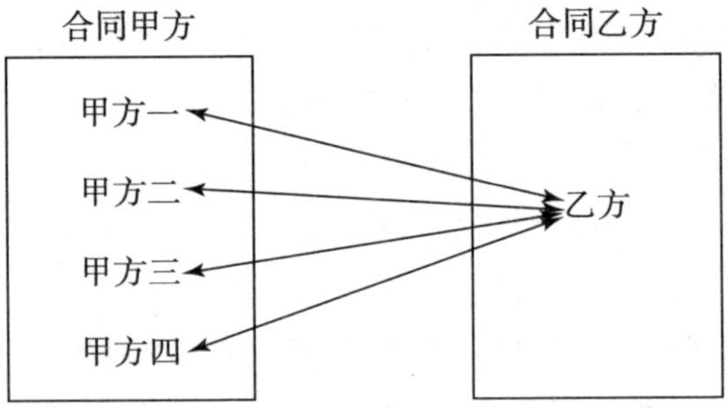

第三类:M+N 主体合同

当 M 个主体对 N 个主体时,权利义务内容数量为 M+N,如下图:

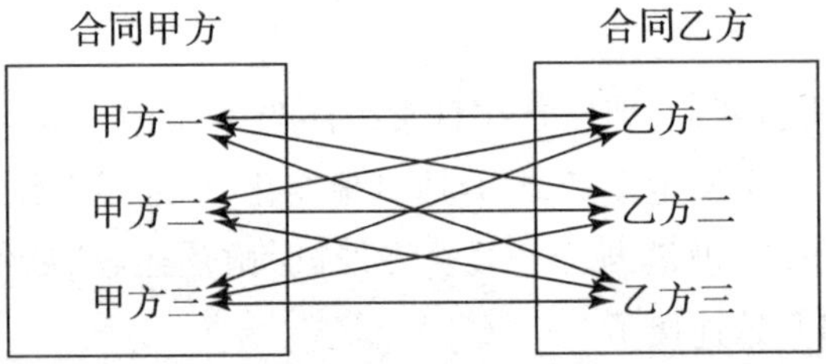

2. 客体复合

有些法律关系,例如买一支铅笔,客体是实物,又是实际交付,但如果客体是复合类的,例如不良资产债权包,里面既有不动产(房屋、厂房),又有动产(机器设备),可能还有权利(股权、债权甚至准物权),对于客体的描述就相当复杂了。

因为法律对于不同客体和标的物,它的交易条件、交易程序和权利回转方法都是不一样的,中间需要考虑非常多的法律问题和意外情况。对于此类合同,要将每一个客体的特征描述、权属、交付、验收和违约责任判断等内容,一一详细列出。因为客体性质不同,必然导致法律上的判断标准也有差异。

老老实实的方法，最笨但也往往最保险。本书下册的“债权转让案之冰棒效应”当中所收集的《资产债权包转让合同》就是这类合同的范本。

3. 内容复合

例如，软件开发项目，委托人一般会要求软件开发公司除了开发软件外，还必须负责软件的后续改进和升级服务。还有一些大型设备的采购项目，采购方除了要求供应方提供设备外，还必须负责设备的使用培训和日常维护等工作。

对于此类项目，同样是前述老老实实的方法最管用，例如可以将合同拆分为《软件开发合同》和《设备维护管理合同》。

相关实例可参见本书下册的“债务重组案之大浪淘沙”的相关介绍。

● 涵摄诉求

某天，李老太拿着一份判决书，愁云满面地上门咨询一个案件。

原来，李老太的儿子张某在村里的一家清洁公司工作。最近，该清洁公司与某银行签订了一份清洁服务合同，为银行清洁玻璃外墙。结果在工作时，张某不慎从高处失足堕下，身受重伤。后经有关部门认定，张某失足受伤的主要原因是负责现场管理的清洁公司经理疏于管理，次要原因是施工现场的保护设施不足。

李老太先是找到了某律师，并根据该律师建议，同时起诉了清洁公司和银行，要求赔偿。诉状递进法院后，一审法院判决：该案属于劳动争议案件，已超过60日未申请仲裁，判决驳回诉讼请求。这个结果让老太太傻了眼，只好四处咨询。

我们一分析，发现该案选取的法律关系不当，导致败诉。此案同时存在两个法律关系：一是张某与清洁公司之间的关系，由于双方签订了劳动合同，他们之间是劳动关系；二是由于清洁公司管理失职，银行保护措施不足，因此它们对张某应该存在侵权关系。

该案一审选取了劳动关系的思路，结果导致法院按照劳动关系判决，自然是期限已过；而如果改选侵权赔偿关系，可以将清洁公司和银行列为共同被告，避免了诉讼时效问题，又可以根据他们的过错责任大小，要求它们共同承担赔偿责任。思路一变，结果完全不同。

后来,我们所律师接手二审,向法院申明了以侵权关系为准的观点,结果获得胜诉。

相同的事实和证据,目标不同,分析和运用方法不同,结果截然不同。这种寻找诉求的过程,台湾学者王泽鉴称为“涵摄”。他认为:“涵摄是一项谨严、精致、艰难的法学思维过程。一方面须从法律规范认定事实,另一方面亦须从案例事实去探求法律规范,剖析要件,来回穿梭于二者之间,须至完全确信,案例事实完全该当于所有的法律规范要件时,涵摄的工作始告完成,可进而适用法律,以确定客户间的权利义务关系。”①

在实践当中,我们该如何运用“涵摄”这一技巧呢?具体方法有三,以分析某一案件为例:

1. 围绕目标进行

如果说涵摄是一个从事实到法律,然后周而复始的钟摆过程,那么,这个钟摆的上方中心,就是目标。为什么是目标而不是当事人的诉求呢?因为当事人的诉求只是表象,真正的目标,需要我们经过法律专业分析和提炼后,才具备可操作性。

只有先知道目标是什么,工作才有明确的方向;只有以目标为出发点,我们才知道该如何取舍事实,寻觅证据,确定法条。只有以目标为中心,我们的目光才能在案件事实证据和法律规范两者之间自由流转,最终建立和谐统一的说理体系。如下图:

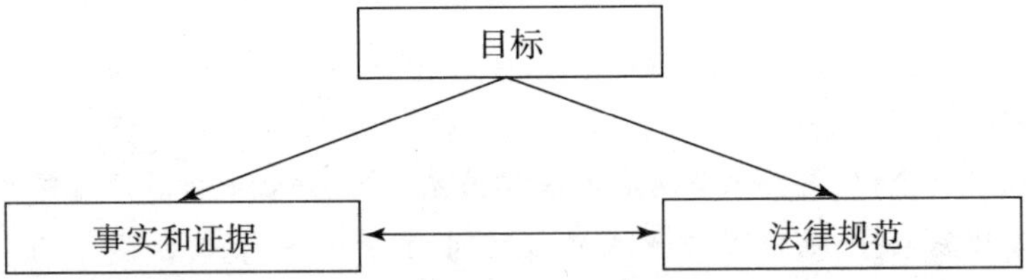

以律师判断 A 公司与 B 公司签订《贷款合同》,以 B 公司名义对外进行投资的案件为例,客户目标是要求双方法律关系合法有效。事实是双方确实签订了《贷款合同》和支付了款项。确定了中心和一头,钟摆的另外一头

① 王泽鉴:《法律思维与民法实例》,中国政法大学出版社 2001 年版,第 207 页。

就如同做填空题，将各种可能的选项——法律关系，都放进去试一试，委托关系不行，那就换别的。反复试验之后，信托关系就自然浮出水面了。

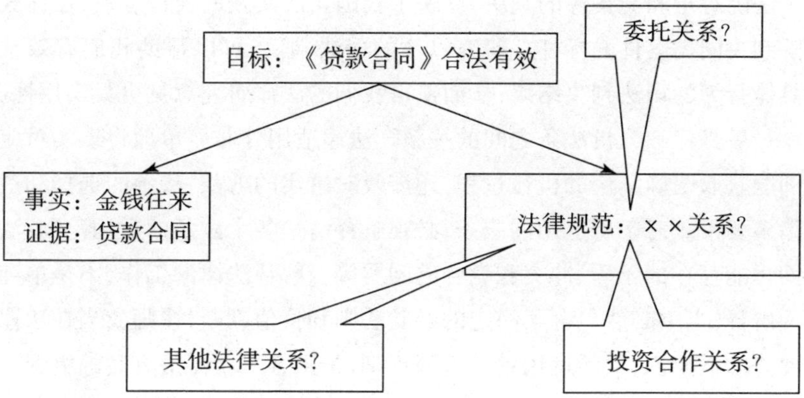

2. 补强事实

对客户提出的要求，如果依据目前的事实和证据，可以得出相应结论的，你需要做的就是判断是否需要补强，即寻找更充足的法条，收集或创造更多的事实和证据，直至体系完美无瑕，令对方无可辩驳；如果发现有风险或者不能充分证明的，就需要具体分析风险和可能性的大小，寻找解决或替代方案，并及时向客户提示。如果发现风险太高，就应该建议客户退而求其次，及时修正目标。

3. 选用法条

在选取相应法条时，首先不要轻言法理。这几乎是每个法律新人的通病。尽管中国是成文法国家，不会沿用先例，不会凡事皆有具体指引。但我国市场经济建设至今多年，各个领域多数已经有了不少的法条、政府文件、操作指南等，只要细心寻找，总会找到直接或间接的依据。

所以，除非你穷尽了所有方法，确实找不到任何依据，否则不要轻易地拿法理说事。

其次是要关注行政文件和法院判例。中国还是一个行政权为主导的国家，一个不起眼的部门规章，就能够左右一个跨国并购项目模式的根本性改变；一个寥寥数语的司法解释，就足以改变一个重大诉讼的判决结果。

因此，司法解释、部门规章、地方法规乃至行业规范、部门文件，乃至领导的重要讲话，都应该纳入你的研究范围之内，反复琢磨某个具体文件和规定,远比高谈法理实际得多。

虽然我国不是判例法国家,但在实践当中,最高法院颁布的案例,以及同一法院对于同类案件的判决,反映了我国司法实践的通行观点,往往成为法院判决同类案件的标杆。研究以往的司法判例,可以帮助我们有效预测某具体行为的司法判决结果,从而使得我们的法律研究意见更具实用性。

最后是仔细分析法条之间的关系。法律适用并非简单地将事实对应法条即能获取明确结论的机械过程,还涉及对事实的剪裁、法条的选择和适用等诸多要素。对于所适用的法条,必须解释清楚各个法条的适用范围,法条之间可能存在的矛盾、冲突和竞合的问题等。解释法律的工作,不是单纯的字面解释,当中必然包含了一定的经验法则和价值判断,律师应当在法律规范允许的框架内,灵活运用各种解释规则,帮助客户获得最有利的解释。

关于法律研究的实例,可以参见本书下册的"企业融资案之周末的场景变换"当中的相关介绍。

• 梳理事实

坐在我对面的,是一位唠唠叨叨的香港老板。这种场景几乎天天发生于律师的办公室内。他向我讲述了如下内容:

高律师,昨天我和朋友喝茶,和他聊起我前几天准备买的一间商铺。结果他说类似商铺多得很,不见得好。我上两个星期已经和中介过去看过现场,地点还不错,所有权证也齐全,不过好像还有租户在,不知道会不会有影响。我的这个朋友在国内做企业的,听说他最近也有些官司的事情要咨询律师,你下午有没有时间,我约他过来和你谈谈?喝茶的时候,他还给了我几份商铺买卖合同的范本参考,我拿出来和中介交给我的那一份对比了下,好像有些条款看不懂。

"我前几天已经将定金100万元港币划给了那个香港人李某,我和他是通过中介认识的。中介收了我的中介费,不过好像很贵,你知道他们有没有规定的收费标准吗?我很早就听说,李某是个大业主,手上好多商铺,我这次买了其中一间。还和他约了,下个月等我的款子回笼了,再买另外一间。我和他说了,铺子我先付一半钱,等过户完毕后付清。还有什么问题需要注意吗?"

作为法律职业人，面对客户提供的杂乱信息，需要善于从中梳理出所需要的法律关系和案件脉络，尤其是需要做到把事实和证据一一对应。客户当然不会意识到，坐在他对面的律师，大脑里面正在高速运转，将接收到的信息，按照逻辑关系和顺序，进行梳理、归纳和总结。同时在不断地猜测，接下来对方会说什么，怎么说，据此调整关注点和思路，接收陆续而来的信息。

对于接收到的信息，大脑会将它整理如下：

一、客户目标

1. 主要目标：商铺转让过程中的法律问题。

2. 其他要求：中介收费标准的合理性。

二、法律关系

1. 主要法律关系：

	获知信息	尚待了解	注意风险
主体	我方：香港人 对方：香港人	要求提供双方的身份证明文件	身份需要经过香港律师公证
客体	1. 商铺一间 2. 有产权证 3. 有承租户	1. 地址和基本登记情况 2. 文件是否真实和完整 3. 产权是否共有？ 4. 是否拖欠物业管理等费用？ 5. 承租户是否会主张优先购买权？ 6. 商铺是否设定抵押？	1. 产权共有的话，会造成交易无效。 2. 商铺欠费的话，会导致成本增加。 3. 没有取得承租户放弃优先购买权承诺的话，可能导致交易无效。
权利义务	1. 定金100万元 2. 付款方式为先付一半，过户后付清余款。	1. 总价款未明。 2. 付清余款的时间和条件待澄清。	1. 支付定金前应当落实交易细节。 2. 需要制定相应条款保证付款后商铺能够顺利过户。

2. 次要法律关系：中介行为和合同；

三、参考文件

有合同模板可供参考。

四、其他信息

1. 客户的朋友想找律师;

2. 客户不久之后将再次进行类似交易。

面对繁杂的事实,如何能够迅速梳理,使其脉络清晰,有条不紊呢?具体方法很多,例如:

——专业与非专业分开。将与专业信息有关的东西——主体、客体、内容等相关的信息,如上例的做法,分类放入不同的列表当中,如此能够为我们下一步的分析判断打下好基础。

——事实和证据相对应。首先,将事实和证据分开,逐个分别列出,看看它们之间是否存在对应关系。在实践当中,这是一个笨办法,但效果往往不错,而且安全。

我看过不少律师写的《证据清单》,比较容易犯的一个错误就是将一堆证据组合在一起,合称为"证据一"、"证据二"……这样做的结果不仅人为造成多份证据和事实之间的混乱,还增加了由于某一份单独的文件被否定而导致你一堆证据被否定的危险。

一一对应的方法看似很笨,但可以有效查清繁杂的事实与证据是否已经流畅地串成证据链,是否存在掉链等情形。所以说,有时候,笨办法也是最好的办法。

梳理方法还有很多,这里因为篇幅所限略去。

• 运用证据

1994年,美国著名的橄榄球运动员辛普森(O. J. Simpson)涉嫌杀妻一案,轰动一时。

此案的审理一波三折,最后因为洛杉矶市警方在调查案情过程中,未能严格遵循取证程序,导致关键证据和人证均出现严重失误,例如存在非法取证、证据受到污染等,致使辛普森的律师团能够以比较充分的理由向陪审团证明,辛普森未必就是杀人元凶,存在有人伪造罪证,用栽赃手法嫁祸辛普森的可能性。

依据美国法律,所有疑点利益归于被告。因此,在经历了九个月马拉松式的审判后,陪审团最后裁定辛普森无罪,当庭释放。美国人为此哀叹:

“辛普森杀害妻子的鲜血连上帝都看见了，但法律没看见，所以辛普森无罪”。①

辛普森案件后来被媒体评为“美国历史上最受公众关注的刑事案件”，由于警方的疏忽，在证据采集、保存乃至质证方面出现了严重失误，导致了关键证据失效，从而让辛普森逃脱了法律的制裁。

这里，我们暂且不论法律的公正性问题，只是借用这个案例，来谈谈关于证据的质证、排除以及举证责任倒置等技巧。

1. 证据质证技巧

在我国目前的司法实践当中，证据的质证工作主要是按照证据的三性——合法性、真实性、关联性来展开，主要是对证据的来源、主体、程序、形式等要点进行梳理，提出异议，其中：

在证据的合法性方面，主要是考察证据的来源和取证手段，如果一方提出可能存在违法的情形的，比如使用强迫手段取得的证据、窃取所得的证据等，就需要提供证据合法性的相应证明。例如，你凭据借条起诉对方要求还款，如果对方提出这张借条不真实，是在你暴力威胁的情况下被迫签署的，对方就应该举证他是否在签署借条之后，曾经向公安局报案的证明，否则，口说无凭，该等抗辩是不会被法院采纳的。

在证据的真实性方面，主要审查该证据是否与客观事实保持一致，例如证据原件和复印件是否一致，证据是否存在被偷换页数，证据当中的盖章签名是否真实等情况。如果发现有虚假，质疑方应当在收到证据后的答辩期内及时提出鉴定申请，逾期则视为放弃质疑。

在证据的关联性方面，主要审查证据本身及其证明的内容，是否与本案的主体或行为有关，与其他证据是否能够互相印证还是矛盾等。

作为一名新人，如何能够做到对案情了如指掌，随手拈来？关键就在于对每一证据的三性熟悉无比，随口道来。

因此，我要求手下的律师在办理每一件诉讼案件时，都必须做好两张表，一张是己方证据三性表，写下己方对证据的描述、拟证明的事实、对方可

① 新浪网：“美国辛普森杀妻案证据瑕疵宣告无罪”，载 http://news.sina.com.cn/s/2005-06-27/03286276834s.shtml。

能质疑的问题以及己方的回答等。另外一张是对方证据三性表,写下对方证据的描述、拟证明事实、我方对于三性的质疑、对方的抗辩以及我方的驳斥等。

为什么会有“打官司就是打关系”的看法?除了司法确实有不公外,律师自己专业不熟悉,不懂如何充分发挥证据威力,也是重要原因之一。如果能够扎实地准备好证据,“打官司就是打证据”,自然不是难事。

2. 非法证据排除技巧

前述辛普森案件就是一个关于非法证据排除的典型案例。为什么法律会有如此背离普通人观念的规则设计?因为法律除了惩罚犯罪外,更重要的意义在于保护每一公民的基本权利。

如果允许非法证据的存在,无异于默许非法行为。虽然能够在个案当中查明真相,保护某位公民的权利,但却会违反了法治的根本精神,将更多公民的权利置于非法行为的威胁之下。

所以,非法证据排除被世界上大多数国家普遍接受,是一个社会的法治水平和文化进步的标志。2010年7月1日,最高人民法院联合其他部门发布了《关于办理刑事案件排除非法证据若干问题的规定》和《关于办理死刑案件审查判断证据若干问题的规定》,作为应对严峻现实的及时雨,在我国第一次详细地规定了非法证据的认定方法和排除程序,对于依法、全面、客观地收集审查判断证据,遏制刑讯逼供,防止冤案错案的发生,实现司法公正,具有十分重要的现实意义。

在实践当中,除了依据非法证据排除规则外,我们还必须掌握一些实际判断方法。判断一份证据合法与否,可以按照来源、取证方式、主体、程序以及法律对证据的特殊要求等多个方面综合判断。

以形式违法为例,证据的形成时间、地点、取证人及被取证人签名或盖章等均非常重要,例如勘查笔录没有两名与案件无关人员的签名,鉴定结论没有所有鉴定人签名或盖章,或者没有注明不同意见等,均可能导致证据因形式违法而被排除。至于其他技巧,大家可以参阅专门的书籍,这里就不再展开了。

法律当然要追求正义,但是它的最高理想,不在于惩治犯罪,而是保障人权。当人权保障沦为空谈,该等危害性将远远大于个案当中得到的正义。所以,我们需要更多像非法证据排除之类的保障制度。

3. 举证责任倒置技巧

在某些证据不足的情况下，巧妙运用法律规定，将举证责任倒置到对方身上，往往可以使案件柳暗花明，绝处逢生。

例如，大多数涉及商业秘密的案件，被侵害方往往无法证明对方通过何手段盗用、剽窃或者抄袭了自己的商业秘密等，缺乏证明对方侵权的有力证据，或者证据与侵权事实之间建立不了关系，最终只能自咽苦果。

其实，我们可以运用举证责任倒置技巧，将举证责任转移到被告方。仍以侵犯商业秘密案件为例，根据1995年11月23日国家工商行政管理局第41号令《关于禁止侵犯商业秘密行为的若干规定》第5条规定以及相关司法解释，原告只要证明自己确实持有商业秘密、被告的商业秘密与原告的有一致性而且被告有获得原告商业秘密的客观条件，就可以主张举证责任倒置，要求法院责令被告举出相应证据，证明其获得该商业秘密的合法性。如果被告无法举证，即视同被告侵犯了原告权利。

运用证据的技巧还很多，这里因为篇幅所限，不再一一展开了。

● 准确判断

2008年，许霆——一个小保安，在柜员机上171次的恶意取款，竟然在网络上引起一场轰轰烈烈的大论战。一时之间，名家和网友众说纷纭，板砖横飞，许霆这种行径属于贪小便宜、不当得利还是盗窃罪，一时众说纷纭。

如果属于"盗窃罪"，根据我国刑法关于盗窃罪的定义，必须构成"秘密窃取"，也就是说，必须弄清楚，被盗窃的银行当时是否知道许霆在取钱？

一审法院认为，虽然是银行的柜员机自动吐钱，但由于柜员机当时出现故障，所以断定银行不知道。据此，一审法院作出了第一个逻辑判断：

柜员机知道≠银行知道

紧接着，一审法院认定，因为柜员机属于银行一部分，所以许霆盗窃柜员机等于盗窃金融机构，构成了"盗窃金融机构罪"，据此有了第二个判断：

柜员机=银行的一部分

上述两个逻辑判断分割开来，似乎都没有问题。但将两者一相连，矛盾就出现了——既然柜员机等于银行一部分，何来柜员机知道而银行不知道呢？

大家应该明白,法律上的"知道"与普通人所理解的"知道"定义是不同的,法律上的"知道"除了人知道,机器一旦接受了,也视同知道。

我国《合同法》第16条规定:"要约到达受要约人时生效。采用数据电文形式订立合同,收件人指定特定系统接收数据电文的,该数据电文进入该特定系统的时间,视为到达时间;未指定特定系统的,该数据电文进入收件人的任何系统的首次时间,视为到达时间。"上述规定通俗地说,只要收件人的机器——"特定或任何系统"知道,法律上就认定收件人"知道"。

本案当中,交易双方通过柜员机进行款项交割,属于典型的"数据电文形式"合同。在这个交易当中,收件人(银行)显然指定了"特定系统"——柜员机(以及与之相联系的计算机信息管理系统)。

根据工作原理,柜员机只是计算机系统的一部分,一个操作终端而已。"特定系统"的所有动作包括吐钱,都是由放置在银行重重关卡之内的中央处理器负责控制的。当许霆在柜员机按下键,柜员机就会自动将取款请求,通过计算机网络,发送给中央处理器。中央处理器收到请求后,自动进行解析和判断,然后再通过计算机网络,将相应的动作指令返回给柜员机,柜员机据此完成吐钱的动作。

由此可见,许霆的取款请求已经在银行的内部网络,走了整整一圈。换而言之,许霆的请求已经进入了收件人——银行指定的"特定系统"无疑。

仅就逻辑本身而言,"柜员机知道不等于银行知道"已经无法说通,更何况,如果你将这一逻辑放到社会大环境当中考察,就会发现更荒谬的结论——你明明是到柜员机取完钱,打了单,离开了,结果银行还有权在事后宣布"柜员机知道不等于银行知道",甚至有权主动宣布撤销交易!多么荒谬的强权逻辑!

它导致了社会经济活动后果的不可预测,直接违背了法律维护社会秩序稳定的基本宗旨。

我当然明白这个判决的苦衷,不对此类非法行为作出严厉惩戒,难保将来有人仿效,金融秩序岂非大乱?我只能说,如此判断纯属杞人忧天。

英国曾经有过类似事件数宗,银行取款机在储户取钱时发生故障,狂吐钞票,结果吸引了数百人排队取钱。事后,有些银行宣布不追回钞票。有些则以"不当得利"为由,通过民事途径追回。无论储户或者银行双方,事后均平静地依据法律办事,各自修正行为,社会一片宁静,并无何等负面认识激化或喧闹。

在我看来，反倒是这种“杀鸡儆猴”式的思维，将会加剧银行和储户之间早已存在的强弱对比，激化双方积怨已久的矛盾。相比主动认错的英国银行，国内银行对储户利益的忽视乃至漠视，已经被公众广为诟病。

另有一例，来自于海峡对面的台湾。据星岛环球网报道，2005 年，台湾彰化法院，在判决一名男子对某女子袭胸十秒行为时，以“袭胸不足 10 秒”和“无法引起加害人性欲”为由，认定不构成犯罪。

初闻此案时，我不由得惊叹，皆因不知该将这条消息看作法制报道还是娱乐新闻。“袭胸”一词，在广东话当中亦称“咸猪手”，地球人都知道，这属于流氓行径，严重者构成犯罪，此该为常识。

但是，台湾法院竟然以猥亵时间作为定罪标准，判定无罪的理由更加匪夷所思——竟然是时间不足 10 秒，“无法引起加害人性欲”，不禁让人为法官考虑被告生理需求如此周到叫绝。按此逻辑加以推论，如果某男意图强奸某女，却因某女长相一般而导致“无法引起加害人性欲”，某男因此可以推定无罪？

无独有偶，据新浪网报道，某师范大学的彭副教授在讲座时竟然公开宣称，女性在面对强奸犯时，应当主动递套，以降低病毒侵入或怀孕的危险，当场雷倒学生一片。[①] 如果据此“理性”推断下去，我们是否可以建议主动配合强奸，岂非在确保安全的同时，还能获得些快感？如果再收点钱，补偿回来一些“人身损失”，岂非更好？

本来，面对强奸抵死反抗，保护人身权利不受侵犯，已经是不争的常识。但是，如果我们将思维的重点，放在个人器官感受之上，只重视专业的、局部的逻辑思维的话，毫无人文之观念和社会视野，最终只会使自己变成常识叛徒，社会公敌。此类人物，必定是书读的越多越糊涂，也越反动。

准确判断，要求法律人，既懂逻辑，但又不拘泥于逻辑；既讲法理，又讲人情，更重社会常识和责任；将道德、良知和正义，置于器官感受、局部逻辑乃至法律规则之上。非如此，难以成为真正的法律人。

---

① “性学硕导称女性遭性侵应递上避孕套引激辩”，载新浪网 http://news.sina.com.cn/h/news/2011-05-13/081822457221.shtml。

Chapter 4 沟通篇

信任好比一扇由内而外打开的大门，
无法由别人从外面打开，
只能由我们自己开启。

有一样事情，在日常生活和工作当中至关重要。我们为了它，投入了大量的时间和精力，却仍然觉得难以掌控。它究竟是什么呢？答案就是沟通。

如果你留心观察一下日常的工作和生活，就会发觉事实确实如此。以法律职业为例，那些不需要与人沟通、所谓的专业工作，例如，法律研究、分析证据、确定诉求等，在工作时间中不足三成。而其他所有时间，几乎全部在与人沟通上，与客户沟通，深入挖掘和了解客户的目标和需求；与法官沟通，争取法官同意律师的代理意见；与对方沟通，争取达成和解，顺利解决问题等。

虽然经常在沟通，但它又是一件非常难的事情。所以有人形容，这个世界上有两件事最难，第一件是把你的想法装到别人的脑袋里，第二件是把别人的钱装到自己兜里。这两件事对比，最难的还是第一个。

本篇尝试结合法律人的工作实务，探讨如何有效地提高沟通水平。

一、基础

法律人的沟通存在一些认识误区，例如：

——高学历自然沟通能力强。事实刚好相反，高学历者往往自视甚高，容易自以为是，无法保持好平和、自然和开放的心态，导致沟通失败。

——与不懂专业的人无法沟通。律师认为客户不懂专业，客户认为律师不懂行业。于是，双方容易产生对抗情绪，沟通变得困难。律师为了表示自己的大度，往往又不会直接主动指出，却又会在心中埋下偏见和成见，结果造成沟通失败。

——沟通等于交叉说话。例如，急性之人，往往没有足够耐心听完对方的话语，就急于表达自己的观点；或者过于被动接受信息，对于对方的说话，只是安静记录或思考，偶尔点点头或吭两声，这种方式是最糟糕的，因为所谓沟通，必须是双向的，双方互相表达，引导表述、提出疑问、确认事实、总结观点乃至重复，没有互动参与，各说各话，沟通肯定失败。

所以，我们有必要先来了解一下关于沟通的原理和基础知识。

• 成见和定势

我们都知道“二战”时期的美国总统罗斯福和英国首相丘吉尔，他们因为自己卓越的领导才能和坚强意志成为抗击法西斯的英雄。

但是，许多美国人也知道罗斯福相信占星术，有婚外情，是个烟鬼、酒鬼。英国的选民也知道丘吉尔有过两次被解雇的记录，每天睡到中午才起床，上大学的时候就因为吸毒差一点被开除。是否可以选举带有这些劣迹的人成为领袖呢？

这些问题都与选民心目当中的总统和首相应有形象产生剧烈冲突。因此，在投票选举新总统的时候，在美国和英国引发了一场激烈争论。

为什么两位民族英雄，也会引发如此大的争议？因为他们的所作所为，存在着瑕疵，与我们心中何谓“英雄”的固有观念产生了剧烈冲突。

在我们每个人心中，都存在着一定的价值观念和行为准则。每当遇到什么问题时，我们的思维当中的行为准则、道德观念等，会自动浮现出来，左右我们的判断，这就是“成见”。

在不断重复判断类似问题之后，思维往往就会将过往判断流程“存档”，形成一个固定的判断程序，以后再遇到类似问题时，这个程序自动启动，与当前情境对号入座，迅速给出结论，这就是“定势”。

成见和定势有好处，那就是节约处理类似问题的时间成本，但是，害处也很明显。就是容易扼杀创新，造成以偏概全，因循守旧。

例如，现行的教育模式，最根本的错误在于，将无涯的知识采用数字化、标准化、标签化处理，似乎所有的知识都能够有数值衡量，有标准答案，结果是从根本上扼杀了人类的创造性。

在心理学领域，定见和定势也被称为“晕轮效应”。这个效应的本意是指人们在直视月亮的时候，会受到光线的影响，看在眼中的月亮会被一层朦胧的光线笼罩，无法发现月亮的某些暗点。

我们人类在认知客观事物的时候，容易受到该事物某些特性的影响，而看不到其他的瑕疵或缺陷，这就是心理学上的“晕环效应”。

例如，我们看到某个明星爆出艳照等绯闻时，经常会感到很惊讶，觉得和自己心目当中的明星形象相差甚远。这是因为明星通常展现在观众面前的，总是那些完美和动人的艺术形象，这些人为制造的“月晕”，把她/他真实的一面巧妙地掩盖了起来。

成见和定势一旦与法律职业当中的保守和刻板结合起来，立马把人的鲜活思维，毒害成呆如木鸡或者案板上腥臭的死鱼。

例如，僵化思维。法律思维非常强调理性、程序和逻辑，如果加上固定思维模式、固定流程和固定判断标准，往往就会将我们固化于小小的一方天地当中，蒙蔽我们对世界的真实感知。

再如，过分依赖经验。律师在判断问题时，往往容易受到传统观念、执业经历、办案经验等因素的影响,对问题和事情有比较强烈的自我感知和判断结果,除非有非常明显的相反例子和权威证据,否则一般很难改变自己的看法。所以我听到比较多的对律师的评价是:很固执、很自大。

那么,如何避免堕入被成见和定势包围的困局呢?

首先要做的,是改变心态。在禅宗当中,有一个非常有名的"问禅南隐"的故事。大意是说有学者向南隐和尚讨教禅宗真义,南隐不语,只是将茶水倒入杯中。眼看茶满了,但他还是继续倒。学者说:师傅,茶已经满了,不要再继续倒了。南隐说:你就像这只茶杯一样,里面装满了你自己的想法,你不先把自己的杯子空掉,叫我如何对你说禅?

要接受新事物、新想法,首先,必须把内心成见抛弃,腾出地方,此谓"空杯心态"。正如胡适在与友人谈治学时曾说,要"心平气和,虚心体察,平心考察一切不合己的事实与证据,抛开成见,跟着证据走,服从证据,舍己从人"。

做到这一点不容易,不过好在法律人重事实,更重证据。只要凡事多问一句:"事实何在?证据何在?",再加上不断地自我觉醒,还是能够比普通人更容易获得客观真相。

其次,是学习掌握一些非常规的思维方法和技巧,例如:对于一些不太容易把握的复杂案件,可以采用"慢镜头"方式,逐格来分析,即逐个分析案件当中的因素及其变化规律,重新组合,排除干扰,这样更容易找出断案方向和具体策略。

又如,在解决问题时,注意不要顽固地沿着单一方向摸索,可以同时沿着多个方向拓展思路,探寻更多可能性。很多时候,解决方案不是简单和平面的,而是纵向和横向的立体结构。

我们再回看前面的例子,如果当年美国和英国的选民被成见和思维定式俘虏,人类就无法拥有两位战胜法西斯的英雄领袖,英美两国是否能够开创半个世纪的繁荣鼎盛局面也就难说的很了。

此谓思维有多自由,人生才能有多成功。

• 情绪和事实

某著名的招聘网站曾经做过一个关于"敌对情绪"的调查,在2569份有效样本中,高达72%(1850人)的白领承认,他们会对周围的人群产生敌对情绪，主要原因包括：

“对方的某些行为或者想法自己不能认同(55.9%)”——为什么相同的问题他总是要重复问上十来遍？

“双方存在利益关系(15.1%)”——为什么做同样的工作他拿的工资却比我高？

“个人的心态问题(12.5%)”——也许是我在嫉妒她，这个月她的业绩又上升了，而我还在原地踏步。

“被周围的人影响(11.4%)”——一个众人评价很差的人，我想我也无法对他产生好感。

“本能反应(3.5%)”——我承认这是我的错，但看到他靠近我的办公桌就让我讨厌，我自己也无法控制。

是的，我们谁都会赞同“实事求是”，谁都知道应该控制情绪，但是一接触现实，很多人都觉得难。因为我们的身体构造，决定了我们充满了情感。很多时候，只要有宣泄的场合和机会，情绪就会悄悄地，从我们内心深处倾泻而出。

例如，当我们身处困境时，通常习惯采用如下方式发问，结果给自己造成了非常不好的价值观暗示：

我怎么这么笨？价值观暗示：我本来就应该是笨的。

我怎么这么倒霉？价值观暗示：我本来就应该倒霉。

我为什么能力这么差？价值观暗示：我确实能力不行。

我为什么不会做律师？价值观暗示：我本来不适合律师这个职业。

……

很明显，这类问题并非在分析事实，而是在宣泄情绪，结果强化了负面价值观，对我们造成了更大的伤害。

不是每个人都知道趋利避害吗？那为什么明明知道有害，人类还会做这些自废武功的事情呢？原因很简单，因为我们每个人的身体当中，都有一个强大的潜意识。它总是使用情绪的七彩外衣，把客观事实包裹起来，然后才传输给我们的意识进行分析和判断。如下图：

也就是说，情绪往往会悄悄地蒙上理智的双眼，让我们的心灵戴着有色眼镜看世界。如果受困于它，就如同梦魇一般，挥之不去。

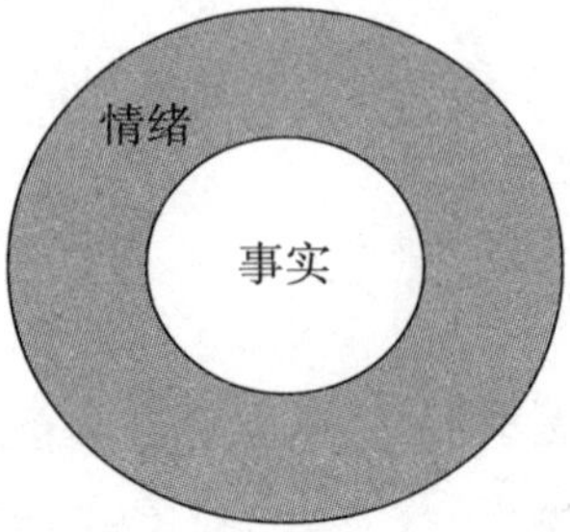

其实,情绪只是一个信差,它是来告诉我们,有哪些状况是我们无法接受的,是需要处理的。我们都知道“两国交战,不斩来使”,但往往却对情绪——这个给我们身体“送信的信差”不知如何处理,要么大呼小叫,强行压制;要么无可奈何,束手无策。

事实上,我们不需要认同或否定情绪,因为无论是认同和否定,其结果都是强化。我们唯一应该做的,是把情绪和事实分开。

如果没有做到这一点,我们的意识就会以把情绪和事实混合在一起的所谓“客观事实”作为理据,作出价值判断,进而作出反应和行动,还固执地认为毫无问题。

其实,这样完全错了。因为,情绪与事实混在了一起,价值判断自然失真,行为肯定错误。

举个比较极端的例子,两个人吵了半天,旁边的人过来问:“请问 A,你听到刚才 B 讲什么内容了吗?”这时 A 会说:“我不管他讲什么内容,反正我不同意”。很明显,他的意识已经将“客观事实”等同于“情绪 + 事实”了。

再举一个例子,我们通常会听到这样的道理,面对责难或批评,我们应该“有则改之,无则加勉”。其实你想想现实当中,有多少人可以做到?

最常见的反应,恐怕是所谓的“据理回应”,要么反驳对方说的不是事实;要么观点不对;要么强调特殊性、国情;要么干脆对批评不屑一顾。有些反应较为激烈的,还会以质疑批评者的态度、资历、动机、文化背景等方式予以反击,例如“你说我不对,难道你的屁股就干净吗?”“你说我的不对,是因为你是卖国奴!”等等。

别忙着分对错,其实这只是情绪在起保护作用而已。面对责任、批评,情绪自然而生,最根本动机在于保护母体(即我们自己)不受伤害。但是,由于情绪混入了客观事实当中,增加了我们认识事物本原的难度,从而也导致了我们的判断和行为发生错误。

所以,我们需要学会的,不是消灭情绪,而是如何驾驭它,让它更好的为我们服务。

驾驭情绪的方法有很多,例如,抽离、调焦、类比、换位、肯定等,这里因为篇幅所限,只介绍最为常用的一种方法——剥离。

所谓剥离,是指把事实和情绪剥离。也就是说,在面对各种谈话时,不要着急反对或者给自己寻找借口或攻击对方的理由,而是站在一个中立的第三人的角度,将谈话内容当中的客观事实和主观情绪两部分小心剥离开来,然后再挑出当中属于客观事实的部分,回头再看,你会惊奇地发现,很多原来以为严重的问题或原来认为对方毫无道理的问题,其实并非如此。

以前面的问话为例,把当中的情绪剥离之后,客观事实可以作如下陈述,带给自己另外一种的价值判断暗示结果:

我是如何学会笨的观?价值观暗示:我本来是聪明的。

我是如何走向倒霉的?价值观暗示:我原来是可以不倒霉的。

我是如何使得自己能力变差的?价值观暗示:我原来的能力是可以的。

我做错了什么导致目前的困难?价值观暗示:我只是做错事情,而不是能力不行。

人类与动物最大的区别之一,就是人类总有情绪。情绪只是我们身体感知的产物而已,它不时生起,无分对错。我们固然无法终止它,但可以选择如何迎接它,接纳它,安置它。只要做到了,你就可以看穿它,消融它。然后,它就自然无法再束缚我们,也无法把我们带入歧途或扭曲我们对实相的感觉。

平复了情绪,我们的心情归于平静,事实真相自然浮上水面。所以说,先解决心情,再解决事情,这句话太有道理了。

● 道理和情感

我们每天面对不同的人,不同的利益群体,不同的社会关系,如何能够驾驭好如此复杂的局面,达到高效沟通?

不要以为真理在手,就可以肆无忌惮,“和盘托出”和“知无不言”。我们不单要关注谁更有道理,还要适当关注对方的情感需要,有时甚至后者更优先。

同样的事情,处理方式方法、语言表述技巧不同,其达到的效果有时会有天壤之别。

试想一下,如果你是客户,你会喜欢和什么样的律师打交道?是那个自以为是、咄咄逼人的家伙?还是谦和懂礼,平易亲和的人?答案显然是后者。因为每个人都喜欢被尊重,被理解,没有人喜欢“被教导”或者“被销售”。

只有情感被充分满足,客户才可能敞开心扉,告诉律师他自己内心深处的困惑、迷茫,才可能信任律师给他提出的建议。

每个人从事的职业,只有分工的不同,没有高低贵贱之别。从这个意义上说,我们没有理由,也没有资格,用不屑一顾的态度去轻视他人、嘲笑他人。因为真正有能力的人,是不需要用吹嘘来证明自己,也不需要通过贬低别人,或者挑战权威来赢得尊重。

当客户表达乱七八糟,行动失当时,你作为一个律师,应该怎么评价?

你可以拍他的马屁,说:“你其实已经做的很好啦,如果换作是我,可能做的更差啦!”我肯定,你这句话多数会拍在马腿上了。

你也可以说上这样一句:“这就是不找律师的后果啊!”在道理上,你当然是对的,但是,换位想想,如果客户听到这样的讽刺话语,心里是不是像吞了一只苍蝇般难受?是否可能还恼羞成怒地想:“你是什么东西?拿了律师费还来教训老子!”

最好的方式,当然是以尊重的态度,向客户诚恳地表示你完全接纳他,理解他,并愿意帮助他,你可以这样说:“我完全理解您在当时的环境之下所作的决定。请将问题和困难告诉我们,让我来协助您一起制定一个解决方案,并且共同完成它”。

尊重不等于拍马屁。所谓的拍马屁是罔顾事实,态度卑微,无原则地恭维对方,以博取对方好感。而尊重则是发自内心的,对他人的行动和思想,表示充分理解,由衷赞赏的真情流露。更重要的,是有实际行动,给出具体的解决方案,而且言出必行,每诺必成。

除了尊重之外,人类情感还需要很多,主动、周到、体贴、满足、愉悦等等,这些感觉,都是我们在人际沟通交流当中,所应该注意到的,而且是先于道理的。

坐而论道,先谈情感,再辩道理,一切不是很美吗?

• 信任感和亲和力

不知你是否留意到有这样一种现象，有些人能力一般，也不是能言善辩，但偏偏就是有些客户，喜欢长期和他们打交道。为什么呢？

再看看这个社会当中成功之人，他们多数具有什么共同特质？是才华横溢？抑或是拥有亲切和蔼的态度，很明显，应该是后者。这又是为什么呢？

其实，个中奥秘全在于两个字：信任。人不是汪洋大海当中的孤岛，互相之间必须不断地连接，才能生存和发展。而信任，就是人与人之间建立沟通纽带的关键。

那么，人与人之间的信任感是从何而来呢？我在各地培训的过程当中，不时有学员问道，“如何让别人信任自己”等类似问题，此时我都会说，我们可以尝试把问题改成：“我如何让别人觉得值得信任？”这样一改，答案就呼之欲出了。

信任好比一扇由内而外打开的大门，无法由别人从外面打开，只能由我们自己开启。

我们无法要求别人信任自己，因为我就是一切问题的根源和答案。如果我们不具备一些值得别人信任的特质，又如何能够让别人信任于你呢？这些特质在前一章已有介绍，这里就不再重复了。

除此之外，必须注重的就是如何与陌生人建立连接。

这个社会上为什么总有些人，能够做到很多人无法做到的事情？为什么他们的事业如此成功？很关键的一点，就是他们能够让陌生人迅速地认识他、信任他，例如，奥巴马、稻盛和夫、马云等，他们都拥有着与陌生人迅速建立连接的超强能力，比其他人更快、更迅速地取得沟通对象的信任。

他们的行为都有什么共同特点呢？答案无非是一些基本的元素，例如，开心、愉快、阳光、积极、主动、细心、周到、可靠等，这些类似的特质用一个词来概括，就是亲和力。

亲和力指的是人们之间在心灵上的通达与投合，源于人们互相之间的认同和尊重，是一种基于平等、开放、积极、主动、感恩等态度之上的，发自内心的特殊品质和素养。与人交往时，如果善于运用亲和力，对方就会更容易认同、理解我们，因而对于我们的需要给予满足。

更好地展示亲和力有如下一些技巧。

——称赞

陌生人之间,不可避免地存在着隔阂和戒备心理,如何迅速消除陌生感,拉近距离?最好的办法就是称赞。例如,介绍新老朋友见面后,不免需要互相介绍和寒暄一番。如果此时,有人能够将新老朋友每个人的才能、成就、天赋、地位、特长等,作一种悬念、夸张式的渲染,整个场面会立刻活跃起来,大家不会追问当中有多少夸张成份,相反会主动附和和表示钦佩。于是,陌生人之间的连接就顺利建立了。

此外,在双方观点有差异时,采用称赞手法也能够收到拉近距离的效果。例如,美国总统奥巴马,他在回答记者问题之前,不管他是否赞同对方观点,他都会使用诸如"你的问题很及时"或"你的说法很有道理"之类的话语,肯定对方提问动机,然后才开始表述自己的观点,这让对方听起来很舒服。

当然,要注意将发自内心的称赞,与奉承、拍马屁等不良习气区别开来。

——接纳

接纳对方,是良好沟通的基础之一。也就是说,凡事应当学会从对方立场出发,换位思考,从对方的角度对事物进行联想、选择和决定,令对方感受到尊重和理解,由此顺利建立连接。

这个道理听起来容易,但做起来很难。尤其是拥有高智商的律师,反而容易在此类问题上犯糊涂。例如,客户在从事商业贸易时,有时候会在还没有搞清楚状况的情形下,头脑一发热就决定某个投资,例如,决定购买不拥有完整产权证明的房屋等。

这时,你作为他的律师,当然有义务要提醒他各种潜在的风险。不过,如果你一上来就和客户讲法条,摆道理,必然容易引起客户反感,结果很难说服他。

更好的办法就是接纳,无论你是否赞同他的决定,你都应该接纳他的情绪。多使用鼓励性的话语,帮助客户更自如地表达自己的想法,例如:"告诉我更多你所关心的事"、"你所关心的某某事具体是怎么回事啊?""我对你刚才说的很感兴趣,你能告诉我多一些信息吗?"等等。

通过这个技巧,可能让客户更详尽地袒露自己的各种顾虑和想法,然后你才可能设计出切合需求的解决方案。

此外,遇到对方释放负面情绪时,要主动引导,把话题拉回到正面,当对方说道"我对一切感到很无奈"等类似结案陈词的话语时,你可以接上"我非常理解你的情绪"、"我可以想象到你的困境"类似的话,表明你完全接纳和包容他,然后再说"我们可以再看看其他一些好例子"或者说"但是,还是有方法可以解决的,对吗?"之类的话语,引导他将思绪转到积极、正面的方向,这样能够使得双方沟通变得更容易。

——模仿

我们总是能够观察到一些有趣的现象，例如,夫妇或者相熟悉的朋友之间,经常会有类似的步态、站姿和坐姿。甚至夫妇在一起生活时间比较长的,连样貌都开始变得有点接近。这是为什么呢?

其实,这是人类的潜意识在起作用。根据心理学研究成果表明,我们人类的行为和反应,都受潜意识左右。构成潜意识的,是各种本能,例如,求生或安全感等。

想想看,我们在跟陌生人打交道时,是否习惯性地打量对方的外形、举动或反应?如果发现对方有与自己相类似的举止、爱好或观点时,是否觉得凭空生出"一见如故"的亲切感?这是因为人类是群居动物,与相类似的族群待在一起,让我们容易求生和感到更安全,所以是否相似,就成为潜意识最惯常使用的尺度。

为了追求相似,人们在互相模仿。根据美国密歇根大学的约瑟夫·海因里希教授一份调查报告显示,模仿他人的欲望,是人类大脑的一种本能反应。因为与他人合作,往往意味着给整个群体带来更多的食物、更好的健康状况以及更快速的经济发展。

所以,如果人们彼此之间逐渐产生相似的情绪,或是具有相类似的思想,他们就很可能开始模仿对方,包括各种肢体语言以及面部表情。他们通过慢放调查录像发现,模仿的行为甚至可以延伸到同时眨眼睛、张大鼻孔和抬眉毛,甚至是同时扩张瞳孔。

这是一个很有趣的现象,回忆我多年的工作经历,确实如此。例如,与客户开会,有不少人会在无意识当中,跟随会议的焦点人物,有时是老板,有时甚至是对方,做出相似的手势与姿势。当这种状况开始持续发生时候,会议气氛就会逐渐变得融洽起来,空气中的敌意也逐渐消融,这类会议最后通常容易达成交易。

还有一个比较典型的例子是语言风格的模仿。例如,香港客户喜欢在讲话当中夹杂英文单词,半中半洋的说话风格。为了让客户感觉舒服,每当与香港客户见面时,我都会刻意地在谈话当中加入一些英文单词,尽量模仿对方的语言风格,这个方法很有效,很容易让客户感觉,我与他是同类人。

除了姿势外,模仿技巧还可以延伸到声音,包括语气、声调、语速,甚至连重音都完全相同,这就是我们通常所说的“节奏”。

如果你听到语速比自己快的时候,有什么感觉?通常会有“压迫感”。反之,如果你的语速比对方慢,那不是示弱,而是一种技巧,让对方感觉你比较平易近人。如果你能够从模仿对方到带领对方,你就成功了。

就像你保持着一定的节奏在说话,而对方则用点头的方式回应你的节奏,这证明对方开始接受你了。

模仿有时候是应对那些比较强势的人的好工具。有些人尤其是企业老板、高管甚至是律师自己,总喜欢在地位较低的人面前,做出高傲的肢体语言,例如,跷腿、斜身而坐等,以此给对方一种强大气场的感觉。

此时,你可以有意识地模仿他们的身体姿势,等于送达无声的信号给他的潜意识:你们的地位是平等的。在持续一段时间之后,你会发现对方多数会主动改变身体姿势,这是因为他的潜意识感觉到自己的强势受到压制,所以主动改变身体姿势求得主动。

然后,你可以逐渐改变姿势,主动引导对方。一旦对方开始跟从你的姿势,那就是你开始主动掌控场面的好时机了。

——分享

在一个陌生人的聚会上,你会看到不少人四处走动,不主动与人搭话,看似冷漠,但很可能他们只是害羞,是在等待别人采取主动。此时如果你向前与之搭话,大多时候总能获得对方积极主动的回应。这是因为人性当中总有与他人分享的渴望。不过每当处于陌生环境,防御心理总容易把分享的意愿压制在心里。此时,如果你首先采取主动,赢得别人好感的机会就大得多。

与他人分享些什么呢？有如下要点：

首先，主动向他人分享自己的兴趣、爱好、过往的工作成绩甚至是梦想，然后再向对方表示，你对他的一切，包括第一次成功创业经验、业余爱好、他写的书、他的工作业绩等，都非常感兴趣，你渴望聆听他的分享。谈论自己引以为傲的事情，是人性的基本特性。所以，无论对方是多么不事张扬或谨慎，这类话题总是能够让你在对方心中建立亲和力。当你看到对方面对你开始滔滔不绝、眼睛发光的时候，你就已经开始被对方认可和接受了。

其次，无论谈论什么话题，永远要从积极和正面的角度入手。因为环境与竞争的压力，往往在我们的思维当中加入了很多“毒素”——负面思维，例如，司法环境黑暗、以权谋私、贪污腐败等，不是说这些东西不能讨论，而是要看从什么角度出发。

例如，我们可以感慨当今司法环境存在腐败问题，但是从积极和正面方面去谈，可以将之与30多年前那个“砸烂公检法”的疯狂时代相比，最终得出的结论是中国虽然有问题，但毕竟天天在进步。又如面对错误和失败，也同样可以思考和分享，“这次失败可以让我们从中吸收什么教训？”或“学到什么经验？”等富有建设性的话题。

一定要记住，遇到负面的话题时，不能直接询问对方“为什么”。因为这样做，很容易将对方引导向相反的方向，逼迫对方找出10个、20个理由来为自己的错误辩解。

比较好的方法是迅速抽离这个具体问题，引导对方站高一点，远离一点，尝试找出问题背后的价值观，例如：您这样做的目的是什么？您希望通过如此做法获得什么，等等。

即使要批评对方或提出异议，用分享经验的方式来表达效果也非常好，例如：“有可能是……”或“我也遇到过这种相似的状况，如果怎样怎样，其实可以帮助解决，你要是认为有用的话，我愿意与你分享更多我的经验。”以上这些总比你说“你应该怎么怎么样”好得多。

• 身体语言

大量的研究表明，人们对一个陌生人的评判结果和印象，有70%左右的几率，在第一次见面不到四分钟的时间里就已经形成了，这是为什么呢？

著名自然科学家查尔斯·达尔文于1872年出版《人类和动物的情感表

达》一书,提出了关于人类身体语言的观点和研究成果,从那时起直至现在,世界众多研究者们收集并记录下了将近一百万条人类的非语言信息,初步揭开了身体语言之谜。

人们通常认为,沟通当中最重要的,就是如何说话。但有研究表明,这种观点是错误的。

在众多影响沟通效果的要素当中,只有大约7%来自于语言(仅指文字),38%来自于声音(其中包括语音、音调以及其他声音),剩下的55%则全部来自于无声的身体语言。

人类学家雷·博威斯特曾经对发生于20世纪七八十年代的上千次销售和谈判过程开展了详细的研究,结果发现,商务会谈中谈判桌上60%~80%的决定,都是在身体语言的影响下做出的。

原来,我们的思想、态度,都会在不经意之间,流露于我们的身体语言当中。根据科学家的研究结果,我们通常会有如下常见的身体语言:

双手交叉——这是表达对你的好感和沟通的意愿,你应该趁此机会与对方建立进一步的良好关系。

胳膊交叉——这暗示着反对、不认可,表示对方根本没在听你说,或者对你的观点持怀疑态度,甚至意味"此路不通",此时,你最好调整说话内容或策略。

碰碰鼻子——对方在无意地摩擦自己的鼻子,此举可能与欺骗、缺乏诚意有关,你要小心对方欺骗或敷衍你。

皱眉撅嘴——你的话题或者双方的身体距离,让对方感觉他的私人空间受到侵犯。此时,你最好适当拉开与对方的身体距离,要么岔开话题,以消除对方的不安和反感。

手托下巴——这种姿势表明,对方需要一点时间,认真思考后再作决定。此时,你应当适当停顿下来,不可继续滔滔不绝地说话,否则容易招惹对方的反感。

抓脖挠背——或许是真的身上有点痒,但更有可能是他的疑问和顾虑还没有完全打消,你需要和对方作更深入的分析和解释。

据此,我们可以采取一些积极主动的身体语言,从而提升沟通效率,例如:

姿势——根据神经语言学的研究结果,人体某种生理或身体动作,都能够引发某种对应的情绪。如果你抬头挺胸，你会感觉到自己充满力量，外表看起来显得积极、主动和活泼，你的这种形象也会立刻感染客户。同理，如果你形体松懈，会让人感觉你垂头丧气，一种沮丧的感觉会无形中蔓延于你和客户中间。

所以，无论你是站着或坐着，都要保持姿态笔直。当你起身迎接未来客户时，有如身后有一条绳子，从头部拉住你的身体，让你的头部抬高，这样能够让你保持一种抬头挺胸的饱满姿态。将双手较为自然地放在扶手上，或者手掌合十，放在桌面上，向对方释放沟通的善意和愿望，给人一种开放的交流态度和信任的感觉。

目光——眼睛被认为是心灵的窗户，读心术的入口。在沟通过程中，目光接触太少，表示对方对你的讲话不感兴趣或者没有信任感；目光接触太多，又会使讲者倍感压力。

目光频繁接触的程度，常因不同的文化而变化。在欧洲，目光频繁接触是兴趣、信任的表现；在澳洲，目光接触则被澳大利亚土著人认为是不敬和对个人空间的侵犯；而在亚洲，一般人习惯于较低频率的目光接触，所以你会看到，很多中国人在听别人讲话时，常常习惯闭上眼睛。

距离——调整好双方的高度与距离，是尊重对方个人空间范围的习惯。在外国，某人拍另一个人的后背，或将手放在其肩上是时常发生的。但是大部分亚洲人，身体一般不接触。

倾听——用向说话人倾斜的程度，表示我们所关心的程度。有研究表明，向后倾斜，最容易减轻对方的压力，但最好不要太多，否则会给人留下完全不感兴趣的印象；向对方倾斜 60 度—70 度时，挖掘的信息最多，不过也可能被认为是一种威吓、压制和操纵，甚至带有敌意。假如倾斜角度在 75 度以上，容易意味着“我不相信你”或“你最好讲清楚”或“你最好同意”等压力。

当然，身体语言只是沟通方法之一。要做到完美沟通，更重要的还是态度。积极、诚恳、友好的沟通态度，一定好过任何刻意安排的身体语言。

二、技法

一项科学研究表明，一次成功的沟通过程，内容和时间应该呈倒三角形状分布,也即40%的时间用来建立彼此之间的信任感;30%的时间,用来了解对方的价值观、具体需求和想法;20%的时间是用来陈述你的判断、想法、对策和建议的;而最后10%的时间,则用来确认和达成一致意见,促成行动。

在上文,我们已经了解了一些关于有效沟通的基础技巧,接下来,我们继续探讨如何深入地了解对方和恰到好处地表达自己。我们需要进一步详细探讨倾听、提问、表达、回应、引导、推动等沟通技巧。

• 倾听

拉里·金是CNN(美国有线电视网)脱口秀节目《拉里·金现场》的金牌主持人,在他的专著《随时随地与人交谈的方法》一书中,他这样形容倾听:

人人都认为,我挣钱的方式就是问问题。说得没错儿,但只说对了一半,另一半就是倾听别人的回答。许多播音行业的人员在生活中只喜欢听自己的声音,而无法倾听别人在说什么。

我认为,关键就是要倾听。我一生听到的最正确的一句话,就是"自己说话的时候什么东西也学不到"。

法律职业人多数都长于表达,但却对聆听缺乏足够的重视。这是因为由于具备较强的专业知识和工作经验,使得律师喜欢时刻展示自己自信和权威的形象,有很强的表现欲,尤其喜欢说,容易忽略了聆听。即使在听,也只是关注那些自己认为重要的内容,没有耐性听完客户讲述的具体细节,只要不喜欢,就选择性地跳过,结果容易出错。

如何改进呢?有如下几个方法:

在倾听的时候,首先是定位好自己的角色,尽量将身段放平,不应该对客户采取俯视的姿态。律师界有人认为,对客户应当采用"教导式"营销,即律师应当以一个老师的形象出现在客户面前,把客户当成迷途的羔羊,如此完全不可取。

因为一个企业决策的作出,是综合衡量很多因素之后的结果,当中有法律的,也有政治的、经济的、市场乃至人脉关系的。律师因身份所限,提供的意见，往往只是基于法律而论，没有综合考虑企业经营当中的各种财务、市场、人力资源要素，有什么理由去“教导”客户呢？

其次是倾听客户的关注重点。客户的表述往往是啰嗦、重复或者前后逻辑混乱，甚至为了在人前维护自己的形象，会有意无意地掩饰自己的错误和愚蠢。此时，律师就需要通过不断地提问、总结和引导，引导对方清楚地讲述他们的烦恼、兴趣点和期望，这是你必须仔细聆听的重点。

再次就是善于倾听弦外之音。很多时候，客户真正想表达的，不是挂在口头的话，而是潜藏在话语水面之下的巨大冰山，这与客户的性格、文化背景等都有关系。一般而言，西方人喜欢开门见山，直来直去，这还容易些。但中国人说话喜欢委婉，需要你旁敲侧击，心领神会。

尤其要特别留意如下说法：

如果客户对你说：“我对这个问题比较不清晰”，其实是婉转地批评你讲的还不够清楚，不够周密，或者他认为你的方案还有待细化；

如果客户对你说：“我们还需要好好谈谈这个方案”，意思是你的方案还比较粗糙，没有给客户足够信心，你还需要作进一步完善；

如果你已经介绍完方案，客户还在喃喃自语地重复说，“我还是不知道怎么办？”他的弦外之音其实是——我不认可你的方案。此时，你需要做的除了澄清细节外，还可能要将方案推倒重来。

就像《沙家浜》里面的阿庆嫂所说，“听话听声，锣鼓听音”，学会听懂客户的弦外之音，善于了解客户的忧虑，才能对症下药，解决问题。

- **提问**

提问是沟通当中非常重要的工具之一，它可以帮助你深入了解所需要的信息；将事实从情绪当中分离出来；控制谈话的节奏和重点；节约沟通时间和提高效率以及为下一步的思考和表达提供明确方向。

以律师与客户沟通过程为例，普通人往往会将乱麻一团般的问题、目标、障碍、事实、证据，乃至还有感情、语言冲突和其他林林总总的事件，一股脑地堆给律师。这时，律师要做的不是急着梳理思路，整理文件，而是通过提问，问清楚整个案情的来龙去脉，将潜藏在客户心中的冰山全貌尽可能地展露出来，才能正确进行后面的工作。

例如，当客户讲述与对方的法定代表人、总经理、公司、关联企业分别发生往来的时候,一句提问:“与你们签订合同的是哪一个主体?”就可以迅速地把对方从乱麻当中拉上来,明确主体到底是谁。

当客户表述啰嗦时,你可以提问:“你有什么证据证明刚才所说的情况呢?”把客户拉到法律关系的框架内,锁定关键所在。

当客户患得患失时,可以提问:“对于你而言,你认为最关心的是什么?”或者“你认为绝对不能让步的是什么?”等关键性问题,客户心中的目标自然浮上水面。

提问这个技巧可以应用到很多地方,例如,双方发生矛盾冲突的时候,使用提问,不仅可以巧妙化解冲突,更重要的是找到双方共同价值观所在,使对方对你产生惺惺相惜,相见恨晚的感觉。请见下例:

著名排球运动员郎平退役后,先后担任了中国队和美国的主教练。某次开记者招待会,有一位记者提出这样一个问题:

“请问您希望是中国队赢呢,还是美国队赢?”

这个问题很有挑战性,轻易选择哪个答案都不合适,如果选择希望中国队赢,那么你不够职业,你是美国队主教练;如果选择希望美国队赢,那么你不爱国,你是中国人。而郎平宛然一笑,轻松地回答说:

“咱们都是一家人,你问我这个问题有什么意义呀?”

这个反问实际上没有任何新的信息交流,但是双方都发出了会心的微笑,这个问题就这样越过了。在赛后,这位记者也没有写过关于郎平的负面报道。

按照提问的形式来分,有开放式和封闭式两种。

开放式提问可以让对方放松戒备,把自己的想法尽可能地表达出来,有助于我们更全面了解对方,从而找到与对方更多的连接点。

开放式提问常常以“什么”、“怎样”、“如何”、“怎么”或“为什么”开头,例如:

——对于此事,您有什么特别的想法?

——您对这件事怎样看?

——您最近工作怎么样?

——您希望我怎么做呢?

封闭式提问可以找到明确的答案和沟通方向，通常用于谈判或辩论当中，或者指导客户同意或接纳你的意见时使用。例如，“是不是”、“会不会”、“有没有”、“能不能”、“做没做过”或“可不可以”等。

不过，以这种提问方式与对方进行沟通，通常你只能得到“是”、“不是”或其他简单词汇的回答。如果你要获得更详细信息，就必须将封闭式问题改为开放式。

总结起来，在沟通的各个阶段，常用的提问技巧如下：

——融洽气氛。就像一场比赛之前要热身，你在向客户发问前，也要让客户有个思想准备。比较好的方法是先以一些简单一点、难度较低或者轻松一点的问题，让客户简单地回答“是”或“否”，或者给客户两三个选项。等到气氛融洽之后，才将提问逐步深入。

——找出目标。通过不断地提问和追问，引导客户详述当前所处的困境，以及心中目标，最终找出问题关键所在。在这个阶段，要注意的是克制急于表达观点的冲动，避免影响对方的表达欲望。

具体一点来说，提问问题越简单和具体越好，最好是封闭式的问题，提供 2、3 个选择项给对方，例如：“合同主体是 A 公司抑或 B 公司？”比“请确认一下合同主体是谁？”问法要好得多。最好不要提问一些开放式的问题，例如：“你认为此案当中有什么需要注意的问题？”此类问法让对方感到，他必须给你回复若干要点才行。这时，要么对方要进行思维的归纳和整理，导致现场交流中断；要么对方感到回答难度很高，对你的问题刻意回避或敷衍，结果造成沟通失败。

——梳理要点。反问是常用的方式，通常作用是鼓励客户对于隐藏在问题背后的种种事件，重新梳理表述，有助于理清案件脉络和思路。在与客户交谈的同时，对客户表述的内容回顾一遍，判断哪些潜在的事实和证据有重要价值，然后以反问的方式，将你的初步判断反馈给客户，让客户从客观事实和证明材料的角度，对你反问的问题予以进一步澄清或修订，双方共同将解决方案搭建清晰和补充完整。

——争取赞同。这是提问最重要的价值所在。我在各地讲课当中，曾经数次提到“7 个 YES”定律，就是如果你能够有办法让对方对你的提问，连续回答 7 次“YES”，那么对于你的第 8 次提问，对方回答“YES”的可能性几乎是百分百。

怎么回事呢？请看下面，如果你直截了当向客户提问："您是否需要某某产品？"你被拒绝的可能性至少有50%，甚至更高，因为你的提问是不留余地、没有缓冲机会的二选一，因此，被否定的概率也是50%；如果改变一种问法，先提问："提高经营业绩对您和您的公司是否很重要？"，进而再问："如果有一种服务，能够帮助您提高业绩，实现梦想，让您过上更好的日子，您是否愿意使用？"……最后再问："经过很多客户的验证，我们的法律服务完全能够帮助您实现前面所有的目标，您是否愿意尝试使用？"到了这一刻，你会发现客户说"不"的可能性低了很多。

- **表达**

"你为什么要这样做？"

"你这个不对，这样一定行不通……"

"你为什么做事不动脑子？"

如果回忆一下，你会发现在工作和生活中，常常听到上述类似的话。对于此类表达，人们的第一反应是什么？一般会反驳、辩解，或不屑。如此争执下去，你会发现逐渐偏离了问题本身，为了辩解去辩解，沟通被引向了非理性的轨道。

为什么如此？因为这种富有攻击性的表达方式，好比按下了对方心中的"核按钮"——防卫机制，情绪的防护罩自动启动，把所有的外界信息全部隔离开来，沟通自然失败。

事实上，如何向对方表达自己的看法和观点，是一门很有用但是容易被大多数人忽略的学问。会讲话有时是天生的，但真正的语言天才，更多是后天环境熏陶、自己努力改进的结果。

例如，我们常常能看到一些人，被形容为很会"说话"，他们总能够在不知不觉中，巧妙地表达自己的观点，而且很容易被在座的人接受。这是因为他们在日常沟通当中，很注重表达技巧和效果的缘故。

要防止误按对方心里的那个"核按钮"，我们就必须充分考虑对方的感觉。"但是"意味着反对，容易造成对方的反感；"如果"是补充，对方好接受一些；不过，如果对方心理比较敏感，觉得自己做得挺好的话，还是可能产生排斥；用"并且"最好，因为这个词给对方的感觉，就好像后面这段话还是他自己说的，而不是我们强加给他的。

在沟通过程当中,注意如下一些要点,可以帮助你更好地表达:

· 不断地赞美和肯定对方,能够给予对方强烈的积极暗示。
· 注意声音要柔和、悦耳,不要高过对方,速度也不要快过对方。
· 注意观察对方对你谈话的反应,及时转移或终止话题。
· 多用陈述句,少用否定句、反问句、疑问句。
· 多用"能不能"、"可以吗"、"好吗"、"帮个忙"这样婉转的语气。
· 多用对方关心和感兴趣的事例、人物、比喻,而不是自己的。

措辞不同,感觉不一,效果就存在很大差异。聪明的你,会选择哪一种表达方式呢?

• 回应

如果我们能够有效地做出回应,让对方感觉良好,沟通效果将会大幅提升。通常而言,一个有效的回应包括如下内容:

——友好的态度。面对对方的提问、观点和要求,要注意积极回应,即使不同意,也不应该直接反驳或指责,而是通过引导等具体技巧(具体见下述部分),让对方感受友善和积极的氛围;不时地点头,以此作为鼓励对方继续表达的回应。如果对方思维卡壳或说话停顿时,你应该展示出鼓励表达的态度,例如微笑、帮助接过话、轻拍对方肩膀等。

——接纳和确认信息、情绪和事实。为了确保对重要事实理解无误,你应该使用自己的话语,向对方重述一遍你听到的,据此提出你因此所产生的想法,并以:"我理解的恰当吗?"作为下一轮沟通的开始。

如果在这过程中,你发现自己内心产生了某种情绪,例如,愤怒、担心或冲动等,要留意防止被情绪左右理智,你可以采用委婉的表达方式,把你内心情绪告诉对方。

例如,"你的这种说法导致我产生了这样的顾虑……"或者"你的话,让我产生了这样的感觉……"。如此做法,在给自己释放情绪压力的同时,也让对方感受到你的诚意和真实想法,使沟通得以继续。

——承认错误。这一点对于多数人而言,说起来容易做起来难。因为大多数人都担心自己认错了之后是否会给予对方话柄,导致自己地位被动,甚至局面失控。这些担心其实都是没有必要的，因为在大多数情况下，人们都喜欢诚实、态度温和之人，哪怕只是表面上的，也是如此。

所以，即使你对错误有所保留，只要你表现出一种认错的态度，哪怕只是承认某个小小的错误，对方总会自动反馈出富有涵养、宽宏大量的样子，不仅会谅解你，还可能接受原来他完全不肯接受的某些交易条件，这就是人性。

• 引导

你有没有过这样的经历：当你讲完一段话，并且自以为已经讲明白了的时候，对方居然没听明白或者没听清楚，如果有，很可能是你没说清楚，或者说，是不懂如何引导。

所谓的“引导”就是说话的人要预先设计好谈话的方向和内容，有意识地引导双方的谈话结果，向你事先设计的方向前进。心理学普遍认为，虽然沟通是双方的，但谈话的结果却可以是由一方主导的。

怎么引导呢？考察一下人类的行动就会发现，虽然具体目的有很多，但概括起来，都离不开两类：一是趋向快乐，二是逃避痛苦。

所以，如果你要引导别人做出你希望的举动，药方无非也就是两个：要么增加他的快乐，要么加强他的痛苦。具体方法有很多，下面是其中的几种：

——引导谈话方向

例如，以“现在竞争很激烈，很难找到好工作”这个观点为例，你可以引导他把问题具体化，提问他：“是什么情形或者事实让你感觉竞争很激烈呢?”通过这样的问法，可以让对方自己进一步深入思考，慎重审视他的观点是否成立。

人的信念就像桌子一般，桌面是结论，桌子脚就是证明这一信念的证据。桌子脚越多，桌子相对就越稳固。反之，如果你能够动摇某条桌子脚，桌子就松动了；如果你能够拔掉所有的桌子脚，整张桌子自然轰然倒下。

此外，你还可以引导他向上看，把具体问题提升到抽象的价值观层面，例如，你可以说：“你能意识到这一点，证明你对这个职业的观察非常敏锐和深入，这是从事这个职业所必需的重要素质。”通过肯定他的基本能力，帮助他找到如此抱怨之后的积极动机，从而扩大突破这一限制观念的可能性。

——避免负面情绪

在沟通过程中，积极、主动、富有建设性的谈话总是让人感觉愉快的。但当你怀着抱怨、恐惧、气愤、尴尬等情绪开始谈话时，你用的词或者谈话内容很容易夹带着负面情绪，此时，你需要学会自我缓解，把情绪平静下来，把关注重点放在事实本身，并且学会剔除当中夹杂的情绪。

如果是因为你一语不慎，致使对方像受惊的刺猬一般，张起全身尖刺的时候，你有义务首先放缓语气，改用温和的措辞，以缓解对方的负面情绪。

即使你不同意对方的观点，需要表示反对，也不要直接对抗，这样会立刻中断双方的有效沟通。解决方法有很多，比较常用的是引入抽象的第三方概念，例如，认为对方写作有问题时，可以这样说："有人认为，我们如此做法有问题"。或是暂时转移话题，待时机合适时再回来。如果能够引用一些权威人士的观点，说服力更强，使你得到更积极的回应，而不是反感。

——如何让对方同意

有不少人觉得，说服别人需要很高的技巧。也有不少人认为，说服别人不用技巧，诚实待人即可。真实的情况是怎样的呢？让我们看看下面的例子。

某次，我安排一位助理去政府部门查资料。过了两天，她很苦恼地回来向我汇报，说她跑了几趟，负责接待的一位科长总是推说很忙，不配合，她不知道怎么解决。

我让她把当时的情形复述一遍给我听，她回忆道：

"××科长，可以给我查询一下资料吗？""不行"。

"为什么不行呢？""我现在很忙，你下次再来吧。"

"那你什么时候有空呢？""现在还不确定，你过两天打电话过来再说吧。"

于是她只好垂头丧气地回来了。

我说，问题出在你自己身上。助理很疑惑，说她待人很诚恳啊，没有任何过分的要求。我说，你是不是问他："为什么不行?""对啊，难道不应该这样问?""那当然，因为如此问法，等于你逼迫他找出更多拒绝你的理由"。

我提示他，下次可否这样说话，效果会不会更好些。

"××科长，我想按照规定申请查询一下资料"。——强调我是按照规定来的，你作为政府部门官员，提供资料是你的法定职责，所以你应该做。

"哦，明白。但我现在恐怕不行，因为我现在很忙"。——这是意料当中的回答，下面开始引导。

"理解，你们的工作确实很忙很辛苦。但是，我查的资料不会太复杂，相信以您的专业能力和工作效率，不会占用您太多时间的，请您帮帮忙吧。"——先肯定对方，接纳对方情绪，再通过称赞对方，建立亲和力。然后，说明查询资料比较简单，对方举手之劳即可获得别人认同，何乐而不为呢?

"哦，但我现在确实很忙，你最好下次再来吧。"——通常而言，一次引导是不太容易成功的，需要再次引导。

"理解理解，但是客户要这个资料，赶着要去办一个非常重要的手续。如果拖延的话，对各方面都会有影响，甚至有损失，这可怎么办呢……"——运用后果法暗示对方，这个事情很重要，时间很紧迫，后果很严重，引起对方重视。

或者你也可以说："啊，我这样回去，老板肯定会批评我连一点常规事情都办不好，怎么办呢?"——运用同理法暗示对方，这个事情属于常规事务，应该要答应。

通常谈话到这里，对方为了表现自己通情达理，并且富有同情心，一般已经投降了，会主动地提供资料给你查询。

但是，如果对方坚持不让步，你还可以继续主动帮他找出几个替代的解决方案，让对方既保存面子，又能够解决你的问题，例如："您看看我是先等一会还是您安排另外一位同事帮忙?"或者"您看我是下午抑或明天早上再来?"

无论哪种提问，都必须以封闭式的方式提出。这样的话，无论对方如何选择，其实都落在你设计的框架之内，都没有说"不"的机会。

关于引导的技巧还有很多，例如激励、词义转化、回忆过去、固定时空、想象未来等等，这里因为篇幅所限略去。

● 推动

中央电视台经济频道的《对话》节目曾经邀请微软前任总裁唐骏先生作客为大家介绍沟通技巧。唐骏现场向观众提出了微软的一道招聘题，题目是这样的：

营业员小王不慎把一台价值两万人民币的笔记本电脑，以一万元人民币错卖给李先生。作为小王的经理，你需要写一封信给李先生，把这一万元钱要回来，你会怎么来写这封信呢？

现场观众回答得非常踊跃，答案很多，包括有：

——如果李先生补回这10000元，公司将送出精美纪念品；

——作为补偿，公司可以向李先生赠送一些免费软件；

——那台电脑有病毒，如果李先生不拿回来，后果自负；

——按照法律途径解决，先发律师函。如果不行，直接起诉他。

可是，当主持人拿这些方法去问现场专家和观众：假设你自己是李先生，收到这样的信，会不会把10000元送回去时，得到的答复几乎是一样的，没有人愿意交回这一万元。有位观众甚至赤裸裸地说："一万元，挣钱多难，真不容易，干吗白给人家？"

但是，最后唐骏公布了答案后，主持人再问现场所有人，假如你们是李先生，收到了刚才这封信，是否会把这一万元补回来？几乎所有人都举了手。

这封信应该怎么写呢？

按照普通人的观念，我们遇到问题，解决方法无非是"摆事实、讲道理"，给一个说法。但是，根据权威研究结论表明，这些因素属于意识部分，在人的思维当中只占10%。另外有高达90%，是潜意识，这才是人们最终决定某种行为的决定性因素。

这90%的潜意识部分，是不接受道理的，只接受各种的画面、声音、感觉，并且结合自我经验，逐步形成各种心理暗示。潜意识接受的暗示因素很多，最为核心的有三大层次要素——价值观、身份和灵性。这三大层次要素超越了金钱、时间乃至现实条件，是驱动人们主动、积极行动的核心。

最基础层次要素:价值观。人们都具有自己的价值观,都会相信这个世界上有一些东西对自己而言是最重要的,最有意义的。有些人会为了这种相信,付出常人难以想象的精力,甚至坚持一生。例如,“2011 年感动中国人物”之一的台湾女记者张平宜。她在 2000 年到四川凉山等地的麻风村采访,痛感凉山麻风村现状,最后辞去原有工作,克服各种困难和偏见,12 年如一日,专心投入凉山州越西县大营盘村助学的慈善事业。[①] 12 年青春岁月的付出,没有金钱只有良心的回报。这样的选择,如果没有强大的价值观支撑,是绝对不可能坚持下来的。

中间层次要素:身份。即人们对自我身份的判断和认同,我现在或将来准备成为什么样的人;在别人眼里,我应该是一个怎样的人?身份意识越强烈,你的行为举止和价值观就越会受到强烈影响。以教授为例,他的行为一般是文明、有学问、有修养的。当他确定自己成为教授之后,这个身份就会影响他的决定和行为,乃至语言、衣着打扮和生活方式等。

最高层次要素,灵性。还记得前两年流行的电视剧《潜伏》吧?余则成、翠萍心甘情愿地放弃自我,曲意逢迎敌人;甚至不要党员和夫妻身份,为什么?普通人认为是价值观的驱动,而在心理学上认为,这是比价值观更高层次的要素——灵性在起作用。

所谓的灵性,是指当我们的价值观念到达一定高度后,我们对于所做的每一件事,更多地不是考虑为我自己,而是为了我身边所有的人,例如,我的父母、家人、朋友、国人乃至这个世界,会产生什么影响和意义。这种思想高度,个人价值观岂能涵盖?

因此,在上述三大层次要素当中,以价值观最低,身份居中,灵性最高。它们是相互影响的,相互作用的,较高的层次会决定较低的层次。只要掌握了它们的规律,推动别人按照你的意愿采取相应行动,就变得比较容易了。

前述考题的答案,也是巧妙地运用了三大层次要素当中的身份要素而成,具体写法如下:

---

① 中国新闻网:“张平宜成为首位当选‘感动中国人物’的台湾同胞”,载 http://www.chinanews.com/tw/2012/02-03/3644060.shtml。

李先生：

首先我代表我们的公司和我们的员工向您表示抱歉。事情是这样的，因为我们的营业员小王由于一时失误，错把两万元钱的笔记本电脑，一万元钱卖给您了。小王这件事确实是他自己工作失误造成的，他因此受到了公司内部处分和批评，并且将可能因此影响这个年轻人在公司的职业生涯。

而且，根据我们公司的制度，小王本人需要补上这一万元钱。就在昨天，他已经把自己刚刚毕业一年的所有积蓄补偿给了公司，而且，他本人也不希望我们把这一万元钱追回来。因为他说这是工作的失误，不想给您带来太多的麻烦。作为他的经理，我为有这位优秀的员工而感到非常自豪。

我想，李先生必定是一位受过高等教育、高素质的人，也会像我一样，不忍心看到一个刚刚毕业的年轻人，因为这样的一次小失误，损失掉自己辛苦一年才积攒下来的工资积蓄，而且还可能因此影响他将来的职业生涯。

在此，我想知道的是，您会怎么来面对这样的问题呢？

其他嘉宾提出的方法之所以没效，是因为受到了“微软公司”这一身份约束。公司作为世界五百强企业，属于强势；而李先生是一个消费者，是弱势群体。你在一个弱势群体面前，说遭受损失再多，也难得到李先生的同情。

而这封信的巧妙之处，在于充分利用了身份对比。小王是一个普通的营业员，收入不高；而李先生买得起2万元电脑，多数受过高等教育、素质较高。两者相比，小王属于弱势群体，容易引起同情。然后，这封信强调小王的行为——作为一个身份较低的员工，主动认错，还钱，并且不希望追究李先生责任云云。

结果是什么呢？这位身份较低的员工，以其高尚的行为，已经获得了社会众人的称赞。那么，作为“受过高等教育、高素质”的李先生，“你又怎么看待这个问题呢？”这样一句貌似简单的问话，实际上是暗示，您既然是高尚的人，自然应该有高尚的行为。如此问话，对于必定受过高等教育的李先生，结果如何？显然可想而知。

如何推动别人按照我们的期望去行动，其实是一门非常深奥但有趣的学问，更多的答案，深藏于我们每个人的潜意识当中，等待我们深入用心去挖掘。

三、行动

不少法律人长于写论文、研究学术,却不善于与陌生人打交道,甚至拙于与别人交谈。这种情况不仅见于法律新人,甚至见于不少老律师或者教授身上。其实,法律是一门研究人际交往规则的学问,从事法律工作的人们,只要用心研习,再加上信心,必定可以逾越这道难关。

● 打破僵局

一般而言,与陌生人展开一场轻松愉悦的谈话往往很难,因为彼此缺乏信任感,双方都会小心翼翼地面对,很拘谨的感觉。其实,还是有如下一些技巧,可以快速、轻松地突破难关的。

第一,以赞赏作为开场白。真诚地观察你感兴趣和想交往的人,给予友好的问候和称赞,同时抛出一个礼节性的问题,最好是和你的称赞有关:比如:"你的衣服好漂亮啊!在哪里做的?"或者"你的球打得真好,你在哪里学的?"几乎没有人能够拒绝这样友好的开场白。

第二,寻找打破僵局的媒介。注意那些手中拿着东西的人,可以是手机、电脑、包或者其他什么都可以,微笑着用眼神与对方交流,然后开始问一些关于这个东西的问题,例如,你可以问他是否喜欢用某一牌子的手机;可以问他对于某本书的看法。这些问题都表明你正在关注他,同时可以顺利打开僵局,开始交谈。

第三,根据当时情况发表评论或提出问题。例如,可以咨询信息,"打扰一下,请问你知道附近哪里有吃饭的好去处吗?"或者可以提供帮助,"请问您是在寻找什么人吗?我能够帮忙吗?"也可以是发表看法,不过这些看法一定要是正面的,不要负面的,抱怨或指责。

在打破了僵局之后,我们需要花点时间与陌生人开始交谈,双方到底谈些什么能够将交往愉快地延续下去呢?在我看来,与陌生人交谈,可选择的话题包括社会环境、家庭和子女、职业、消遣娱乐、理财、梦想或信仰共六类。

第一类:社会环境。

这通常包括气候、交通、医疗、消费等近期的社会热点事件,例如,城市建设、气候变化、环境监测、教育、医疗事故等。当今中国由于微博等新闻媒体日益流行,公共事件传播速度日益加快,越来越多的人关注和参与公共事件当中,只要你打开话匣子,很多人的看法就会倾泻而出。

不过,讨论此类话题要注意,不要让话题停留在负面情绪上,否则容易给对方留下对你的负面印象。例如,讨论教育,在感慨现在的山区小学生学习环境恶劣之后,把话题引导向民间慈善、免费午餐等积极主动的方面,话题结束时应该要把情绪停留在助人为乐、好人有好报等正面感受当中。

第二类:家庭和子女。

家庭往往是人心当中最为重视和柔软的部分。如果对方愿意聊一些家常的话题,可以谈论与父母、伴侣或子女相关的内容。假如恰好你与对方都有小孩,与对方谈谈小孩的成长趣事或者教育方法,你会发觉彼此之间很容易产生很多共同的话题和感悟。

不过,这一方法要慎用,因为现代社会愈发注重个人隐私,如果双方尚未熟悉,你贸然开口询问对方的家庭情况,容易引起对方的戒备心理,造成对方的反感。

第三类:职业。

如果是提及职业,可以问问对方职业的具体内容,最喜欢职业当中的什么部分。也可以问问对方的职业规划,发展方向,学习些什么等。如果对方是从事房地产行业的,当然可以询问对方对我国宏观房地产调控的看法或者房价是否下跌的微观判断;两个律师之间,可以讨论法律专业问题,迅速增加彼此认同度。

询问对方职业理想,是一个比较聪明的选择,因为大部分的人都喜欢有理想的工作和生活,并且渴望与别人分享并获得赞扬。

第四类:消遣娱乐。

消遣娱乐是一个较为广泛和轻松的话题,可以聊聊业余时间喜欢做什么,由此可以延伸到关于业余爱好、运动、读书、旅行和音乐等方面。娱乐话题是最容易吸引人的,例如,新的旅游景点、近期的音乐会和演唱会等,相对也比较安全。而且双方容易引起共鸣,由此容易给对方留下友好印象,为进一步交往打下基础。

对于目前大多数的中国人,聊读书逐渐变成了一个比较困难的话题,因为看书的人越来越少,聊旅行是最轻松和容易的,因为大多数人都有一定的旅行经历。

第五类:理财。

对方喜欢理财,则话题可以转向谈论楼市、股市;如果对方喜欢收藏,必然对 CCTV 的寻宝节目比较关心和熟悉。

第六类:梦想或信仰。

人们心目中的英雄往往不是别人,而是自己,只不过多数情况下,为了防止被别人嘲笑或鄙视,会小心翼翼地把这一想法隐藏起来。但是,人总是喜欢被理解或赞同。所以,如果你能够引导对方谈论自己的梦想、成功经验和感悟,你会发现对方通常都反应非常积极和正面。

不过,此类话题通常容易延伸到宗教和政治方面,虽然你由此可以快速了解对方的精神世界,但在中国这个政治管制还比较严格的国家里,谈话的场面容易变得敏感,也容易因为双方信仰不同而中断沟通。

在谈话过程中,要注意如下几点:

第一,小心避开雷区。

正如上所述,某些话题可能涉及对方不愿意提及的内容,需要小心翼翼地避开,例如,可能触及对方隐私或苦衷的,不方便透露的内容,包括对方的财务状况、收入水平、病因、感情状况、小孩成绩等;还有容易触及对方强硬立场的,例如,对政治的态度、信奉的宗教等;此外,那些把话题带向负面情绪方向的内容和主题,都是要特别留意避免的。

第二,掌握好谈话节奏。

一场令人感觉愉悦的谈话,要有快慢节奏和高低起伏,还要有适当的停顿和留白。想想看,如果有人滔滔不绝地与你谈话,即使内容很精彩,你也是否容易感觉疲倦?对方说话节奏太快,连续不停地说,是否容易让你感到太阳穴好像被子弹连续击中,非常难受?

第三,不时提问,让谈话充满吸引力。即使是向别人提出自己的主张,比直接表述更好的方法,当然就是提问。你可以先抛出一些现象和疑问,勾起对方的兴趣,主动向你发问"为什么",你再公布答案,就显得非常自然了,对方也更加容易接受。

此外,当对方讲述某个话题到一定阶段时,适时向对方发问,可以将话题深入下去或者转移到你感兴趣的方向上,而没有必要耐着性子听到太多你感到枯燥的内容。

谈话的技巧其实很多,但最重要、最根本的一点还是用心,用真诚去对待别人。所谓:君子坦荡荡,小人常戚戚!当你心底无私时,你才能真正尊重别人,愿意倾听别人,愿意站在对方的立场考虑问题,也才能进一步理解别人,帮助别人。

• 公开演讲

被誉为“美国历史上最有魅力的总统”奥巴马,在2009年3月24日的记者招待会回答记者问题时,有记者质疑奥巴马,为什么不让公众牺牲一些利益来促进经济复苏?

他回应到:“对于美国民众来说,我想他们已经牺牲很多了。你会碰到很多父母,他们节衣缩食来保证孩子能够继续读大学;你会碰到很多工人,他们宁可少干一天工,少领一天工资,也要确保他们的同事不会面临解雇的难题。我想在所有的企业中,董事们都在做着或大或小的调整,以适应我们目前已经处在困境中的事实……”

这段对话传回国内,赢得了多数美国人的强烈好感和支持。所以有媒体评价,美国这代人选出了一位最厉害的政治演说家。因为在当选这个世界上最有权势的总统之前,奥巴马甚至没有从政的经历,他只是个在单亲家庭长大、来自夏威夷的黑小子。他成功的因素很多,但是有一点不可否认,就是他高超的演讲力和感染力。

作为一个国家元首,奥巴马并没有抽象地对民众讲大道理,而是把枯燥的政治加入温暖的人性关怀,把身段放低,站在一个普通百姓的角度,用平实的话语和具体的事例,传递抽象的政治理念,所以极具说服力和感染力。

但是我们可以看到,很多的法律人虽然可能精于法庭辩论,却不擅长甚至不习惯于公开演讲,即使偶尔讲讲,也只是干巴巴地讲解几个法条或者抽象的法律原理,不懂得法律的生命在于实践,在于在万千普通民众心中,树立对法律的信任和敬仰。

演讲是律师争取社会公众认同,建立自己公众形象的重要途径。早在150年前,美国总统林肯在一篇题为《做一个诚实的律师》的演讲词中就已经提出,“演讲是一个律师联系公众的广阔途径,必须加以培养和锻炼。无论一个律师在其他方面怎样可靠、能干,如果他不善演说,人们不会轻易将事务委托给他”。①

是的,现在的律师,不应该只是长期坐在空调办公室内的熟手工匠,也不应该只懂枯燥地解释法条,摆弄专业知识;更重要的,是走到广大社会民众当中,运用语言的力量,唤醒他们的法律意识,从而推动法治社会的日益进步。

上海建纬律师事务所主任朱树英律师总结自己多年的成功经验,也主张“演讲,是律师最好的,最经济、最安全的开拓业务的方式”。②

归结起来,一场成功的演讲,应当注意如下几个方面:

第一,内容为王

你讲什么是谁决定的?你吗?当然不是,除非你不想通过演讲影响听众,否则决定内容的是听众,而不是你。

中国政法大学终身名誉校长、著名法学家江平认为:“作学术演讲好比设计师设计。内容新颖不新颖全在你设计得如何。演员唱戏唱的是台词永远相同的戏,而设计师绝不应当去设计一个形式与内容完全相同的建筑。一场学术报告,哪怕主题相同,但因为听众对象的不同,它的设计方案、内容剪裁、例子选择、语言深度都会不同。给研究生所做的演讲就和给党政领导干部讲的有很大不同”。③

我对此也深表赞同。在我过去数年的演讲当中,听众有很多种,大学生、普通百姓、中小企业主、企业高管乃至央企老总,虽然都是讲法律,但是应该讲什么,从什么角度切入,就大有讲究了。

例如,面对普通百姓,应该从他们身边司空见惯、喜闻乐见的事件开讲,例如,夫妻感情、家庭纠纷等,从一沙一花当中看世界,以小见大;如果是中小企业主,可以从蚂蚁与大象和平共处的故事延伸开来,转换到如何充分运用法律,在商业谈判当中取得胜利等话题;遇到企业管理高层,可以从国际视野或者跨国公司经营之道开始切入,以典型案例讲解法律原理。

不要因为担心不够充实,而企图将尽量多的观点或内容塞到讲稿当中。

① 林肯:“做一个诚实的律师”,载百度文库,http://wenku.baidu.com/view/c74ea505eff9aef8941e0679.html。

② 朱树英:“房地产律师的演讲与写作技能”,载百度文库,http://wenku.baidu.com/view/075ca216866fb84ae45c8d2f.html。

③ 江平:《江平讲演文选》,载麦豆网,http://www.mdooo.com/book/9145.html。

因为每个人的精力是有限的,信息量太大会让听众感到厌倦。

据统计,在一场2个多小时的演讲当中,听众能够记住而且留下深刻印象的,其实只有3~5件事情。

所以,每场演讲当中说理的时间不必太多。更多的时候,你应该不断变换各种技巧和方法,向听众讲故事、通过互相提问和讨论等活泼的方式,不断地强化听众对你的演讲主题、观点的认同感。如果你能够充分地做到这几点,你的演讲肯定能够成功。

第二,注重修辞

法律人的演讲,往往过于强调法律的严谨,而失于生动。如果说演讲内容为王的话,适当、精美的修辞,则是国王身上那套雍容华丽的礼服,能够得体地衬托出国王那种威严和高贵的形象。

最常用的修辞方法之一是排比。它不仅能产生语言形式上的匀称和声音韵律上的往复美,而且能给听众以深刻的印象。排比句式表现力极强,能够很好地表理雄壮的气势,充沛的情感,而且极易感染人、打动人,赢得听众的共鸣和支持。

20世纪60年代,美国著名黑人律师、黑人民权运动领袖、诺贝尔和平奖得主,有着“黑人之音”美誉的演说家马丁·路德·金,他发表了那篇著名演讲《我有一个梦想》,激励了千千万万的美国人,也给全世界留下了一篇不朽名篇。

在这篇演讲当中,他大量使用了排比方法,通过反复强调“我梦想有一天”的相关内容,点燃万千听众心中的远大梦想:

我仍然有一个梦想。这个梦想是深深扎根于美国的梦之中的。

我梦想有一天,这个国家会站立起来,真正实现信条的真谛,人人生而平等。

我梦想有一天,在佐治亚州的红山上,昔日奴隶的儿子将能够和昔日奴隶主的儿子坐在一起,共叙兄弟情谊。

我梦想有一天,甚至连密西西比州这个正义匿迹、压迫成风的沙漠般的地方,也将变成为自由和正义的绿洲。

我梦想有一天,我的四个孩子将在一个不是以他们的肤色,而是以他们的品格优劣来评价他们的国度里生活。

我梦想有一天,亚拉巴马州能够有所改变,有朝一日,那里的黑人男孩和女孩能与白人男孩和女孩情同骨肉,携手并行。

我梦想有一天,幽谷上升,高山下降,坎坷曲折之路成坦途,圣光披露,普照人间。

这就是我们的希望。

另外一种常用方法是类比。类比是把事物比做另一个与之相似、大多数人熟知的事物。由于人们都习惯于从各自的经验中寻找相对应的具体形象,类比能够更好地调动起人们的视觉、听觉、味觉或触觉等感受,更容易引起听众的共鸣。

例如,在 G20 峰会的记者招待会上,一位记者问奥巴马:“您能够非常自信地说今天召开的 G20 峰会可以帮助世界阻止经济的大萧条或者延缓它吗?”面对此类枯燥的政治话题,他很巧妙地运用日常小例子回应,他说道:“所以我想用一个在这次会议上使用了很多次的类比来说明问题,这个类比我曾经用过。你是一个病人,我相信我们能够开出正确的药;我也相信这位病人的病情能够稳定下来。这位病人仍然有一些需要治愈的伤口,仍然有可能发生紧急病症。但是,我相信你能够得到很好的医疗照顾。”

如此具体和生动的类比,获得了很好的现场反响。

第三,渲染气氛

好的讲者不仅是向听众传授知识,更重要的是激发听众情绪,拨动听众心弦,赢得听众好感,使得听众对你的演讲产生高度认同感。

想打动听众,首先要打动自己。江平先生认为:“做学术演讲好比演员唱戏。观众买账不买账,全在你唱得如何,再有名气的演员唱砸的也有。我深深地感到:一场演讲需要你全神贯注地投入,是台上与台下的交融。演讲者像一个好的演员那样,将听众带入到你所引领的新的空间中去,要让他们能够真正聚精会神地想听你下一句将会说什么。让他们感到你不是在演讲,而是在和他们交谈。” ①

所以,讲者要善于渲染现场气氛,制造效果。要达到这一目标,要注意这几点:首先,脱稿演讲是最基本的要求,因为如果照稿念,必然是照本宣

① 江平:《江平讲演文选》,载麦豆网,http://www.mdooo.com/book/9145.html。

科，顾此失彼，根本谈不上用现场气氛调动和调节了。其次是注意掌握好整个演讲的语音、语调和节奏，做到跌宕多姿，抑扬顿挫。正如前面所述，人与人之间的成功沟通，40%的因素来自于你的声音。

还有就是在讲稿的设计上，适当地预设或埋伏一连串能够触发听众的想象、情感、意志、经验等的兴奋点，使演讲显得张弛有度、跌宕起伏，激发现场听众更多交流。

第四，开头、中间和结尾

在演讲开始的部分，听众通常都会带有陌生、质疑或挑战的情绪，如何消融这些情绪，将听众迅速带入你演讲所需要的情景当中，是演讲者的第一大挑战。

讲者必须用最简洁的语言、最短的时间，把听众的注意力和兴奋点吸引过来。通常而言，一个富有吸引力的开头可以由如下部分组成：

——我是谁？演讲者的资格深浅往往决定了演讲的分量；

——为什么听我讲？听众兴趣有多高，演讲的收效就有多高；

——演讲的主题是什么？主题决定了整个讲稿内容的框架；

——准备说什么实例？实例的经典程度往往决定了演讲的说服力；

——如何把感悟化为行动？感悟化为行动有多少，你的演说价值就有多少。

在演讲的中间部分，应该是展示你的知识体系、论证过程，这里需要大量的事实材料、案例和精辟的归纳总结。

在演讲这些内容时，要注意使用悬念式叙述，引发听众思考非常重要。不要在 PPT 上将你的演讲内容先行公布答案，这会使得你的演讲魅力骤减。

当然，所有的这些，都离不开真挚而热烈的激情，配合以亲切自然的动作，这样才能够使得整个演讲扣人心弦，印象深刻。

在结尾的时候，听众的情绪和大脑皮层通常处于最高潮的阶段，如果讲者能够运用一连串简洁有力的句子，或者是听众熟知的经典诗文名言收尾，而且当中包括有号召性、鼓动性的话语，不仅能够使听众精神振奋，而且促使其持续思考和回味，可以起到余音绕梁之效。

当然，参加甚至组织一场成功的演讲，需要的因素和技巧还有很多，例如，如何造势、造场、控场等，其实都很重要。这里因为篇幅所限，没有办法一一展开,留待以后再叙述了。

• 参与谈判

在过去十年当中,世界经济随着信息革命迅猛发展,法律服务也随之变得多样化和复杂起来。尤其是在商业交往当中,律师作为客户的代言人,能否运用高超的专业知识和技能,为客户全力争取商业利益,是考验一个律师是否具备职场能力的重要标志。

不过,即使在国外,法学院开始将商业谈判、法律分析和问题解决等执业技能课程引入课堂,也只是最近20年的事情。所以,如何有效进行商业谈判,无论对于外国抑或中国律师业,都是新鲜事物。

普通人通常认为,作为专业人士的律师,理应在谈判当中占有优势。但事实上,谈判技巧并非律师天生的本领,更多时候需要经过专门训练才能提高。因为参与谈判的各方,往往都非常熟悉相关的法律条文和术语,所以解决问题的关键,不在于你的专业知识有多少,而在于你的智慧有多少,例如,你的博弈力、推理力乃至韧力。

谁坚持到最后,谁想方设法促使对方作出最大限度的让步,谁就能笑到最后。

通常而言,成功参与或组织一场商业谈判,需要注意如下几点:

第一,谈判开始前的准备工作。

律师作为客户的参谋长,谈判前必须进行的工作之一就是详尽地掌握对方的情况。所谓知己知彼,百战不殆。

律师应该在事前就对可能涉及的所有问题,加以识别、分类,草拟出初步的谈判要点和交易条款。以便在谈判当中快速引用和思考,既可避免浪费时间,也更容易掌握主动。此外,对各方当事人显示的或潜在的优势作一初步评估结论,据此为谈判开局设置一条战略性的路径,确保开局顺利。

第二,在谈判过程中,要努力创造和维护轻松和谐的交流气氛。

商业谈判的目的,是双方都想通过沟通交流,在自己争取最佳条件的同时,达成交易。因此,谈判双方是一种统一与对立的关系,一个宽松祥和,轻松愉快的谈判气氛,能够有助于这个最终目标的成功。

高明的谈判者,往往都是一开始不会直奔正题,而是以某一角度巧妙切入，进行必要的“暖场”。所谓“功夫在诗外”，天文地理、轶闻趣事、个人嗜好还有轻松笑料等等，都可以成为切入的角度，帮助营造一种轻松和谐的谈判气氛，拉近双方距离。

有时，还可以采取一些互惠行为。例如，主动提供更多的信息和便利给对方，或者放弃某些局部利益，向对方传达愿意达成合作的积极态度。

第三，在谈判过程中，比表达更重要的是倾听、分析和判断。

学会认真倾听，并据此详加分析和判断，细心找出对方的软肋或破绽，从而作出准确判断和应对策略，这些都是谈判成功的关键。

高明的谈判者，往往说的不多，而是尽力启发对方多说，详细说，尽量引导对方，把他要说、想说甚至怕说的话，都在不经意之间表露出来。在倾听了对方的意见后，从对方说话的神情、讲话的速度、声音的高低，说话的思维逻辑等方面，判断出对方是一个什么类型的谈判者，真实意图是什么，当中有无水分等。

然后，根据自己方面的原则立场，思考制定出应对谋略，并随着对方策略的转换而转换，或者是设法把对方思路引向自己的思路中来。在谈笑风生之中，掌握谈判的主动权。

第四，在谈判过程当中，要随时注意谈判团队成员之间的互相配合。

商业谈判其实就像乒乓球比赛一样，不仅有单打，双打，混合双打，更多时候是团体赛。除了个人技术水平的尽情发挥外，更重要的是注意团队成员之间的配合。

在谈判开始前，要提醒客户，在谈判团队当中确立一个核心，所有的团队成员都要服从这个核心的决策和指挥，就像一台大戏当中，既要有唱红脸的，也要有唱黑脸的一般，各自演好自己的角色。

在谈判当中，由于礼节、原则等方面的原因，核心人物不便说的话，不便做的事，配角就必须主动说，主动做。此外，一旦核心出现什么语误或漏洞，配角就应该主动捧场、补台，为核心打圆场。

只有各种角色的默契配合，才能使得谈判团队步调一致，天衣无缝，获得最圆满的谈判结果。

第五，表达注意缜密性。

说话时，要注意放慢节奏，仔细斟酌每一句话。对说出的关键词、关键数字和关键性问题要牢记不忘。在讨论其他问题甚至闲聊时，也要避免说出和这些关键问题相矛盾的语言,否则将会引起对方的猜疑而导致被动。

同时,尽量不要按照对方的思路走,例如,不要被动地按照对方提问的若干个问题逐一回答,最好是尽快打散对方的思维体系,千方百计将讨论的话题引入到你构建的体系中来。

第六,注意轻重转换。

在讨论重大问题、难点问题或双方分歧较大的问题时,可以用轻松、幽默的语言,主动化解紧张气氛或僵局,将重要之事轻松化解,降低谈判难度。在讨论双方分歧不大,甚至一些无关紧要的小事,你倒可以尝试使用非常严肃认真的态度展开讨论,令对方难以判断你的真实意图,从而掌握谈判的主动权。

当然,此处只是简要地总结了商业谈判当中常用的若干技巧,更多的依赖于各位读者在实践当中不断自我总结。从来没有所谓的绝招或者最好的答案,适合自己的,就是最好的。

Chapter 5 写作篇

只有成为法律的奴隶，
才能创造出自由的新天地。

集世俗和理想为一体的法律文书，文书风格表现各异，或保守，或创新；或精确，或模糊；或简洁，或啰嗦，非常独特。但是，它们又有着相同的终极目标，就是平衡社会利益，消除各方矛盾。

因此，法律文书的写作风格比较特别，更像是理想和现实主义的混合体。本章据此总结出相应的原则、法则和技法，以及行文、遣词造句等实用技能,可以帮助读者快速提升实务写作水平,期望达致“笔力劲骏,心手相应”的境界。

一、法则

法则即智慧,它是前人无数历练之后的思维结晶。在玄幻小说中,但凡掌握了法则之人,不再是人,而变成了“人神”。

法律实务写作当中也有若干法则,掌握了法则之人,不再是人,而是成为了法律职业人。

● 黄金—同一法则

黄金之所以珍贵,在于流传百年,依然可以融掉重铸,“不增不减,就在那里”。在法律文书当中,有没有像黄金般恒定的法则呢?答案就是“黄金—同一法则”。

法律讲求严谨和周密,所以法律文书写作的第一要领,就是必须“同一”——定义同一、词句同一、表述方式同一、结构同一、方法同一、角度同一、前后同一等,这无异于强调法律人应该保持“从一而终”的风格,也是很好的锻炼人品素质的方法啊!

这个法则的要点如下:

1. 定义同一

在写作当中,对同样的短语或文字内容,只要第二次相遇,你就应该回头,到文书开头,在你与它初次相遇的地方,给它一个明确的名分——定义。这样做的好处不仅能够缩短文书篇幅,而且可以明确区分描述对象,不容易混淆。

例如,在一份《租赁合同》当中,初稿当中对于租赁物的描述,分别出现在如下的三个条款当中:

前言:就本协议所称*××市××广场一间店铺*转让事宜……

标的条款:甲方同意将*××广场出租商铺*转让给乙方

承诺和保证条款:甲方保证本合同项下的*××广场商铺一间*属于甲方所有,没有任何法律或事实上的争议。

很明显，几个条款对于同一个租赁物，分别有三种不同的描述方法，容易造成误读。如果文书篇幅不幸较长，错漏或前后矛盾就在所难免了。

改进的方法很简单，就是严格地执行“黄金一同一法则”，对于同一事物，在文书开头就明确下一定义：

前言：就本协议所称××市××广场××号店铺（以下统称“租赁房产”）转让事宜……

2. 句式同一

法律文书不刻意追求语言表达形式的精美结构，在语义精准与阅读美感两者之间，法律文书倾情于前者。所以，有时候为了突出文章内容的层次感和顺序感，会有意使用相同的句式，来依次表达内容，这就是句式同一。这样做的好处，可以使得读者排除表达形式的干扰，将全部注意力聚焦到内容上。

例如，在一份《软件开发合同》初稿当中，关于“开发方保证”条款有如下描述：

开发方保证：

1. *保证运行数据*正确、稳定；
2. *保证软件系统*能以设定的公式反映单笔、多笔及全部贷款本息合计结果；
3. *开发的软件*接口能符合日后升级要求；
4. *保证该软件*根据甲方的指示停止任何一笔贷款的利息计算。

初稿最明显的问题，就是句式不统一，四个条款有四种不同的表达方式，句子元素和句式也不同一，读者的思路和角度被迫不停地转换，不利于快速理解。修改的方法就是统一句式，根据强调重点，以“可以随时”句式开头，以强调功能的稳定性和必要性。修改结果如下：

开发方保证，软件能够在委托方使用该软件期间不间断地实现如下功能：

1. 可以随时保持稳定和准确的运行状态；
2. 可以随时计算或停止计算某个或多个贷款项目的本金或本息结果；
3. 可以随时增加、删除和修改计算公式本身和各个相关参数；
4. 可以定期修改和升级软件功能。

3. 形意同一

由于中文和外文的语法差异很大，将英文翻译成中文时，我们不仅需要准确理解英文句子的本意，还需要考虑如何将之改造成中文句式，对应中文语法，做到形意同一。

在实务当中，有不少律师将英文文书内容按原文直译，照搬英文句式，使文书看起来稀奇古怪，像得了肠梗阻，让人难以接受。

例如，我曾经与中国某著名律师事务所谈判过某个商业并购项目，对方一位合伙人律师给我们提供了一份《股权转让合同》讨论稿，用语晦涩难懂，以其中关于一方保证义务条款为例：

一方签署本协议并履行其在本协议项下的义务没有并且不会导致其对其章程性文件的任何条款的违反。

我一看，理解这个条款使用的是“导致……其对……的违反”英文句式，作者将英文原封不动照译过来，虽然意思没错，但它用英文句式来表达中文，无端将谓语后置，不符合中文语法规范，严格来说是错误的。

按照同一法则，这个句子可改写如下：

一方签署并履行本协议，不会违反其自身章程性文件的任何条款。

关于“黄金—同一法则”的更多应用实例，可以参见本书下册介绍的“财产租赁案之简单任务”、“债务重组案之大浪淘沙”等案例。

- **解构—重构法则**

在现实生活当中，各种社会现象表面上看来都很复杂，甚至繁复，但只要用心分辨，一切尽归简单。

正如张五常在《学术的老人与海》当中所言，无论多么复杂的理论，“归根究底，来来去去都是两招基本原理，活学活用，千变万化，可以推出数之不尽的理论来”。①

人类辨识世界的利器之一，就是结构。因为人类向内了解事物本原，向外传递信息，都依赖于一定的结构进行，所以结构在人类认知史上的重要性无与伦比。

以大脑接收信息为例，在别人与你对话时，你的大脑其实并非百分之百在理解对方的语言，而是分出了很大一部分精力对接收到的信息进行解构和重构。其中一部分精力，用于识别词语含义，与你脑中已有的词语体系挂上钩；另一部分则分析词语间的逻辑关系，并按照分析结论，将接收到的信息填入你自己重建的结构体系当中。

也就是说，如果你能够用接收者熟悉的词语说话，表达结构也是对方喜欢的，对方不需要费劲地进行解构和重构，自然就能够集中更多精力，集中理解你的话语。

如果对方在倾听的同时，还需要不断地将你发送的“云信息”打散，重新建构，多头兼顾，他的大脑就会逐步出现厌烦、困惑或者怠工的状况。这时，他的潜意识就会跳出来说：你说的东西好复杂，好难懂啊！

下面就是一个律师与客户面对面交流的实例。

坐在我对面的是一个喋喋不休的客户，他正在对我述说一件烦恼的事情：

客户：我和李某是朋友，前几天我们一起喝茶，就在广州越秀区。他说他现在广州有一间商铺想卖。我咨询过其他律师，他们说要签合同。我回来问我朋友借了30万元，打算付首期，还写了欠条。这个商铺我自己去看过，地头还不错，目前租给了一个河南人卖服装，生意很好。我和老板聊了一下，大家挺开心的，他还说愿意让我入股他的店。

我现在总共筹到现金人民币100万元，刚好够钱。不过李某是香港人，现在加拿大居住，他说让我先签了合同寄给他，他在加拿大签好了特快专递

① 张五常：《学术上的老人与海》，社会科学文献出版社2001年版，第27页。

寄回来。我打算先付一半钱,等房屋过户到我名下之后再付清。

很明显,客户的陈述是杂乱无章的,当中穿插了各种虚虚实实、有用无用的事实、证据和线索,我们可以启用“解构—重构”法则,按照一定的结构将其重新分解和组合。对于法律人而言,最常用的结构,就是法律关系——主体、客体和内容。

首先是解构,我们尝试将信息梳理分解出与法律关系有关的内容:

律师:请简要说明一下你的目的是什么?

客户:我希望买到这个商铺,但又怕有问题,所以希望咨询一下。

律师:我确认一下,你的要求是:你希望能够以自己的名义购买该商铺,并希望了解购买过程可能会发生什么法律问题和防范什么风险?

客户:是的。

其次是重构,将信息重构成主体—客体—内容三合一的表达体系:

律师:我们来分析一下这个案件。

(第一步:重构主体)

首先,你是国内人,对方是香港人,你们的交易属于涉外房产买卖。

(由主体带来的风险点1)

为了交易方便起见,对方需要在香港或加拿大办理委托手续的公证书。否则他本人需要亲自回国签署合同和办理过户手续,这会增加你们双方的交易成本。

(第二步:重构客体)

(由客体带来的风险点2)

其次,房产有产权证,但是否有抵押,目前尚不清楚,需要去房管局查证;

(由客体带来的风险点3)

还有,商铺现在出租当中,按照法律规定,租户在同等条件下有优先购买权,所以需要事先征询租户意见,在其放弃优先购买权情况下才能安全购买该商铺;

（由客体带来的风险点4）

另外，该商铺是否有拖欠物业管理费等情况均不清楚，需要查证。

（第三步：重构内容）

依据我们的专业经验，要做到有效控制风险，需要注意这样几点：

首先，要求对方保证商铺产权的完整和没有瑕疵；

其次，在合同当中规定在对方办理过户完毕后我方才付清房款；

最后，如果多少天内对方不能办理过户的，我方有权取消交易。

很明显，按照法律关系这一结构，将信息解构，然后重构，客户目标和律师行动等一目了然，非常清晰透彻，这就是解构—重构法则的力量。

更多应用实例可以参见本书下册的"债务重组案之大浪淘沙"。

- **繁复—简洁法则**

在金庸的《射雕英雄传》当中，有这样一个故事：

当年成吉思汗出征西域，金国实力强大，主动下书约战。虽然实力悬殊，但成吉思汗依然"豪不胆怯，毅然应战"。

不想书记官自叹为是，罗罗嗦嗦地写了一大通，结果被成吉思汗踢了个跟斗，骂道："你跟谁写信？跟这狗王用得着这么啰嗦？"

成吉思汗看着帐外精骑出了一会儿神，低沉着声音道："只要六个字：你要战，便作战！"诸将得悉，都觉意气奋扬，士气为之一振。

数日后，成吉思汗意欲邀请邱处机等名士，前来商谈治国良策。书记官这次学了乖，仿照成吉思汗先前的语气，写成："朕有事，便即来！"结果又挨了一顿鞭子。成吉思汗骂道："我跟狗王这生说，对有道之士也是这生说吗？要写长的，写得谦恭有礼。"

于是，书记官洋洋洒洒，写就长长一篇，最后一段如此写道："谨邀先生暂屈仙步，不以沙漠悠远为念，或以忧民当世之务，或以恤朕保身之术。朕亲侍仙座，钦惟先生将咳垂之余，但授一言，斯可矣"。

法律文书需要严密，所以有时候表现出繁复的气象，但并不等同于啰嗦。在律师界有这样一种庸俗化的观点，就是为了表示法律意见的严谨和详尽，可以将所有援引的法律法规如《民法通则》、《合同法》、《公司法》等，连全称、颁布部门等信息统统写下来，文书显得繁复无比，自然就有理由多收律师费。其实，如此说法实在不值一驳。要知道，客户关心的不是你的意见书有多厚，而是你的分析和结论是否精辟和富有实效。不过，因为该等观点在律师界流传甚广，因此在这里有必要详解一番。

不是说不能繁复，而是不等于简单重复，正确的写法，应该是从不同角度、不同方式和不同途径展开，使得整个文书呈现出重檐叠瓦，门户森严的气象。

用一句通俗的话来形容，就是“正说、反说、侧说、反复说、一起说”，见下例：

我有个客户，某次要求我们对于合同原文当中“乙方不得向甲方索赔”的这一句话进行细化，加强保护。考虑到我们的客户处于绝对优势地位，因此我们采取了非常苛刻的写法，具体如下：

——正说

即明确禁止对方的公司、个人、关联公司、权利义务继承主体，向我方提出索赔；禁止对方通过仲裁、诉讼的方式索赔；禁止索赔的范围包括过去的、现在的、将来的，表面的、潜在的、直接的、间接的所有损失。

——反说

即告知对方，如果违约提出索赔，对方需要赔偿我方因此受到的一切损失以及因此支付的一切费用，计算范围就是上面的那一大串。即使生效司法文书裁决对方拥有这个权利，对方也无条件声明予以放弃。

——侧说

即要求对方在多个条款当中作出声明和承诺，保证自己承担上述义务。

——反复说

即在本案的合同、声明函、备忘录和关联文件当中，要求对方反复做出声明和保证。

——一起说

即要求与对方、对方的股东、对方的法定代表人、对方的委托代理人以及对方的担保人等相关的法律主体，一起共同陈述并承担连带责任。

文书何时该当繁复，何时必须简洁，视乎目标和场合不同，灵活而定。

例如，同为违约责任条款，为什么有时候写十页八页都嫌少，有时候则一句话都嫌多？如上例，因为客户强调全过程、全方位防范风险，又处于优势地位，我们写作风格自然可以繁复；

如果是客户与他的上下级公司进行关联交易，合同仅为证明双方交易关系存在，完善财务资料之用，违约条款自然应该无比简洁，“违约责任依法而定”8个字即可，再多一个字都属多余。

繁复或简洁，都会存在歧义，不过繁复所导致的问题往往更多，英国哲学家托马斯·霍布斯就说过，“书面的法律如果太短促，会因为歧义或词语太简短而模糊，但是如果太冗长，那么出于同样的原因，反而更加模糊”。[①] 因为文字越多，信息量越大，从而造成理解越加困难。

所以，简洁的表达往往比繁复更有力量，正如苹果公司前CEO乔布斯所说，“简单比复杂更难：你必须费尽心思，让你的思想更单纯，让你的产品更简单。但是这么做最后很有价值，因为你一旦实现了目标，就可以撼动大山”。[②]

以我长期从事非诉法律事务的经验为例，我们的大部分时间不是花在如何将文件写得更长，而是千方百计地在不失本意的前提下，将文件写得尽量简短些。

与本法则相关的案例和文书范本，读者可以参见本书下册的“债权转让案之冰棒效应”。

- **精准—概括法则**

我曾经接过这样一个案件，我们的委托人是某个生产企业，由于长期亏损，希望尽快将企业资产全部转让给买方，自己抽身而退，买方为了避免承担潜在的负债，提出了非常苛刻的保证义务条款，具体内容如下：

出售方承诺，其已经及时、全面和充分地向购买方披露标的资产截至出

① Peter de Cruz: “Comparative Law in a Changing World” (Second edition), Cavendish Publishing Limited (1999), p. 265.

② “乔布斯语录：生命随时可能结束　无谓患得患失”，载网易探索频道 http://news.163.com/11/1006/12/7FMCQ0UC0001121M.html。

让日所存在的表面或潜在的部分或全部的瑕疵和风险。

这个条款所要求的保证范围很宽泛,责任边界过于模糊,何谓“表面或潜在”?何谓“部分或全部”?这些苛刻的要求有如埋下的一个个“定时炸弹”,不知将来何时会爆炸。

但是,考虑到我们的客户在本次收购当中处于劣势,对方势必不允许你大幅修改合同,但我们又必须为客户适当控制合同风险,怎么办?

我们采用了精准—概括法则,不去改动原文,仅仅在后面加上一个“尾巴”:

出售方承诺,其已经及时、全面和充分地向购买方披露标的资产截至出让日所存在的表面或潜在的部分或全部的瑕疵和风险,*但出售方不能预见、不能避免、不能克服或并无主观过错的除外。*

前述写法源自中国法律的“不可抗力原则”和“过错原则”,由于依法有据,优势方最后同意了。

翻开每一本法律文书写作指导书籍,几乎都会告诉你:法律文书需要的是精准再精准,细致再细致。确实如此,因为法律唯有精准,才能区分清楚权利义务的界限。

如果说最典型的一个例子,莫过于国际贸易当中信用证审查的“镜像标准”。这是英美法院援用的主要审单标准之一,即要求信用证项下的单据要与信用证条款的描述像镜像一样,完全一致、不差分毫。任何偏差,哪怕是很细微的,都将导致信用证失效。

不过,不是涉及法律的地方都必须精确,否则就容易导致产生负面影响。仍以上述“镜像标准”为例,在过去数十年的司法实践当中,人们发现,由于标准过于精确,导致买方(开证申请人)能够轻易找到拒付货款的借口,间接造成不必要的纠纷大量增加。

有学者调查后发现,在各国的信用证交易当中,第一次提示的单据中90%都存在不符点。研究数据还表明,在英国,初次提交的单据与信用证规定不符合率达到49%至51.4%。①

其实,不仅适用法律不能太精准,有时候连解释法律也不应该太精确。因为立法者在制定法律时,所采用的词语都有与立法当时的社会经济和人文环境紧密相连。但是,随着时光的流逝,社会已经发生了深刻变化,虽然用语还可以维持不变,但其内在含义必然已经深化和丰富了许多。回想一下美国百年以来,关于宪法修正案的多个解释,能够很好地印证我的说法。

社会在变,法律也必须随之而变,如果仅仅为了追求恒定的后果,过度要求精确,就会难免走向刻板和僵化,结果造成社会停滞不前。正确的方式,应该是善用"精准—概括法则",找到矛盾的相对平衡点,赋予社会活动更大、更舒展的活动空间。

其实,用语概括并不等于模糊,也丝毫不损法治威严。在美国,其宪法及其系列修正案是模糊立法的典范,当中大量使用了诸如"平等保护"、"正当程序"、"公民自由"、"言论自由"等概括性表达,虽然造成其后的修正案解释不断,却一直维护着美国宪政统一的局面,上百年从未动摇。

归结起来,"精准—概括法则"说的是描述事物的不同方法,描述具体某一点特征时,必须写得精准、深入,但在分类、定性某类事物时,就应该改用概括性写法,大而化之,兼容并储。

如果你的写作,能够在两者之间穿梭自如,那就相当出色了。

• 保守—创新法则

1993年,一些国际律师行凭借其丰富的专业经验和敏锐的市场嗅觉,大力推动内地公司在境外上市融资。数家国企试水后,市场反应奇佳。于是在1997年香港回归的前夕,红筹股被爆炒到4000点以上,出现国内企业一窝蜂到境外发行红筹股的现象。

上述现象自然引发了我国对于境内资产非法转移和国有资产流失的担忧。1997年6月,国务院颁布了《国务院关于进一步加强在境外发行股票

---

① 引自徐冬根:"银行信用证审单标准的法哲学思考:精确性、模糊性还是原则性",载现代法学网 http://www.cnki.com.cn/ErrServerBusy.htm? aspxerrorpath =/Article/CJFDTotal - XDFX200405017.htm。

和上市管理的通知》,即俗称的“红筹指引”,规定了我国企业在境外上市都必须经国务院批准,堵死了绝大多数企业境外红筹上市之路。

投资银行和律师们很聪明,不久就想出了应对招数,发明了“造壳”方式。首先以上市企业老板的个人名义,在英属维尔京群岛等避税天堂设立壳公司,再将境内股权或资产注入壳公司,然后将壳公司在海外上市,蒙牛、盛大、百度等百余家中国私营企业,由此都一帆风顺地闯过了“红筹指引”,成功登陆国际资本市场。

眼看后门洞开,我国监管部门当然不会坐视不理,2005 年,国家外管局发布俗称“11 号文”的杀手锏——《关于完善外资并购外汇管理有关问题的通知》,几乎完全堵死了中国企业海外上市的所有通道,资本市场一时哀鸿遍野。整整 9 个月,企业海外上市之路几乎完全瘫痪。

上市律师当然不会就此坐以待毙,他们联合投资银行、创投基金、民营企业等,马不停蹄地奔走于中国政府各部委之间,建议、联名信递交了一份又一份。终于,争取到了外管局颁布了 75 号文取代了 11 号文,适当地放宽了海外上市条件,将上市大门打开了一条缝。同时,上市律师们随机而变,在原有的“造壳”基础上推出了“VIE 架构”。

它与以往模式的主要区别在于,目标公司不需要再将境内资产实质注入壳公司,而是通过关联合同(例如代持、期权、管理协议等)形式,以壳公司或者壳公司老板,控制中国境内的资产权益和目标公司,以此规避政府的严格审批条件。

当然,为了令此模式符合美国法律,上市律师们还积极游说美国政府,最终获得美国政府为此创设了“VIE 会计准则”。近年来,“VIE 架构”已经成为中国企业海外上市的主流模式。

就在本书即将完稿之际,关于 VIE 模式可能被取缔的消息再次传出,旋即在 PE/VC 机构业内引起轩然大波。虽然此后有权威部门表示:“取缔 VIE 纯属误传”,但是,毫无疑问,处于风口浪尖的 VIE 仍在迷局之中,不知何去何从。

不过,有一事可以确定,就是此类“芝麻开门”的游戏,仍将不断地推出一季又一季的新剧情,敬请读者持续关注。①

在这场首播自1993年,众多律师、投资银行与我国外汇监管部门参演的博弈游戏连续剧,至今依然长盛不衰,生动地为我们展示了法律写作的另外一个法则——“保守—创新法则”。

在普通人的眼中,律师都是思维严密、言辞谨慎的,是的,因为法律职业固有特点就是保守。律师每天需要面对、分析和解决的,全与风险相伴,叫他如何不时时如履薄冰、小心应对?但是,这样的场景也并非是一成不变的,一旦身处前述类似的场景,律师思维当中又似乎存在着创新和冒险的一面。

其实,无论保守或创新,它们的原点都是相同的,就是依据法律行事。所有的思维模式和判断标准,都应该以法律为原点;所有的行为和结果,都应该落在法律的地盘之内,我们应该做的,是保守地寻找出路,而不是轻易突破法律的边界,胡乱创新。

例如,现在沿海发达地区的金融机构、担保公司、小额贷款、典当行等民间小额借贷机构,它们经常遇到的一个很头疼的问题,就是最高院司法解释规定,贷款利率不得高于银行同期利率的四倍,否则不仅利息不受保护,还可能涉嫌犯罪。

作为一位律师,保守的做法当然直接告诉客户存在的风险——四倍以上被法律所禁止,还可能涉及犯罪。如此行事当然没有错,不过美中不足,因为你在帮助客户消灭风险的同时,也把客户的盈利机会消灭掉了。

更好的思维应该是创新,在法律范围内帮助客户寻找出路。例如,解决方法之一,就是把借贷合同分拆成借贷合同和股权转让合同,四倍以内部分依照借款关系处理,四倍利率以上的收益部分,可以转换成投资年金、期股甚至奖励金的形式,与对方另行签订股权转让合同。

这样一来,贷款方就可以通过股权分红形式,合法地分享收益,最为重要的是这种做法是完全合法的。

“保守—创新法则”告诉我们,只有成为法律的奴隶,才能创造出自由

① 关于“VIE架构”,参见北京君合律师事务所:《律师之道(二):资深律师的11堂业务课》,北京大学出版社2011年版。

的新天地。

二、文法

文法具体指的是文书写作的基本规范,例如标题、观点、结构、线索、章节、段落,以及各种描述方法等。

● 标题和观点

所谓“看人先看眼,看文先看题”,标题在当今时代越来越重要。在网络当中,网页标题是搜索引擎收录的重要判断标准,各种热门帖子更是“标题党”的天下,甚至有人提出,当今社会已经进入了“标题时代”。

法律文书的标题虽然不能仿效“标题党”般哗众取宠,但还是要像对待自己的眼睛一样重视它。

标题如果制订得当,不仅可以画龙点睛,还可以四两拨千斤,请看下例:

甲乙双方公司约定,由甲公司向乙公司出售包括压缩机、液化机械以及配件在内等一批设备,并且由甲公司负责将上述设备装配成一条生产线。

乙公司律师拿出了一份当地工商局制定的《买卖合同》标准版本,按照该版本,甲公司必须先交货,乙公司后付款。甲公司非常期望做成这笔生意,所以对我们说得很简单:“修改一下合同字眼就行了”。

我手下的主办律师接到这个活儿后,又与甲公司(即客户)进行了反复沟通,终于明白客户心中最大的疑虑,就是担心对方没有付款能力。

于是,主办律师大幅删改合同,增加了许多违约条款和赔偿责任条款,提交给我审查。

我看完后告诉主办律师,客户对这笔生意很渴望,你大幅删改合同,无异于为客户增加了谈判难度,很令客户为难的。更好的方式是正文尽量不改,仅将合同标题从原来的《买卖合同》改为《加工承揽合同》即可。

客户收到我们的修改定稿后半信半疑,但还是接受了。

结果合同签署后不久,果然出现了对方拖欠货款的状况。客户打来电话问怎么办?

我答曰:“我们已经在合同当中帮你预埋了相应的对策,你直接停止发货就行啦。”

客户还是将信将疑,“这样能行吗?合同当中可是规定了交货时间的!”

我坚定地回答:“肯定可以,因为你和对方之间不是买卖关系,而是加工承揽关系。”

结果,事情确实如我们所料,对方最后乖乖付款了。

为何如此?关键在于抓住了问题的核心关键——标题。标题往往代表着法律关系,原来是《买卖合同》,代表着买卖关系;改成《加工承揽合同》后,关系就变换为加工承揽关系。此时,无论合同当中有无约定,客户都能够拥有《合同法》当中关于加工承揽留置权的权利。一旦发生对方违约的情形,客户就可以依法留置还没有发出的部分设备,而不用担心违约了。

如何写好一个标题,有如下方法可供参考:

1. 标题模式:依据目的选择

例如代理词,以说服、攻击为目标,标题适宜采取肯定或否定的写法,直截了当地表达观点,显得更有力度;如果是经过双方合意的文书,例如合同等,则标题通常是归纳交易当中的某个模块内容。各个标题相加的结果,就是交易的整体。

在形式上,标题有如下四种:

——概念式标题

即总结本段落当中所阐释的主要内容,要注意与内文严格的一一对应。例如,文中某一章节的标题是:“劳动关系与劳务关系的区别”,接下来的段落应该是三个自然段,第一个自然段讲述“劳动关系”,第二则写何谓“劳务关系”,第三则是两者的区别。

——论点式标题

如此写法的好处是开宗明义,迅速揭示主要观点。各个标题之间的顺序,通常是按照重要性依次排列,更容易吸引读者的注意力。

例如,在一份二审案件的代理词当中,各个论点的写法如下:

- 一审判决遗漏了第三人,请求二审裁定发回重审
- 一审判决认定事实错误,原告证据不足以证明其已经交货,请求二审

判决驳回其诉讼请求

● 一审判决遗漏认定重要事实，即原告自身也存在违约行为，请求二审判决原告就其违约部分承担相应责任

为何有如此顺序？主要是依据上诉理由被二审法院采纳的可能性大小来排列。

第一点直指一审存在程序错误的问题，这是撤销判决的法定理由。只要这点成立，无论一审实体判决部分是否有错，一审判决都将被撤销，发回重审。由于这点最简单、直接、有效，所以放在首位；

第二点说明原告起诉证据不足，可作进攻之利器，故而次之；

第三点退一步论，即使原告诉讼请求获支持，但原告尚有其他违约行为，可以据此冲销掉其部分诉求，可作兜底。

据此，标题顺序按照集中进攻，而后层层设防的原则来安排，看起来就相当严谨了。

——范围式标题

即提示本段落论述内容所涵盖的范围，一般适用于说理性的法律文书，如法律服务建议书或者双方合议性的法律文书，例如合同、章程等，所有分论点的标题叠加起来，即可涵盖整个文书内容，例如：

一、基本事实

二、风险分析

三、防范建议

四、操作步骤

——提问式标题

一开头就提出问题，容易引起读者的兴趣和关注，通常用于尽职调查报告、法律意见书等以寻找问题答案等为目的的法律文书，因为比较符合人性当中层层深入的好奇心态。

但是，提问式标题不适合诉讼案件。因为现在的法官和律师关系比较紧张，如果你采用提问式标题，容易激发法官的对抗情绪，直接反应是律师在给他下套，引导他进入一个逻辑陷阱当中，容易在潜意识中对文

书产生不信任和对抗情绪，使代理词的说服力大打折扣，因此不推荐使用。

2. 标题写法：嵌进关键词

有些标题只有事实、没有观点，或者只有观点而无关键提示，让读者不知所云。例如，"原告的主张违反法律规定"，这种标题像在喊口号，过于空泛，写了等于没有写，至少应该写成："原告拒付货款的行为违反了《合同法》的规定"。

此外，标题讲究的是恰当和简洁表达客户的目标。最直接的方法是，提炼出文书当中的法律关系关键词，然后将它嵌进到每一小节的标题当中。这样写法的好处，能够鲜明、迅速表达你的观点。

3. 标题长度：通常不超过一行

有些人写标题，喜欢将所有句子元素全写进去，有些甚至是将论述和法条都写进去，结果使得标题长达两三行，自以为很完整，却忘记了，重点太多也就意味着没有重点。

标题是画龙点睛用的，有引起注意力的两三个关键词就够了，不要过分追求句子元素的完整性，更不应该将具体分析和论述放进去，所以，标题一般不应超过一行，否则会降低读者的注意力，削弱标题的力度。

如果标题不得不写得较长，需要分行，就要注意不要把各行上下对齐排成等长，也不要将词组分别拆开两行描述，更不得将两个字以上的词拆开排在不同行的首尾等。

4. 标题间关系：注重逻辑顺序

文书篇幅越长，标题越多，就越要细心考虑多个标题之间的逻辑关系，否则就容易产生标题重复或交叉、前后写法不一致或不在同一分类标准上等问题。在文书完成后，你需要像作小学加减算式一样，将文书当中的所有标题相加一下，看看是否等于文书的中心观点。

关于标题和观点的写作实例，读者可以参见本书下册的"债务重组案之大浪淘沙"当中的相关介绍。

• 结构与线索

某次，世界四大会计师事务所之一的普华永道会计事务所在英国大学里招聘，给应聘者出了一道题目：搭积木。应聘者被要求用最少的玩具零件数量,搭建一座高大而又坚固的城堡。

无独有偶,搜索引擎界巨头Google公司在一次名为“google games”的招募活动之中,测试的题目也是邀请应征者搭建积木,要求越坚固越好。

应征者后来讲述体会,感觉最重要的是:结构。

写作艺术的最高境界应该是浑然天成,所谓“羚羊挂角,无迹可求”,但这个标准并不适用于法律文书写作,因为法律文书写作实用性、针对性非常强,讲求快速分析和解决问题,如果结构模糊,就容易把读者带入语言的迷雾当中,徒添障碍。

法律文书的结构,由框架、标题、线索、叙事、推理和结论等元素构成。当中有三种关系串联其中,分别是向上、向下和横向关系。三种关系之间的联系是:

向上关联——上一组标题应该是下一组标题的总概括;

向下关联——下一组标题则是上一组标题的分解和阐述;

横向关联——同一组标题当中应该存在某种逻辑关系。

以我曾经审阅过的一份关于债务清偿的《法律意见书》为例。我们的客户是一家公司,对债务人某酒店同时拥有债权和股权,既是债权人,又是债务人的股东。该酒店由于经营不善,濒临倒闭,其他债权人见势不妙,纷纷起诉,查封和执行债务人的各种财产。

客户看在眼里,急在心上,就像杨白劳看着自己的女儿喜儿被债主黄世仁抢走,由于自己还有另外一个债权人身份,也算是黄世仁,情理上不好参与抢自己女儿,法律上担心像其他债权人一般参与抢货,会被其他债权人追究法律责任。于是,客户向我们咨询,像他这种双重身份,申请参与分配债务人财产是否存在法律障碍?

分析报告草稿的结论部分见下文:

四、结论

1. 根据最高人民法院《关于人民法院执行工作若干问题的规定》第40条的规定:人民法院对被执行人所有的其他人享有抵押权、质押权或留置权的财产,可以采取查封、扣押措施。财产拍卖、变卖后所得价款,应当在抵押权人、质押权人或留置权人优先受偿后,其余额部分用于清偿申请执行人的债权。

2. 综合本案情况，贵公司对××酒店拥有债权，可以××酒店的债权人身份，申请参与××酒店的资产分配。另外，贵公司已经自××公司处取得××酒店的股权性权益，可以作为××酒店的股东身份，获得××酒店资产对外分配完毕后所剩余的资产。

在分配顺序上，假如××酒店的抵押行为有效，则××银行为有担保的债权人，优先受偿。而贵公司则为无担保的债权人，须在××银行的债权优先受偿后，与其他一般债权人一起按比例分配剩余资产。

该草稿最突出的问题就是结构松散，层次混乱，尤其是不注意将两个论证对象——债权和股权区分开来，显得针对性不强。针对上述问题，我将文书改写如下：

四、结论

1. 关于债权人身份和××酒店抵押财产分配方法

贵公司对××酒店拥有合法债权，可依法以××酒店的债权人身份，申请参与法院对执行××酒店财产的分配。

在分配顺序和分配比例上，假设××酒店的上述抵押行为有效，则××银行作为有担保权的债权人，就抵押财产部分优先受偿。就抵押财产清偿完毕后剩余部分的财产，贵公司与其他一般债权人按各自债权金额按比例受偿；假设××酒店的上述抵押行为无效，就××酒店的全部财产，贵公司、××银行和其他一般债权人应以各自债权金额按比例受偿。

2. 关于股东身份和××酒店剩余财产分配方法

鉴于贵公司已经取得××酒店的股权，如××酒店被申请破产或依法注销而需要进行清算的，贵公司有权在××酒店清偿债务完毕后获得所剩余的财产。

改写前后最大的不同是两个标题的写法。一是句式一致，前面是“关于债权人身份和××酒店抵押财产分配方法”，后面是“关于股东身份和××酒店剩余财产分配方法”；二是将关键词嵌进两个标题当中，“身份”和

“财产”相对应,让客户一目了然,简洁明了。

与结构密切关联的是线索。如果说结构像一张渔网,线索就是拉起整张渔网的绳索。通过线索,我们可以迅速找到和理解文书的总体结构和脉络。

法律文书写作当中,常用的线索有如下四种:

1. 时间线索

即通常所说的“顺叙法”,也就是按照事件的时间发展过程来展开描述,这是法律文书当中使用最为普遍、最为重要的方法。以时间为线索,依次记叙发生的各种事件和行为,叙述和理解起来都比较容易;而且,各种事件和行为发生的时间一目了然,更容易判断它们的法律效力,有效防止出错或遗漏。

2. 主次线索

这种方法一般用作表述法律事实,重要的法律事实在前,次要的靠后,依次展开。例如,法律服务方案当中,对于某法律问题的解决,通常是先论述最重要的问题,然后是次要问题;或者是先论述程序问题,再讨论实体问题,或者反之。

3. 类别线索

即将同类性质事实综合归纳起来的方法,在刑事案件当中较为常见,例如起诉书、起诉状当中,围绕被告人的犯罪行为或者违约行为,逐一论述,在前面或最后总结此类行为的法律特征或本质。

4. 要件线索

此类线索以辩护词、代理词为代表,辩护词主要是围绕罪名的四大要件,即主体要件、客体要件、主观方面要件和客观方面要件等展开分析和逻辑推理,逐一分析四大要件当中哪个要件不成立、哪个要件成立,最后得出结论。再以律师代理词为例,律师主要是针对原被告双方之间的法律关系构成,即主体、客体和内容三大部分展开辩论,证实自己的观点或反驳对方观点。

● 章节和段落

看过市面上不少流行的法律文书范本,或公开出版的法律著作,对于章节和段落的划分,颇不为意。有些所谓的范本,仅仅一段内容,就占据了半页甚至一页纸，其中包括了多个问题、若干层次或要点，甚至还有各种事实和文书材料引用，文意还有并列、转折或者除外。如此写作，徒添阅读和理解障碍。

在我看来，如果说文书好比美人，章节则好比美人之体态。每当读到一份章节比例适当、段落清晰的法律文书，都会令我油然而生愉悦之感，有如看到黄庭坚笔下“体妖娆，鬟婀娜”的美人，不禁为之击节叫好。

在实务当中，常用的章节书写范式有如下三种：

第一种：合同式	第二种：论文式
第一章	一、
第一节	（一）
第一条	（二）
第二条	……
……	1.
第二节	2.
第一条	（1）
第二条	（2）
……	……
第二章	二、
……	……

第三种：外文式

1.
　1.1
　　1.1.1
　　1.1.2
　　……
　1.2
　……
2.
……

关于章节的写作，有如下要点需要注意：

1. 章节标题最好包含关键词

突出章节间逻辑关系的好办法之一，就是善用路标式词语——关键词。例如，某份关于优先受偿权的法律意见书，客户向我们咨询是否可以有效行使，初稿的章节划分如下：

一、贵方要求咨询的问题和事实

二、土地抵押权依法有效

三、预售许可证的效力分析

四、土地和房屋同时抵押时的效力关系和如何优先受偿

上述章节之间的逻辑关系不清，怎么改？我们首先应该做的，是让大脑自由地发挥想象力，想象客户就坐在你面前，娓娓而谈，此时你的脑海中会浮现出什么关键词？某公司土地、日期、房屋、房管局、土地权证、价钱、办证程序、批文、抵押、预售许可证、优先受偿权……

对于这堆乱七八糟的词汇，你可以运用法律思维进行第一遍梳理，从中提炼出如下的关键词：

主体：某公司（客户）、房管局

客体：房屋、土地

内容：土地所有权、房屋所有权、抵押权

然后，以客户目标——优先受偿权为筛选标准，进行第二遍提炼，你可以提炼出第四、第五个关键词：

优先受偿权：土地优先受偿、房屋优先受偿

综合两组关键词一对比，你会发现，这篇法律文书讲的是：某公司关于土地优先受偿、房屋优先受偿权的两大问题，这就是文书的章节结构。

那么，我们是否可以按照法律关系为线索，以主体—客体—内容来展开写作呢？

如果你是法官或大学教授，当然对，因为专业优先，如此更容易凸显你的专业形象；如果你是律师，当然错，因为读者的阅读习惯是关注什么，就重点读什么。

当然，这并非要求你应该围绕客户的关注重点来转，而是，思维应该以法律关系优先，因为你专业；写作应该以读者的关注重点优先，因为你职业。

所以,上例的改写结果如下：

一、贵方陈述的事实
二、贵方咨询的问题
三、我方的法律分析
（一）土地抵押权依法有效
（二）房屋抵押权可能无效
（三）两种抵押权之间的关系
（四）优先受偿权可能无效
四、我方的分析结论

2. 章节的数量要适当

一份文书应当划分多少个章节才比较合适,其实没有标准的答案,最主要还是看需要而定。不过,有一个参考的指标,那就是“神奇数字7”。

科学研究表明,大脑的短期记忆无法一次容纳7个以上的记忆项目,比较容易记住的是3个。

英国作家马戈特·科斯坦佐在《法律文书写作之道》一书中提出,“我们必须明白短期记忆对于获取信息的局限。很少有人能够记住同时传达的9条信息。对于大多数人来说,能够被记忆的信息数一般是7条。这被人们称为‘七加二规则’”。[①]

按我的个人经验,一般的文书,例如法律意见书等咨询类和诉讼类文书,章节数量可以保持不超过7个,如此可以让客户感觉总体较为清晰,不容易望而生畏。如果合同类文书内容确实较多,以适当增加到11、12章,应该就是极限了。

3. 章节之间的逻辑关系要清晰

最直观、最容易理解的当然是并列关系,例如刑事辩护代理词当中,对于被告人是否构成某罪,按照主体、客体、主观和客观四大要件分别进行辩护,最后即可得出结论是否构成犯罪。最保险的方式是依据观点的重要性

① [英]马戈特·科斯坦佐著:《法律文书写作之道》,王明昕、刘波译,法律出版社2006年版,第28页。

大小顺序排列,因为心理学的研究发现,人们对文字的关注度,会从开始逐渐下降。另外,还可以按照诉讼程序逐步递进或以发生时间为序,逐步递进,层层深入。比较忌讳的是逻辑关系互相交叉或包容,这样容易混淆读者的思路,使文书说服力大打折扣。

关于段落的写法,应遵循如下方法:

1. 一段一主题

文章之所以划分为一个个段落,目的就是将中心思想分割为既互相有联系又相对独立的信息块。每一段只说明一个主题,这种方法既简洁又清晰。对写作人来说,也便于检查是否有遗漏。所有段落组合起来,就是一篇完整的文章。

2. 段首放主题句

主题句是对整个段落内容的高度概括,用一句或两句话完成,以便读者一开始就明白本段要旨。如同弗郎西斯·克里斯藤森(Francis Christensen)所言:"安排段落更像是随舞者的步伐起舞而不是短跑冲刺。段落的主体句圈定了一个范围,该段落的其他部分就如同芭蕾中的竖趾舞一般围绕着这个范围展开"。①

3. 段中多用路标词

在段落之内,要注意使用路标式的关键词,以突出句子间的关系。例如:

使用逻辑推理得出结论的,使用"因此"、"因为……所以"等;

提出与前述情况有联系的其他情况,可以使用"另外";

要讲述例外情形的,可以使用转折词"但是";

需要举例的,使用"例如:……"。

此外,段与段之间过渡时,记住必须使用关联词或过渡句,这样可以将各个段落有机地串联起来,不至于产生断裂之感。

4. 段落长度和数量要适当

一般情况下,段落长度在 10 - 15 句话之间比较适宜,每一句子的成分最好不超过 5 种。段落太短,固然很难将意思表达清楚,但太长也不妥。太

---

① [英]马戈特·科斯坦佐著,王明昕、刘波译:《法律文书写作之道》,法律出版社 2006 年版,第 54 - 55 页。

长的段落必然牵扯到众多的事实和线索，容易把读者搞糊涂，使其迷失方向。至于单独的每一句子，同样要注意尽量简短，避免将众多成份合成一个长句，否则容易使读者感到疲倦。实践经验表明，文书当中使用更多的空白间隔以及短句，有助于读者更好地理解段落内容。

总结起来，若干段落组成一章，分别表达文书中心思想的一个层次或者一个方面；若干章节组合起来，完整表达文书中心思想。段落和章节有机组合起来，就是一份完整的法律文书。

要特别补充一点的是，法律文书写作的方法多样，并不一定需要刻意使用前述的“条条框框”去检验每个句子、每个段落。只不过，那些读起来清晰流畅的文书，一定会符合前述原则的大多数，大家不妨试试看。

• 叙述与补强

叙述就是把事情的前后经过写下来，一般包括时间、地点、人物、事件、原因、结果六个要素，这个道理其实在小学写作文时就学过，可惜很多大学本科生都已经忘记了。

法律文书当中的叙述，通常与时间关系最为密切，所以叙述的手法通常是按照时间顺序，逐一陈述，很少插述和倒述。

叙述的角度，按照分类不同，各有不同。咨询类文书，例如法律意见书当中，通常采用第二人称，即称呼客户为“贵方”，自己为“本所”或“本律师”。也有采用第三人称，即站在客观第三人的角度来分析问题；诉讼类文书通常采用第一人称，因为你是客户的代表律师，可以客户的身份发表意见；合同类文书则是标准的第三人称，将合同双方分为甲方和乙方。

至于叙述案件事实，我们可以采用“三性一中心”的方法。

就事实而言的“三性”，指的是它性质上的“三性”——客观性、全面性和完整性，即对于我们叙述的每一事实，是否没有夸大，没有主观臆断，严格做到了靠证据展开叙述；整个叙事过程，就是将各个证据串联起来的过程，足够全面和完整地反映事实全貌。

所谓证据的“三性”，指的是法理上的“三性”——真实性、合法性和关联性，即考察证据有没有被伪造，证据的来源是否合法，还有这个证据是否与待证明的客观事实之间存在关联关系等。

在叙述方法上,我们需要围绕“一个中心”,就是以文书观点为中心展开筛选和陈述。与中心密切相关的应该作为重点集中陈述,与中心无关的应该省略,如果是次要的作一简单总结即可。

以一份关于张某与蔡某欠款纠纷的法律意见书中关于事实陈述部分为例:

2001年7月至10月,张×与蔡×在超×公司从事礼品销售工作,当时蔡×为超×公司的项目经理,张×为蔡×手下的职员。

2001年10月,张×离开超×公司。据张×提供说蔡×可能是2002年5月离开超×公司的。

2002年5月8日,受蔡×之约,张×到×宾馆写字楼604室上班。(注:该地点成为2002年6月下旬成立的翰×公司的地址,蔡×为翰×公司的老板,该公司也从事礼品销售工作。)蔡×与张×口头约定,对于张×的销售利润,张×与蔡×按7:3比例分成。当时蔡×给张×的发票是超×公司的。

6月初,张×销售七个名为“镇宅之宝”的礼品,销售收入为现金,全部交给蔡×个人。按约定张×应提成10,472.00元,有蔡×于6月18日所立欠条为证。后因双方发生口角纠纷,张×让蔡×返还欠款。而蔡×则要求张×在翰×公司干到年底,到年底才支付该欠款,否则不予支付。同时还表明该欠条未经公证,没有法律效力。

2002年8月,张×又到超×公司上班。

上述内容错误很多,主要表现在:

——叙述顺序,非常混乱。文中提及的相关事实,例如张×与蔡×在同一公司工作、张×和蔡×的离职时间等,均没有明确的时间,也没有列明相应的书面证据。

——叙事内容,枝节繁多而忽略了核心问题。这段内容的核心是双方就销售利润如何分配发生争议,销售利润 = 销售收入 - 销售成本,因此,销售收入、销售成本及销售利润应该是这段内容的核心,其他事实和证据都是围绕前述核心问题展开的,如下图。

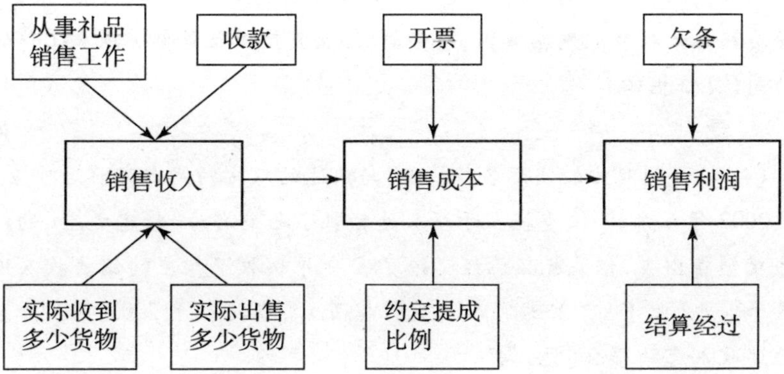

但是，文中却夹杂了张×先后到超×公司、后到翰×公司工作等其他无关内容，还另加注释，枝节过多，不仅没有把核心讲清楚，结果还遗漏了最重要的问题——没有讲述销售成本，导致全文论述彻底崩溃。

针对上述问题，围绕分析双方利润分配为中心，以时间顺序为线索，改写如下：

（注1：首先讲述双方结识过程，为下一步讲述双方开展商业活动做好铺垫）

根据委托人的相关陈述和提供的《劳动合同》（见证据一），2001年7月至10月，委托人应聘到超×公司从事礼品销售工作，与当时职务为超×公司项目经理的蔡×认识，并在其领导下工作。委托人与蔡×后来先后因故离开超×公司。

（注2：描述双方法律关系，以及约定的具体内容）

2002年5月8日，委托人受蔡×个人名义聘请，为其开展礼品销售工作（见证据二）。双方并未就委托人的工作地点有约定。当时蔡×口头承诺，委托人为蔡×开展礼品销售工作，没有底薪，销售成本按照×方式计算，销售利润由委托人与蔡×按7:3比例分成，上述内容有委托人陈述和第三人证明（下称“上述约定”，见证据三）。

（注3：区分清楚其他主体与双方的关系，防止混淆）

为方便收款及与蔡×另行成立的翰×公司的销售工作区别开来,蔡×交给委托人未收款的发票×张,总金额×元,开票单位是蔡×原来工作的超×公司(见证据四)。

(注4:说明双方的实际履行情况,与前述的双方约定内容前后呼应)

2002年6月×日,委托人于蔡×处领取了七个名为“镇宅之宝”的礼品并成功销售出去,相关礼品已经交给了客户并收取了相应的销售收入现金人民币×元(以下称“上述收入”,见证据五)。委托人于2002年6月×日将上述收入交给蔡×(见证据六)。

(注5:说明双方结算的具体经过,与前述约定内容、实际履行内容前后呼应)

根据委托人与蔡×的上述约定,上述收入当中销售利润为×元,委托人应当获得10,472.00元,蔡×同意上述收入的计算金额并于2002年6月18日向委托人出具了欠条(见证据七)。

(注6:说明双方的争议起因和结果)

但是,其后蔡×借口要求委托人在翰×公司继续工作到今年年底才能支付以及该欠条未经公证没有法律效力为由,拒绝支付上述欠款。

如果存在事实不清、有遗漏时,怎么办?我们可以补强。补强者,是指针对某些关键事实的缺失或模糊不清,通过寻找和补充证据,予以强化证明效力。还有,对于某些模糊不清的事实,予以及时澄清,自圆其说。下面介绍几种方法:

1. 增补证据

某一事实是否需要补强,一般需要首先验证如下几个问题:

——是否对方有确认过?

——是否双方有交易惯例可供旁证?

——是否有法律强制性规定予以明确支持?

——是否可以挖掘其他事实与之互相印证?

——是否这一事实属于法定无需举证或者举证倒置的情形?

以前述的蔡某欠款案文书为例，有两个事实很关键：一是双方的事前约定是否清晰无争议？二是双方在事中有无实际交割销售收入？这两个事实将直接影响到案件的判决结果。

考虑到上述第一个事实只有口头约定，第二个只有欠条证明，事实和证据的证明强度显然不足，因此可以考虑进行如下补强工作：

对于第一个事实，找找双方有无合同、签收单据等书面证据，如果没有书面，有无第三人见证等证人证言？没有证人，找找双方以前有无同样的履行惯例？找到更多新证据，补强原来的口头约定事实。

对于第二个事实，再找找有无银行转账证明、第三人证言等，以一堆证据来补强原来一张薄薄的欠条。

通过补强之后，改写如下：

（第一个事实）

当时蔡×口头承诺，委托人为蔡×开展礼品销售工作，没有底薪，销售成本按照×方式计算，销售利润由委托人与蔡×按7:3比例分成，上述内容有委托人陈述和第三人证明（下称"上述约定"，见证据三）。

（第二个事实）

委托人于2002年6月日将上述收入交给蔡×（见证据六）。

按照委托人与蔡×的上述约定，上述收入当中销售利润为×元，委托人应当获得10,472.00元，蔡×同意上述收入的计算金额并于2002年6月18日向委托人出具了欠条（见证据七）。

2. 自圆其说

对于事实与己方观点有出入的，或者事实之间有矛盾的，必须主动澄清，思考如何能够自圆其说，以消除不利影响。切忌对矛盾之处充耳不闻，此举无异鸵鸟政策，给对手留下了攻击的把柄。

仍以前述蔡某欠款案文书为例，关于委托人与蔡×之间的法律关系一段，原文是：

2002年5月8日，受蔡×之约，张×到×宾馆写字楼604室上班。（注：

该地点成为 2002 年 6 月下旬成立的翰×公司的地址,蔡×为翰×公司的老板,该公司也从事礼品销售工作。)

根据上文的描述,容易使人疑惑:法律关系究竟产生于张×与蔡×之间,还是产生于张×与翰×公司(蔡×开设)之间?因为根据原来的叙述,张×的上班地点在翰×公司,指示张×工作的蔡×,同时也是翰×公司老板,很容易产生混淆。

要知道,法律关系产生在两个自然人之间,抑或自然人与公司之间,性质不同,本案的责任分担方法大不一样。根据我国法律规定,自然人对债务负无限责任,公司负有限责任。如果此案的一方主体被认定为公司,可能会引发蔡×个人签发欠条无效等一连串问题,最终可能导致蔡×个人逃脱责任。因而作为张×的律师,必须有预见性地就在文书当中,对上述可能混淆的事实进行澄清,力证法律关系存在于两个自然人之间,堵死对方可能反击的漏洞。

针对上述分析,比较简单的方法是考虑到双方对于委托人的工作地点没有书面约定,可以直接在文中否认,文书内容修改为:

2002 年 5 月 8 日,委托人受蔡×个人名义聘请为其开展礼品销售工作(见证据二)。双方并未就委托人的工作地点和上班时间有约定。

此外,可以利用开发票主体这一事实,从旁佐证委托人并非为翰×公司工作,写法如下:

为方便收款及与蔡×另行成立的翰×公司的销售职位区别开来,蔡×交给委托人未收款的发票×张,总金额×元,开票单位是蔡×原来工作的超×公司(见证据四)。

对于某些无法补强的事实,还有方法三,就是创造证据予以补救,有录音、录像或者拍照等具体技巧,详见本书“思维篇”中“运用证据”部分的相应介绍。

• 引用和推断

引用指的是在写作过程中，援引采用各种词语、诗句、格言、典故等，以期更简洁有力地表达思想感情，说明自我见解。在法律文书写作中，引用的对象不是格言而是法条、事实和证据，它能够使论据确凿充分，使语言凝练精辟，增强说服力。

在法律文书当中，支持观点的最重要基石是法条，它的重要性甚至超过了事实和证据。道理很简单，中国是成文法国家，如果事实和证据不足，我们还可以在具体法条甚至立法本意当中找到支持理由的根据。

虽然法律原则上是法律没有禁止的都可以做，但在实务当中，通常应该对这个原则作相反理解：就是法律没有规定的统统都不可以做。因为，每当遇到意外的刁难或阻挠，法条无疑就是你的保护神，让地方保护主义、部门主义无可奈何。

有些法律初学者会问：找不到法条怎么办？别着急，你要做的不是放弃，而是继续再找。如果你只是随意搜索一下，就急着断言找不到法条，甚至为之窃喜，以为找到了法律漏洞，我只能说，你做得太粗糙了。

改革开放30年以来，各种部门法、专业法繁多，还有大量的司法解释、政府法令和各种规范性文件，怎么可能如此轻易让你找到“真空地带”？

所以，大多数情况下，只是你不懂找，而非找不到。解决方法是你必须穷尽网络的、书本的甚至别人和自己的脑袋所有资源之后，才好下“找不到”的判断。

在引用法条时，我们需要注意解决好如下几个问题：

1. 如何确定法条引用的先后顺序？

引用法条时，注意上位法排前，下位法跟从；特别法优先，普通法放后。如果论述同时涉及程序和实体问题的，一般先解释程序，再解释实体。

实务工作当中，法条的效力层次众多，有全国人大颁布的宪法和法律；国务院颁布的行政法规；国务院各个部委颁布的行政规章；最高院颁布的司法解释、复函；各个地方人大颁布的地方性法规；地方政府颁布的地方政府规章甚至各个省市政府部门颁布的内部文件纪要、回复等。

如何取舍和引用法条,可以参考如下规则:

第一,文书当中一般只引用法律、法规和最高人民法院司法解释三种,与法律、法规不相冲突的行政规章、最高人民法院颁布的指导案例和各种意见、批复、会议纪要以及其他合法有效的规范性文件,可以适当引用以增强说服力,但不宜直接引用为依据。

第二,在上位法与下位法有冲突时,优先引用上位法。如果要适用下位法,必须有相应的法律解释为前提。

第三,在普通法与特别法都有规定的情况下,一般具体引用特别法,简略陈述普通法的规定。

2. 法条应当全文引用抑或节选?

引用的法条应当以对本案有针对性的、可以直接套用的条文为限,对众所周知的原则性规定、基本法理等,一般无需引用。对比较重要的问题,为了强调重点,可以在文书正文当中全文引用,也可以使用附项引用全文的方式。至于具体采用哪种方式,要视实际情况而定。

如果法条的具体内容较长的,可以节选与本案有关的条款。如《担保法》第34条规定了6项可以设定抵押的财产,在进行抵押纠纷陈述时,只引用涉及抵押财产的某一条规定即可。

对于那些不涉及客户重要诉权的法条,例如《民事诉讼法》第149条关于客户提出上诉状副本的途径和数量等规定,作简单论述即可,无需引用。

对程序性法条和字面意义非常明确的法条,只要引用位置得当,几乎不需要专门的解释就能让读者明白。如果不容易理解的,应当附上简洁的解释。对需要进行漏洞补充和详细分析论证后才能决定法律适用的部分,必须详细解释和论证,必要时候还应该加上最高人民法院的相关案例和权威学术著作的学理解释。

3. 没有具体法条可供引用怎么办?

别担心,我们有两种方法。

一种是引用"兜底条款"。例如对于反不正当竞争行为的认定,我国虽然有《反不正当竞争法》,也列举了一些不正当竞争行为,但肯定无法概括全部。对于一些新型的不正当竞争行为,我们可以发挥《反不正当竞争法》中的第2条(此类条款俗称"兜底条款")的威力,即"本法所称的不正当竞争，是指经营者违反本法规定，损害其他经营者合法权益，扰乱社会经济秩序的行为”。在以往多年的司法实践当中，法院已经成功地运用了该条款判决了大量新型的不正当竞争案件。

另一种是引用宪法。按照法学界关于“从近法律救济和回避宪法判断”的原则，法官判案适用法律时应当穷尽相关法律而回避宪法判断，只有相关法律确实没有相应规定时，才会考虑适用宪法予以救济。所以，一般的案件审判不会直接引用宪法。但是，最高人民法院也曾经两度作出批复，明确规定民事案件可以适用宪法规定予以救济。

4. 如何引用原文？

引用原文的写法方法一般有三种：原文引用、原意总结引用和介乎上述两者之间的引用。

如是原文引用必须在引用内容前后加上“”。如是原意总结引用，不能直接使用“”，但必须忠于原意，不能将自己的推测部分也强加上去。如果是最后一种引用方法，则是在概括原意的基础上，对于某些引用原文的部分或词语加上“”以作区别。不是全文照引的，应当切忌断章取义，尤其忌讳脱离事实和证据，给对方定性，乱扣帽子，这个错误尤其在诉讼当中较为常见。

引用的目的是为了推断。所谓推断，就是议论文中的论证过程，就是运用演绎、归纳、归谬等方法，将论据加以运用从而得出论点。以下是几种常用的论证方法：

方法一：演绎法

演绎就是先举出一个已知的、普遍性的常识和权威理论，然后对比本案当中的具体事实，找出相同点，从而得出结论。上述三部分分别称为大前提、小前提和结论，俗称三段论。演绎常见于以分析或说明为主的法律文书当中，例如代理词、法律意见书或法律服务建议书等。

以最高人民法院颁布的“何文良诉成都市武侯区劳动局工伤认定行政行为案”为例，原告何文良在工作时间上厕所时意外受伤，由于我国相关法律对于此类事件是否属于工伤并无明确规定，因而法官使用了演绎来解决

问题,具体步骤如下:①

- 第一步——选定大前提　　法院认为,《劳动法》第三条规定,劳动者享有“获得劳动安全卫生保护”的权利,此即为“大前提”。
- 第二步——寻找小前提　　法院认为,“上厕所”虽然是个人生理行为,与工作内容无关,但这是人合理的生理需要,是维持正常工作的必要条件,因而同样属于劳动者的正当权利之一。
- 第三步——得出结论　　该情形应认定为工伤。

演绎法能够帮助你在找不到具体规定时,深入法条背后,探求立法原理和本源,演绎出强有力的论点,可能使一件已成定局的死案,绝处逢生。

例如,当年很轰动的河北大午集团董事长孙大午被控“非法吸收公众存款罪”一案,辩护律师心知按照当时的法律规定,被告人难逃有罪判决,因此没有停留在就案论案的层面,而是剑指发生此案的根源,在于我国金融立法存在缺陷,远远落后于经济实践,有违当初的立法本意。对于此类并不存在恶意扰乱社会金融秩序的行为,应当从轻发落。最后,孙大午被轻判缓刑。②

如果在现有的法律框架内连演绎都难以成功,你还可以选择改变小前提,即重新组合和适当剪裁案件的事实和证据。小前提是大前提和结论之间的桥梁,小前提改变,结论随之改变。

方法二:归纳法

归纳通常见于说明性的法律文书例如法律分析报告、法律意见书当中,也有见于以立论为目的的法律文书如起诉状、代理词当中。它比演绎难得多,因为归纳是从特殊到一般的推理,需要从许多具体的案例当中总结、抽象出普遍规律,最终得出结论。

如何准确使用归纳法?有如下两个方法:

---

① 《最高人民法院公报》,人民法院出版社 2004 年第 9 期,第 34 - 37 页。

② 张星水:“张星水律师关于孙大午案的辩护词(法理篇)”,载中国刑事律师网 http://www.southlawyer.net/homepage/14/2005528195627831798.html。

1. 准确选取事实

你必须对客观事实进行严格筛选，从中挑选出具有法律意义的事实。例如，在某一购销合同纠纷案当中，假设你已经收集到如下事实：

——合同上的签字人没有获得收货人的书面授权；
——实际收货地点的天气恶劣；
——收货人通知的实际收货地点与合同约定不符；
——收货人在收货时仅签署了收货收据，没有加盖公章；
——收货人将货物随意堆放在仓库空地上。

如果你是交货方的律师，如何挑选法律事实？应该围绕客户目标——以证明对方违约行为为中心，根据其法律属性，进行分类和概括，运用时间顺序总结出如下事实：

——对方在签订合同期间的违约行为：如没有给予签字人授权、没有及时在合同上盖章导致合同生效时间迟延。

——对方在履行合同期间的违约行为：如没有及时签收货物；擅自指示更改收货地点或方式。

——对方在弥补损失期间的违约行为：如在发生延迟履行合同的情况下，没有按照正确方法暂存货物导致货物受损程度加重等。

上述事实均围绕证明对方存在违约行为这一中心展开，涵盖了合同签订和履行的全过程，归纳起来，自然推导出交货方无需为合同无法履行的法律后果负责。

2. 精心提炼关键词

关键词代表案件类别特征，它可能是主语，也可能是谓语或者其他。将关键词从繁多的事实和表象当中提取出来，有助于你更快地找到案件的核心所在。提炼之后，把关键词作为标题核心词，稍加增补，就可以变成完整的标题了。例如，一份关于破产管理人基本工作描述的法律意见书，所有的内容均应当围绕“破产管理人”的权利义务展开，所以各段的关键词自然应该是“破产管理人”，将其他部分稍加变化，即可找到案件核心：

1. 破产管理人的法律地位
2. 破产管理人的义务和责任
3. 破产管理人的工作目标
4. 破产管理人的工作内容
5. 破产管理人的常用文书

方法三:归谬法

归谬法就是从对方的论述当中找出错误或破绽,紧扣事实和证据,继续推论下去,引出错误的结论,从而证明对方的观点不能成立。这种方法通常见于对抗性的法律活动例如庭审辩论以及诉讼法律文书当中答辩状、代理词、律师函等。

律师发现对方谬误的方法有很多,例如前面所述正确写法的反面,就是对方谬误之处。还有,可以从辨识关键概念入手,从分析三段论的构成入手,也可以从分析语句中不同语境的不同意义入手,还可以从分析语句结构、句子欠缺、概念错误入手,等等。

实务当中,有如下方法:

——主体归谬

例如,指出对方不具备合法的诉讼主体资格、对诉争标的并不拥有合法资格等,这些都可以使其诉讼请求被驳回。

——法条归谬

援引法律错误,其相关主张必然不能成立。在司法实践当中,初学者的常见错误之一就是不重视查找法条的工作,仅凭找到的一两个法条,就对字面意思随意理解,主观臆断。我国是成文法国家,法律和行政法规往往只是原则性规定,在司法实践当中,往往需要大量地引用司法解释,甚至参考部门规章、省级法院的审判指导意见乃至各类规范性文件。如果仅凭一两个大法的原则性规定就对实际情况主观臆断,很容易地被对方依据更细致和更具体的司法解释或者规范文件"技术性击倒",这是律师工作的大忌之一。

——事实归谬

例如澄清案件关键事实，证明对方依据的“事实”是虚假的、错误的或者不全面的，从而轻松推翻对方论点。这个技巧写起来容易，实际运用很难。

因为律师在调查取证过程当中，往往会遇到各种各样的不配合甚至阻挠，以致我在给团队律师上尽职调查培训课程时，将“自带复印纸”、“帮政府部门办事人员搞清洁卫生”等内容都列入工作技巧当中。非如此，你无法深入了解事实的每一个细节，自然无法推翻对方主张了。

——证据归谬

证据是案件事实和论点的支撑，证据虚假或者缺失，对方论点自然不攻自破。根据我国《民事诉讼法》和最高法院颁布的证据规则，每一证据必须经过双方质证，充分考虑证据的真实性、合法性和关联性后才能作为定案的依据，三性缺一不可。

近年以来，在网络上曝光的杜培武、佘祥林等一批冤案，被诟病之处都集中在当年据以定案的证据存在严重问题之上，由此可见证据归谬在实务中的重要性。

——逻辑归谬

这应该是法律职业人最擅长运用的技巧之一。若对方提出的诉讼请求无理，事实或证据没有严格对应、关键概念解释不当等，都会在逻辑推理过程当中出现漏洞。如果能够紧紧抓住其中的一个，集中力量攻其一点，就足以导致对方的逻辑体系整体崩溃。

方法四：假设法

胡适说过：“大胆假设，小心求证”，这是法律职业人在研究和解决问题时的必备技巧之一。在事实不清、证据不足的情况下，我们还是一味从正面强攻的话，可能效果不佳。尝试从反面过去，先假设某个事实存在或结论成立，在此前提下再作论证，说不定会豁然开朗。

以法律意见书当中的假设为例，基于时间或条件所限，有些基本事实在法律意见书完稿时仍然无法确认。我们就必须需要作出假设，假定该等事实存在或者不存在两种情形，作出两种不同的分析结论，帮助客户更清晰地认识风险所在，科学决策。

还有,如果因为某些文件丢失、无法补正或者政府部门拒绝提供的话,该等文件存在或者不存在,结论必将有重大差异,我们就必须使用假设,推定两种情况所导致的不同结论。

顺便说一句的是关于执业风险的假设。因为法律意见书往往依据客户陈述和提供的文件资料作出分析,对于这些陈述和文件资料的真实性、合法性和完整性,律师往往难以确认,所以需要假设这些资料符合上述三性,这样就可顺利地作出法律建议或结论,这些假设条件是保障律师执业权利、有效控制执业风险的“防火墙”。

方法五:对比法

这种方法常见于法律意见书当中,客户需要对比不同的方案,才能作出最终决定。例如,在一宗股权转让项目当中,我们的客户是 A 公司,独资拥有 C 公司 100% 股权。A 公司同意向 B 公司出让其持有的 C 公司 100% 股权当中的 49% 部分。以下是我们为 A 公司撰写的法律意见书当中的解决方案部分的内容:

三、本项目的法律解决方案

(一)方案一:“先转让股权,后转让分红权”

将本次交易的对价总额分为股权转让对价和分红权转让对价两部分,其中:

1. 双方签订《股权转让合同》,约定股权转让对价可以按照被转让股权占 C 公司的注册金额相应比例计算,为一个较低的金额,在双方签订合同后由 B 公司支付给 A 公司。支付完成后,双方向外经委和工商局申请办理过户手续,使 B 公司拥有相应比例的股权。但是,A 公司仍然持有股权转让前的相应比例的分红权。

2. 双方签订《分红权购买合同》,约定当 C 公司税后利润达到一个约定金额时,B 公司向 A 公司支付约定金额的分红权转让对价,取得相应的分红权;或者 B 公司在 C 公司首次分红时,放弃相当于购买分红权对价的分红。

然后，A公司和B公司以后的分红权比例与股权比例相同。

3. 建议双方在签订上述协议的同时签订《股权回购协议》。如B公司没有如期注入客户资源，致使C公司经营状况没有改善的，由A公司将B公司支付的股权转让对价退还B公司，收回已经转让的股权。

上述方案的优势在于既能保障B公司快速得到C公司49%的股权，从而使B公司积极行事，同时又解决了A公司担心股权先过户后，无法控制B公司帮助C公司实现既定盈利目标和及时回收股权转让价款等问题。但风险在于A公司先转让股权，即使有《股权回购协议》作保障，但仍然必不可免地存在着管理或股权失控的危险。

（二）方案二："先签订协议，后转股权和后付对价"

1. 双方签订《股权转让协议意向书》，各自向主管部门和股东方寻求批准，但不向外经委和工商局申请办理过户手续。

2. 在未办理股权变更过户手续之前，B公司可以非正式股东身份参与C公司决策。为确保B公司的股东权益，C公司应当定期向B公司报送财务报表，或者B公司可以随时派员到C公司查询财务账册。

3. 当C公司税后利润到达约定金额时，A公司向B公司转让C公司的股权，同时进行首次股东分红，但首次分红比例不按照各方股东出资比例进行分配，而是由A公司按照转让前的股权比例取得分红，即相当于在分红当中扣除B公司应支付给A公司的股权转让对价，剩余部分及以后的分红均按照出资比例进行分配。

上述方案的优势在于既能保障B公司积极行事，又能解决A公司担心先过户股权所带来的风险。问题在于尽管签订了意向书，但因为未取得批准，B公司的合法股东有待确认。B公司是否认同这种做法有待沟通。

（三）方案三：分步进行

考虑到A公司对风险控制的要求和B公司要求先获得股权的迫切心理，可以考虑在前述两个方案的基础上，将49%股权分阶段进行转让，例如每达到一个阶段性目标，就转让10%或15%股权不等，以平衡双方心理和要求。

在推断过程当中多用对比,能够让客户直接地看到各种方案的优劣所在,迅速决策,这就是对比的好处。在实务当中,引用和推断的具体方法还有很多,本书因为篇幅所限,就不一一介绍了。

- **理智与情感**

法律虽然强调理性和逻辑,但人的思维和行动,总有一定的情感相随,因此法律并不意味着只有冰冷的面孔和机械地说理。法律可以做到以理服人,但打动灵魂的,却是情感。

在外国,法律人的文书和行动当中,不时闪现美好情感之光。例如,美国联邦最高法院的判决书,就不时出现莎士比亚以及其他诗人的诗句,多么地引人共鸣,发人深思。

而回看我国的法律执业现实,可谓乏善可陈至极。据说在有些地区,判决书的封面都开始烫金了,可是内容的贫乏,思想的粗劣,依然故我。

不过,还是有令人感到意外惊喜的优秀文书出现,例如2005年发生在广州,轰动一时的“亲生母亲杀女案”。

被告是死者的母亲,因为不堪生活重负,她亲手淹死了自己9个月大的女儿,然后自杀,结果意外被救,最后被提起公诉。

此案令人感到欣慰之处,在于公诉词并无一味冰冷地说理,而是注重理性和感情的水乳交融,引人深思。公诉词这样写道:

“生活的操劳,丈夫的冷漠,疾病的困扰,经济的重压,再加上远离家乡亲人,缺少应有的沟通,孤独、压抑、郁闷的情绪无法发泄,再加上自身的愚昧,这一切促使了周模英选择了这样一种冲动愚蠢的行为。

周模英的遭遇,固然是她个人的悲剧,但又何尝不是这个社会、这个时代的悲剧?周模英站在法庭上接受审判,固然是法律的胜利,但是我们不能漠视隐藏在背后的社会原因和背景,我们不能忘记站在她身后的那些挣扎在社会底层,为生存而苦苦呻吟的人们,他们的苦难和命运,这也是法律应有的良知”。

周模英杀女确实违法,需要惩处。但是,如果我们的法律人只懂枯燥的说理,只是机械地区分法律概念和含义,界定法律关系,这与没有任何情感的机器人又有何区别？何来体现法律公平正义，人类社会的终极价值？

对此，检察官认为，"我为自己在经历了12年的公诉生涯和无数案子的历练之后，依然拥有对每一个案子、每一个人的激情和感性而欣慰而自豪。我深深地体会到，案子办久了，最怕的不是感性，而是麻木、冷漠、居高临下，自以为是。"①

所谓世事洞明皆学问，人情练达皆文章。一位经过了12年无数案件历练的检察官，仍然能够保持火热的内心和柔软的心灵，非常值得我们尊敬和学习。

正是有了这样的职业人，才使得法律保持鲜活的生命力，才使社会不乏温暖人心的情感。也正是有着这样的写作风格和态度，法律文书方能让人如聆听天籁之音，心气清爽；又如惊雷滚动于天际，震撼人心，使得法律职业可以承载更多的理想和现实意义。

三、句法

词句之首，在于句法，有如下方法可循：

• 文句四要素

英国作家乔治·奥维尔曾说，一个细心的作者在写每一句话时，必须问他自己至少五个问题：②

——我在试图说什么？

——什么样的词语能表达它？

——什么样的形象或土语能表达得更清楚？

——这个形象是否很新鲜，能足以产生某种效果？

——我能否再把这句话写得更短一些？

---

① "杨斌：法律的最高境界是爱和仁慈"，载南方网 http://www.nfyk.com/rw/ShowArticle.asp?ArticleID=3026。

② "硬新闻写作讲义"，载IT社区&媒体平台，http://www.donews.com/Column2.aspx?C=ac573c2b0fae43938da677baca9a70f5&P=7&M=200506。

这个是我们在法律实务写作中要坚守的,简洁、明确、肯定。那么,如何能够写好每一句话呢?我根据多年的实践经验,提炼出如下的“法律文句四要素”,即一个完整的法律文句,通常由如下四个要素组成:

主体+条件+行为+对象

我们可以看看下面几个典型的例子:

乙方	承担	本合同所述标的债权转让过程当中发生的	如下	费用	。
主体	行为	条件		对象	

若乙方存在本合同7.1条所述情形之一者	,	甲方	有权	解除	本协议	。
条件		主体		行为	对象	

甲方	仅在付清全部转让对价款后	方有权向	乙方	提出	协助要求
主体	条件		主体	行为	对象

1. 主体

按照法律行为的实施和接受过程来分,可以分为实施主体和接受主体两种,例如合同当中的双方,当然还可能包括法律行为影响的第三人。

2. 行为

视有无具体动作和方向性,分为主动、被动和默示三类,例如合同当中的货物或文件移交、款项支付、声明陈述、通知签发、文件签收等;侵权行为当中的伤害行为等。

3. 条件

它的作用是限定其他三种要素的外延或内涵,分为无条件、有条件、除外条件或者假设性条件总共四种,例如,规定为的特定性、行为的范围、特定的期限或时间等。

4. 对象

它指行为所指向的对象,例如双方签订的合同、移交的货物、支付的货款、发出的通知等。

如上述例句所示，四要素的排列位置和顺序，可能会因陈述的需要，灵活调换位置，或者因为简略而被省略。

一个典型的法律文句，通常采用“主谓宾”的句式——以单一主语开头，连接一个或多个动词的复合形式，这种句式在合同当中尤为常见。以下是几种常见的法律文句句式。

句式一：“如”字句，明确各种条件

文书当中经常需要作出假设，尤其是合同，往往需要预先为合同双方设计如果发生不同的情况时，各方将会如何行动，权利义务应当如何分配等。描述这些假设性条件，我们可以采取“如”字句，还有“如果”、“假若”等，如下例：

如乙方迟延接收、逾期不接收债权文件或不签署接收清单的，甲方可以将债权文件申请公证提存，自完成之日即视为甲方完成本合同规定的债权文件交割义务。

句式二：“的”字句，描述具体的行为或关系

我们可以使用“的”字句，有如下三种常见情形：

- 一方以另外一方行为为前提，例如《合同法》第 80 条：债权人转让权利的，应当通知债务人。
- 双方行为互为前提，例如《合同法》第 66 条：当事人互负债务，没有先后履行顺序的，应当同时履行。
- 描述多个主体间的关系，例如《合同法》第 64 条：当事人约定由债务人向第三人履行债务的，债务人未向第三人履行债务或者履行债务不符合约定，应当向债权人承担违约责任。

句式三:“除外”句,排除特定情形

你可以使用“但……除外”句式。这个句式多数出现在区分各方权利义务界限的时候。例如《合同法》第367条:

保管合同自保管物交付时成立,但客户另有约定的除外。

债权人可以将合同的权利全部或者部分转让给第三人,但有下列情形之一的除外……

句式四:“包括但不限于”句,列举具体事实或情形

实务当中鼎鼎大名的“包括但不限于”句式,通常用于在举例说明前述定义的内涵和外延还无法囊括所有情形时,如下例:

甲方向乙方交割的文件不包括甲方对转让标的进行管理的内部文件,包括但不限于各种请示、报告、批示、计划、会议纪要、股东会决议、董事会决议、法律意见书和法律分析报告等。

句式五:强调行为方向

适当的描述方式,通常有主动、被动、第三方陈述和交叉陈述四种。

以被动描述为例,早前网络上流行的“被代表、被消费、被增长”等描述方法,其实来源于法律文句。律师发表代理词,为了强调被侵权的事实,通常喜欢采用被动句式,以增强描述效果,例如:

被告受原告的胁迫,被迫写下借条。

换一种文书譬如合同,采用被动句式的情况则非常罕见,为什么?很简单,合同强调的是双方权利义务平衡,而被动用法只适用强调单方情况,因而不适用,如果错用,就会出现如某份翻译自外国的买卖合同,“此物将被

卖方卖给买方”这种算是食洋不化的最高境界了，其实只需按照中国人习惯的方式改写成主动句式即可：

卖方将此物转让给买方

在合同当中，描述事实通常是采用第三方陈述方式进行，例如：

甲乙双方一致确认，甲方已就转让标的的真实性、合法性、有效性、完整性、法律瑕疵和风险，已经向乙方做了必要和充分的陈述并提供了相关资料。

句式六：强调句

人在接受信息时会出现在不同阶段，注意力有所不同的情形，对于最初的信息最集中，然后递减。所以，文书写作当中，将需要强调的要素提前，即可实现强调的后果。英文表达当中就有类似的句法，例如 It is time to do 句。

以描述某份合同签订过程的条款为例，由于要素的位置不同，描述重点就产生了变化：

- 正常描述方式　　2007 年 1 月 2 日，A 公司与 B 公司于广州签订《××设备购销合同》正式文本。
- 强调主体　　2007 年 1 月 2 日于广州签订《××设备购销合同》正式文本的是 A 公司与 B 公司。
- 强调时间　　A 公司与 B 公司于广州签订《××设备购销合同》正式文本的时间是 2007 年 1 月 2 日。
- 强调地点　　A 公司与 B 公司于 2007 年 1 月 2 日签订《××设备购销合同》正式文本的地点是在广州。

有时候，为了迅速提起读者对关键词的兴趣，防止因枝节过多而分散注意力，可以将篇幅过长的句子要素后置，这种方法对于句子当中某种要素较

多的情形很适宜,我国立法已经大量采用这种方法,以《合同法》第11条为例:

第十一条　债权人依照合同法第七十三条的规定提起代位权诉讼,应当符合下列条件:

(一)债权人对债务人的债权合法;

(二)债务人怠于行使其到期债权,对债权人造成损害;

(三)债务人的债权已到期;

(四)债务人的债权不是专属于债务人自身的债权。

- **句式齐步走**

还记得军训时候喊口令齐步走的情形吗?一个团队通过整齐的步伐,传递给人的是整齐严密的强烈印象。法律文书也是如此,统一的句式,可以突出表现事物之间的共性和联系。例如,在一份被告方律师出具的代理词当中,初稿的标题如下:

1. 本案遗漏了第三人
2. 我方没有延迟付款
3. 原告存在违约行为

上述三个标题,分别以三种主体开头。大脑每读一句,就需要变换主体一次,自然觉得很不爽。考虑到这是一份代理词,应该以被告身份,驳斥原告的观点为主,因此改为如下统一的句式:

1. 原告选择诉讼对象错误
2. 原告证明被告违约的证据不足
3. 原告自身存在违约行为

改写之后的每一句子,均以原告为主语,每句指出原告的一个错误,读起来是否感觉畅快很多?

再如,在表述甲方如何向乙方付款时,在合同当中可以有两种截然不同的表述方法，一是以我方（付款方）为主语，二是以对方（收款方）为主语：

（以我方为主语）在甲方向乙方支付所有款项之日起……

（以对方为主语）在乙方收到甲方支付的所有款项之日起……

两者在法律意义上其实没有差别，但表达方法和因此造成的气氛却有不同。如果你是甲方的律师，又处于合同优势的话，应当毫不犹豫地采用第一种写法，因为它所营造的气氛是甲方为主对方为客，比较贴合甲方的地位。

- **句序排排坐**

法律文书的写作重点，除了词句推敲外，很重要的就是注意安排好文句之间的顺序和逻辑关系。对描述的对象，从各个层面和角度，逐一推敲、反复解构和重构，直至找到一个适当的组合，形成一个如同水浒英雄般讲求座次，“尊卑”有序的句序。各个句子各安其位，前后呼应，各尽其用。

我国近年来的立法技术包括立法语言运用技巧方面，有明显的进步，以《物权法》第三章“物权的保护”第33条至第38条为例：

（注1：先范围，即界定本章论述的范围）

第三十三条　因物权的归属、内容发生争议的，利害关系人可以请求确认权利。

（注2：再实体，展开逐一描述实体性权利）

第三十四条　无权占有不动产或者动产的，权利人可以请求返还原物。

第三十五条　妨害物权或者可能妨害物权的，权利人可以请求排除妨害或者消除危险。

第三十六条　造成不动产或者动产毁损的，权利人可以请求修理、重作、更换或者恢复原状。

（注3：后程序，展开逐一描述程序性权利，并且描述顺序也注意按照通常理解的顺序，先民事，再行政，后刑事）

第三十七条　侵害物权，造成权利人损害的，权利人可以请求损害赔偿,也可以请求承担其他民事责任。

第三十八条　本章规定的物权保护方式,可以单独适用,也可以根据权利被侵害的情形合并适用。

侵害物权,除承担民事责任外,违反行政管理规定的,依法承担行政责任;构成犯罪的,依法追究刑事责任。

上述条款在句序方面注意采用先范围,后具体;先实体、后程序的顺序,可以作为文句写作的范例。关于句序的具体案例,读者可以参见本书下册中的相关介绍。

- **描述具体化**

运用句子描述具体行为的时候,应当注重描述清楚细节,例如:在叙写犯罪行为中,对于犯罪行为使用的工具、手段、方式、力度等要描述细致,同样是持械伤人,用什么器械,是刀、枪,还是木棒、铁锤?同样是用刀,还要写清楚是砍伤还是捅伤,部位、力度如何?等等,不能笼统写成“持械伤人”。

在描述具体情形时,注意做到抽象问题具体化,简单问题复杂化,如下例:

在某项商业交易当中,双方客户商定远期付款,以外币计价。由于签约日到实际支付日,每日的汇率会有变动,双方客户于是商定共同承担汇率风险。

在合同起草过程中,对方律师直接将双方的口语表达写到书面当中,表述为:“双方平均承担汇率风险”。

我审阅后提出,这种表述的意思明白,但“共同承担风险”这个说法是抽象的,缺乏具体的计算标准,因而无法实际操作。解决方法是将具体化到三种特定情形当中,即分别规定汇率上升、不变和下降时候,双方如何分配汇率收益或损失。

在上述例子当中,“平均承担风险”的写法貌似更简洁,实际上过于抽象,很容易引起争议。改写之后的文句虽然看起来复杂,但由于有具体的操作指引,不会产生歧义,所以比原来的写法更高明。

四、词法

在法律实务当中，一字岂止千金，正如本书第二章“职业篇”当中的“什么决定结果”所举的“或字案”，一字影响的微软产品价值超过千亿，可见用词的重要性。本节根据法律实务，简要总结基本的遣词技巧。

- **选择正确的**

2011 年，北京发生“故宫展品被盗案”。在破案之后，故宫博物院向北京市公安局赠送锦旗，对北京警方迅速破获此案表示感谢。该面锦旗上书10 个大字：“撼祖国强盛　卫京都泰安”。其后，被细心的网友指出，“撼”字应为“捍”。

一字之差，意思却完全相反，可见选词有多重要。

美国作家马克·吐温说：“用词准确与用词几乎准确，这两者之间的差异就如闪电与萤火虫之间的差异”。确实如此，尤其是在讲求严谨的法律文书当中，选词技巧非常重要。归结起来，要注意如下几点：

1. 选对正确含义的词

例如：

违法——犯罪、不起诉——免予起诉、无罪释放——免除刑罚

这组词中，前者表示无罪，后者表示有罪，是区分非罪与罪的界限。

抢劫——抢夺、盗窃——贪污、强奸——奸污

这组词中，用语相近，但构成的罪名和案由不同。

自首——坦白　结果——后果

这组词中，主动投案的叫自首，被抓住后老实交代的叫坦白。民事行为

所致的称结果,犯罪行为造成的称后果。用词不同,性质各异。

此外,有些词虽是同音词,但含义不同,不能混用。例如:

账户——帐户　账号——帐号

这两对词就经常被混用,正确的是前者,因为在古代,钱与"贝"相关,而非毛"巾"。据说这两个词甚至还在国家语委等部门颁布的《图书编校质量差错认定细则》当中,荣获了"常见的较难界定的别字"的"特别大奖"。

2. 剔除口语词

此外,在写作当中,用口语词代替书面用词,这是较为常见的毛病。口语也就是"大白话",优点在于通俗易懂,但缺点也很明显,就是语义不清,易产生分歧。

例如"打欠条","打"这个具体动作直接转化为书面表达就显得很不严谨,应当改为"出具欠款凭证"更为贴切;还有,"干到底"虽然易懂,但终究不如"完成"这个书面用词来得严谨;再如"出面处理",属于典型的方言入文,正确写法应该是"代为处理"等。

什么是口语词,什么是书面词,其实没有权威区分标准。不过,根据我总结的规律,单字多属口语词,例如:我,你,他,在口语当中分别改为:我方、贵方和第三方。更多的规律,留给大家自己慢慢总结吧。

3. 选对语气词

读者不同,文书语气词的选取标准完全不同。例如给客户看的法律意见书,语气多为沉静和理性,因为需要对法律事务进行理性分析和判断;给法官看的诉讼案件的代理词,以说服法官为目标,用词以说理为主,兼有煽情;给对方看的律师函等,需要给对方压力,因此用词会稍带强硬;至于给社会公众查阅的招股说明书等格式化文书,一般采取无感情的逻辑叙事风格,用词讲求客观公正。

法律新人在选取语气词方面不注意,就容易坏事,如下例:

曾经有位客户,给我一份律师函,说是请一位经验丰富的律师写的,准备发给违约方,让我帮忙改改。我接过来一看,有如下表述:

关于委托代理合同,我方严肃地向贵方提出如下要求:鉴于合同中并没有注明注册和验资费用等开支另计，故我方财务不会也不能执行该费用的报销。我司对此郑重声明，贵司必须保证工作的严谨性，否则将严重影响双方的合作。

我不仅哑然失笑，问客户：

“对方已经拉开架式准备和你们开战啦？”

客户不解地回答：“不是啊，我就是想警告一下他，让他们感到问题的严重性。”

我于是下结论：“你这份文件在法律内容方面没有问题，只是用词必须修改。”

看着客户不解的表情，我进一步解释道：“因为它的文风不妥。你留意一下这段话的修辞，短短的100字，当中居然有严肃、不会也不能、郑重、必须、严重等这么多非常严重和生硬的字眼，如果是换了你，会有什么感觉？”

客户遂恍然大悟。

还有，初学者为了强调重要性，通常喜欢使用“必须、不得、严禁”等语气强硬的词语。实际上，这种写法唯一的好处是讨好客户，却招致对方反感，误了正事，实在是得不偿失。改用“应当、有权、如果、不应”等语气更为温和的词语，效果更佳。

此外，初学者为了表示事情的紧迫程度，喜欢使用“第一时间通知乙方”这些模糊用语或者随手就用“毫不犹豫（no hesitate）地通知乙方”这些英文常见用法。前者属于口语特有表达，后者属于英文的特有表达，这些都是中文学得不好的缘故，改用“立即、及时”等词语，显得更为规范和得体。

- **澄清模糊的**

小王趁过节的时候，偷偷给局长送了一个红包。局长问：“你这是什么意思？”小王不好意思地回答：“没什么，意思意思。”局长推辞说：“你这就不够意思了。”小王坚持：“小意思，小意思。”局长嘿嘿一笑：“这就不好意思了。”小王附和道：“其实也没有别的意思”。

中文词语浩如烟海，意思多变，同义词、近义词和同音词现象又非常多，所以在用词上，尤其需要小心谨慎。

不要以为中国法律对于词语定义很明确,其实很多常见的词语,例如原告、被告、保证金、罚款和罚金等,都没有明确的定义和解释,致使实践当中出现不少争议。我就遇到过这样一件"不知道谁该是原告"的奇案:

我们的客户是债权人,委托我们发函向债务人催收未果,刚准备起诉,结果债务人在其当地法院抢先起诉我方客户,诉求居然是要求法院确认我方不能向对方追索债权,对方此举显然是要争取把诉讼主场放在己方本地,借助主场之利赖账不还。

后来,我们与法院反复沟通,说对方是债务人,怎么能够当原告而起诉债权人呢,法院的答复居然是:中国法律没有规定债务人不能当原告!

我们后来回来遍查我国所有法条,结果发现,关于什么是原告,我国法律真的没有定义!

还有,即使用词相同,搭配方式不同,词义也会产生差异,例如:"新技术信息"可以理解为:"新的技术信息",也可以理解为"新技术的信息"等。

解决上述问题的方法可以归结为:"一见钟情"和"从一而终"。

"一见钟情"指的是在第一次见到新鲜词(即没有法定含义的词)的时候,就要及时下定义,明确界定特定词语的内涵和外延,例如所有权人、数量、日期、形状、标准文号、第三方评定标准、举例子等方式,将定义对象的内涵和外延固定下来。

"从一而终"指的是特定用词要注意前后一致,例如:前面确定的称呼是"我方",后面就必须一直使用相同的称呼,不能混用"×公司"、"委托人"等多个称谓。

判断什么样的词语应当被定义,有个很简单的原则:同样的陈述如果超过2次,就应该在其第一次出现时采用一个更为简短的词语将其定义。这些词语除法律关系当中的主体、客体、标的物等基本词语外,还可以包括一些特定的事件、某一方采取的行为或者某些文件或者名词的组合等关键性词语,尤其是一些表述起来比较长的短语或词组,都应作一简短和明确的定义。

所以,一份较为复杂的法律文书,开头标志必定是长长的"定义和用语"条款。如果定义不准或有所遗漏,在不同的语境中,内涵或外延会产生

差异,从而造成歧义。请看下例:

SCC 公司系一跨国集团企业,总部设在美国。现拟对其中国区内下属企业在中国大陆采购产品的事务作统一规范。根据法律顾问的建议,SCC 拟采用总分合同的方式与供应商签署合同。具体做法是:先由 SCC 企业中国总公司与供应商签署一份总体性的框架协议。然后,SCC 下属企业向供应商发出具体的产品订单,双方按照订单内容执行。

该框架协议原文当中对 SCC 的描述如下:

第一条　×××亚太区集团中国下属企业(详列于附件 1,以下称 *SCC*)向供应商购买货物和/或服务,适用本协议,如同本协议是由供应商和 SCC 下属企业所签订的。*SCC* 就购买货物和/或服务发出的所有采购订单("订单")都应包含本协议的所有条款,即本协议构成该等订单的一部分。

……

第五条　订单只有得到 *SCC* 的书面确认才对 *SCC* 具约束力。

细数一下,上述条款总共出现了五个 SCC 概念,由于没有考虑到各个 SCC 之间可能产生互相涵盖的问题,从而造成一系列错误:

第一个 SCC 本身没有错,但由于将 SCC 定义成 SCC 所有中国下属企业的集合,因而导致下面四个 SCC 概念出现一连串的错误。

第二个 SCC 原意应当指 SCC 总部,但根据第一个定义,理解为 SCC 所有中国下属企业的延伸企业,指向错误。

第三、四、五个 SCC 原意是指 SCC 中国下属企业之一,但现在只能理解为 SCC 中国下属企业的全体,错误地扩大了指向范围。

改写如下:

1. 定义

……

SCC 总部,系指依据美利坚合众国法律成立的企业,住所:××××。

SCC 中国总公司,系指 SCC 总部于××年×月×日于中国北京设立的外商独资企业。

SCC中国下属企业,系指详列于附件1当中的,*SCC总部*于中国独资、合资或合作设立的某一外商投资企业,该企业已经按照本协议规定要求,向本协议所列的某一供应商发出、确认和具体履行某一采购订单,该供应商已经确认接受并实际履行该采购订单。

……

2. 本协议适用范围和约束力

2.1 本协议由*SCC中国总公司*代表*SCC中国下属企业*之全部与供应商签订,凡*SCC中国下属企业*向供应商购买货物和/或服务,均适用本协议,如同本协议是由供应商和*SCC中国下属企业*签订。

2.2 *SCC中国下属企业*就购买货物和/或服务发出的所有采购订单(“订单”)均应视为默认包含本协议的所有条款,即本协议构成上述订单的一部分。

2.3 订单只有得到*SCC中国下属企业*的书面确认才对前述*SCC中国下属企业*具约束力。在任何情况下,订单均不对*SCC总部*本身或者*SCC中国总公司*产生任何的约束力或法律责任。

修改的方法是区分清楚五个SCC的概念范围。从源头开始,分别是:SCC总部——SCC中国总公司——SCC中国下属企业(之一或全部)。依据资本纽带关系,从SCC最上层——SCC美国总部开始,逐一定义。考虑到文中只涉及SCC中国总公司和SCC下属企业两个概念,因此改写结果故意忽略SCC亚太区集团这一概念。

此外,SCC原意是指SCC总部在中国投资的企业集合,考虑到上下文提及的下属企业多数是指该企业集合当中的某一企业,为行文简洁需要,将这一集体概念改为个体概念。

概括而言,下定义通常有扩大法、缩小法、指向法和举例法等方式,以下分述之:

1. 扩大法

采用概括性的词语,尽量扩大定义的覆盖范围,常见于为己方争取最大利益的场合。例如某一《资产并购合同》,为了保护收购方的利益,起草人在写法上尽量扩大出售方的承诺范围以及赔偿损失范围,具体写法如下:

对由于出售方违反包含在或将包含在本协议和/或任何交易文件中的任何义务、承诺、约定、陈述或保证，直接、间接或与之相关的导致购买方实际遭受的任何损失、费用或支出或因此所产生的第三人提出的任何权利主张、司法机关作出的生效判决、仲裁机关作出的仲裁裁决或政府部门作出的行政处罚决定，出售方均应当对购买方承担相应的赔偿责任，并使其免受任何损害。

2. 缩小法

即采用比较具体和含义狭窄的词句，尽量缩小定义的涵盖范围，常在客户加强风险控制时使用，例如某份中外合作企业章程当中，为了防止误解，作出如下定义条款：

合作公司章程，指××公司和××集团于×年×月×日在中国广州市签订的《中外合作经营××公司合作公司章程》。

3. 指向法

指不在此处直接下定义，而是指向其他相关内容，常见于定义内容较多、涉及面较广时使用，如下例：

履约奖励，应当具有本协议第4.1、4.2、4.3条规定的含义。

在出现某些需要特别强调的具体情形时，可以使用“包括但不限于”等词句进行举例说明，该等用法在合同等法律文书当中尤为常见，例如某份《债权转让合同》当中，受让方为了使所转让债权尽量完整，因而作出如下规定：

本合同所称之债权文件，是指甲方在签署本合同前已提供给乙方查阅的与标的债权相关的文件或资料，*包括但不限于*借款合同、借据、担保合同以及相应担保文件、借款人资料、催收文件、和解协议、重组协议和相关法律文书等。

此外，写作当中我们会经常遇到各种模糊词。

例如地点和时间。此类模糊词最为常见的如早晨、傍晚、附近、一带等,它们所指的时间、地点都不够具体确切,需要将之具体到特定时空当中。通常而言,地点则需要定义到具体路名和门牌号码,甚至范围等。时间需要具体定义到具体的时分,而且一般使用阿拉伯数字。

此外还要注意不同国家和地区陈述日期的方式不一样,中国和亚洲地区习惯使用"年月日",美国人用"月日年"来表示日期,欧洲人使用"日月年"。

再如概数和约数。法律文书一般不会出现概数或约数,除非是确实无法查清某些不影响法律关系的次要事实,或者是为了给合同双方履行预留一定的弹性空间等情形下才会发生。否则,文书当中应当对约数的范围和误差大小有清晰界定。如果是"多"、"余"、"左右"、"上下"、"约"等表示的约数一般用汉字。如果文中出现一组具有统计和比较意义的数字,其中既有精确数字,也有用"多"、"余"等表示的约数时,为保持局部体例上的一致,其约数也可以使用阿拉伯数字等。

还有涉及定性的模糊词。通常而言,法律文书写作忌用"一般"、"大体"、"基本上"这类词语。例如,中国证券监督管理委员会曾专门就律师判断的用词一事发出通知称,"律师出具法律意见书,除发表保留意见的事项外,对某一法律事实与法律行为的判断必须有一个确定的和准确的结论,不得使用'基本符合'、'我们理解'等含糊措辞。'基本符合'、'我们理解'等含糊措辞并不成为律师不受监管部门处罚的理由和根据。"

关于澄清词语含义的更多实用技巧,可以参见本书下册当中的相关介绍。

- **搭配恰当的**

在法律文书写作当中,不同的词语搭配,会产生不同的语境效果和性质差别,以下是五类常用词语的搭配方法:

1."根据"和"就"

需要提及陈述依据的,可以在句首使用"根据",或者使用近义词"就"、"关于",例如:

<u>根据</u>贵公司的陈述和介绍的情况,敝所认为……

<u>就</u>上述股权,购买方向出售方支付股权转让款人民币××万元。

关于前述事实和证据,敝所认为……

2.“和”与“或”

如果要表示两个名词间关系的,可以使用“和”与“或”。

这两个连接词广泛用于表示两个主体之间、两个客体之间或两个权利或义务内容之间的关系,“和”表示的是并列关系,“或”表示选择。两者虽然一字之差,结果却是缪之千里。两个词在中文和英文当中,用法各有不同,尤其需要小心留意。例如一份涉外合同当中,条款的翻译文本如下:

合同一方不履行合同义务或者履行合同义务不符合约定的,应当承担继续履行和/或采取补救措施和/或者赔偿损失等违约责任。

这种翻译方法表面看来严格遵守了英文原意,似乎很严谨,但实际上违反了中文语法,这个条款其实来源自《合同法》第107条,我们看看原文就清楚了:

第一百零七条　客户一方不履行合同义务或者履行合同义务不符合约定的,应当承担继续履行、采取补救措施或者赔偿损失等违约责任。

上述条款的错误在于不明白中文表示共同以及选择性的关系,不仅仅是依靠和/或两个连接字,还依靠顿号和分号。在最后两个词语之间,使用“和”或“或”充当连结词,之前的并列词之间用顿号,“和”与“或”两个词必须二选一,不能同时使用。

3.“前、时、后”

表示先后顺序,通常用“前、时、后”三个字来表达。这三个字界定了客户各方履行权利义务的先后顺序,作用相当关键,例如:

在甲方交货前,有证据表明乙方不具备支付货款能力的,甲方有权中止履行本合同,但应当及时通知乙方。中止履行后十日内,乙方提供了付款能力的适当担保时,甲方应当恢复履行本合同。超过上述期限后,乙方未提供适当担保也未继续履行合同的,甲方可以解除合同。

4.“向、将、予”

描述陈述主体之间履行方向,通常使用“向、将、予”。其中,“向”和“将”表示顺向,“予”表示逆向,例如:

购买方向出售方购买股权。
出售方将股权转让予购买方。

5.“必须”、“应当”和“可以”

在法律文书当中,“必须”和“应当”是同义的,均表示强制主体一定要履行某种特定行为,例如:

甲方*必须*按期支付货款。
甲方*应当*按期支付货款。

两者的差别在于语气的强硬程度不同,“必须”的语气比较强硬,“应当”相对温和,因此,“必须”一词多见于敦促对方切实履行合同、支付货款义务的律师函等文书当中,而“应当”多见于讲求平衡双方权利义务的合同条款里,法律条文中也常用此词。

如果是表示可以选择性的权利,我们可以选取“可以”或“有权”二者其中之一,这两个词在语法当中基本同义,都是陈述主语有自主选择采取或者不采取特定行为的权利。细微差别在于“有权”更加强调陈述方的权利重要性。例如:

合同解除后,守约方*可以*根据合同的实际履行情况,要求违约方恢复原状或采取其他补救措施,并*有权*要求违约方赔偿损失。

- **决定生死的**

在写作中,如果涉及数字、金额的,例如金额、币种、汇率、计量标准等,都要特别小心。因为在刑事案件当中,这些数字往往意味着罪与非罪、量刑多少,甚至生死;在商业交易当中,这些数字则直接代表着巨大的商业利益以及许多人的人生。

数字一般是采用阿拉伯数字表示。书写方法是从小数点起,向左和向右每三位数字一组,组间空四分之一个汉字大小,以千分撇“,”分节,小数部分可以不分节,如:112,483,567.05614。阿拉伯数字书写的纯小数必须写出小数点前定位的“0”。小数点是齐底线的圆黑点“.”,如0.46不得写成.46和0·46。同一数值应避免断开移行。

金额必须写明绝对数字。一般是阿拉伯数字在前,后面用括号将金额用中文再重复一遍,互相对照。金额前面一般不能写“约”字,这是法律文书的特点决定的。币种按照国别,写法不同。人民币币种的写法一般是:“人民币__________万元”,而不使用“__________万元人民币”。外文币种的写法一般是“__________万美元”。

在写作数字的时候,不仅要注意数字本身,前后书写也要格外留神,如下例:

我曾经办过一个资产收购项目,总交易金额超过人民币3亿元,双方谈判了一月有余,来回多趟,非常疲倦,最后时刻好不容易将条款谈妥了,但对方要求将价格留空,他们需要在晚上请示欧洲董事会后,才能最终报出准确的收购价格。

于是,我们律师连夜加班,制作完成了一套媲美英汉词典厚度的合同版本,将金额位置留空,打印为__________亿元,然后送交对方,让对方自己将最后确定的收购价格填上。

第二天一早,对方将合同填写了价格,盖好章,送了过来,我们接着盖章、装订。等到最后,我们双方准备正式交换文本的时候,突然发现,对方因为忽略了空格后已经有“亿元”两字,竟然直接在空格处填上了“2.3亿”!

除了数字外,期限和时点,也是需要重点关注的问题。例如在合同当中的时间条款,有时候应该确定一个期限,有时候应该规定一个时点,各不相同。它们的表述分别有如下三种:

- 规定前一时点　　甲方交货日期不得早于××年×月×日。
- 规定后一时点　　甲方交货日期最迟不得超过××年×月×日。

● 规定特定期限　　甲方应当在××年×月×日至××年×月×日的期间将货物交给乙方。

所以在法律文书写作当中有这样一句话,叫做:词语判质量,数字定生死。

五、准备

成功写好一份法律文书,不仅需要扎实的专业功底,更需要动笔前做好充分准备。具体而言,有如下注意要点:

● 找准目标

主动挖掘和提炼,找准客户目标,才能写好法律文书。按照“思维篇”所述,这个工作可以细分为面临困境、细分问题、途径和方法、理想状态四个节点。具体到诉讼类文书、非诉讼类文书和合同类文书当中,我们可以通过如下提问来实现:

1. 关于诉讼类文书的问题

以写作起诉状为例,我们可以提问如下问题:

——问题一:(关于困境)你认为对方有什么错误?导致你产生了什么损失?

如果客户强于表达的,一次提问通常就能够确定答案。如果客户不善言辞的,类似的提问往往需要分成多个小问题,反复进行,例如对方的错误有什么具体行动?损失的具体金额有多少?

客户不是法律人,在回答问题时,往往容易强调主观感受,忽视其主张是否有相应的客观证据支持,对此,必须注意询问清楚。

在询问清楚困境和相应证据后,就可以将相应的法律难题细分出来,为下一步的方案设计打好基础。

——问题二:(关于途径和方法)你希望诉讼在什么地方、地点,以什么方式进行?

尽管解决方案是律师负责设计和实施的,但问清楚客户对于解决途径和方法的喜好和设想,也很重要。通过发问此类问题,能够摸清客户的关注点和偏好所在,以及对于法律的理解层次和思维习惯等。这些因素都可能影响文书写作重点。

例如客户强调快速解决问题，那在起草文书时，就必须考虑如何简化诉讼请求，去掉次要的被告等，以免因为案情复杂，导致官司旷日持久，僵持不下。

如果客户强烈希望诉讼留在本地进行，这其实就意味着客户比较忧虑地方保护主义因素，因此在文书写作时，势必要对如何避免这一不利因素有相应阐述和安排。

——问题三：（关于理想状态）你希望获得的最核心结果是什么？如果不能如愿，你最担心的结果是什么？

这个问题其实是询问客户的期望峰值和接受底线。例如诉讼案件当中，客户的诉讼请求通常有多个，但当中只有一两个是最核心的要求，其他的都可以商量。

同理，在可能发生的最坏结果当中，肯定有一两个，是客户最难以接受的。问清楚峰顶和谷底，文书应该先写什么后写什么，笔墨如何分配，就非常清晰了。

什么观点和证据能够帮助客户达到峰顶，就是我们应该先写和重点写的部分；至于谷底，展开论述当然可以，不过有时候，为了防止被对方抓住弱点，也可以蜻蜓点水般略过。但无论如何，自圆其说还是必须的。

2. 关于非诉讼类文书的问题

以写作法律意见书为例，我们可以提问如下问题：

——问题一：（关于困境）你遇到了什么困惑的问题？

一般情况下，客户的回答都是比较散乱的，没有严谨的结构。同时，这些回答都是与客户关注的重点有关，很可能与客户内心真正的期待和理想目标并不完全吻合。不过别担心，我们只要按照“思维篇”当中所述方法，将这些散乱信息按照逻辑体系、法律关系重新架构，必定能够找出这些信息的脱节、矛盾所在。

然后，将这些脱节、矛盾与客户提出的疑问相对照，我们就不难发现客户疑问背后的真正用意、忧虑所在。这些深层原因，如果不经过专业梳理和分析，别说是客户，有时候连我们自己也未必能够搞清楚。

——问题二：（关于途径和方法）你希望我们提供什么样的意见？

当我们提出这个问题，再通过各个角度反复询问后，客户就会陆续告诉我们一些他所关注的要点，例如期限的限制（在30日内完成收购）、金钱的要求(节省税收)、风险的控制(确保产权合法)等。将客户的这些关注点，对比相关法律规定，再综合平衡投入和产出的商业利益后，我们就可以得出一个既符合客户口味、又符合法律规定的客户目标，而且兼顾实体的合法性和程序上的可操作性。

——问题三:(关于理想状态)你希望获得的核心利益是什么？你担心发生的最大风险是什么？

利益所在就是风险所在，也是客户关心所在。商人天生就有逐利的本质，往往容易因为贪婪，追求利益过多而导致交易失败。因此，找准目标的重要工作之一就是帮助客户找到核心，分清什么是核心利益，什么是次要的，派生的利益。

两者区别在于，核心利益是客户不顾一切都必须取得的，不能放弃的；次要和派生的利益是客户在一定前提下，可以放弃的。

了解清楚后我们就可以采用不同的写法来表现，核心利益的写作重在“排除”，即排除阻碍，杜绝相关风险发生；次要利益的写作重在“平衡”，即强调控制风险的严重程度，与利益保持平衡。

3. 关于合同类文书的问题

尽管每一份合同的目标都是为了完成交易，但客户的具体情况和要求不同，目标的具体内容就会明显不同。例如:在某些交易当中，如果当事人一方只是希望取得对方的承诺，那么当事人其实只就需要一份对方的承诺书，而不必写作一份约束双方权利义务的合同。如果错写成合同，就会造成不必要的约束和风险。

又如:关联公司之间的交易，合同往往仅为证明交易的书面证明，因而在篇幅和写作重点上与一般合同不同，只需要写很少甚至不写违约责任，给关联公司留下处理违约行为更为自由的余地。

一般而言，我们可以通过如下问题来确定:

——问题一:(关于困境)你们双方具体分歧有什么？

客户的答案一般可以分成三类:

第一类是交易条件谈不拢，常见的是价钱或者与价钱有关的条件例如付款期限等，还没有谈好。这些分歧本质上属于商业问题，不是法律所能够解决的，常规做法是等待客户与对方谈妥后我们再上场。

但还有更巧妙的做法，就是运用“法律条款”帮助客户实现“商业利益”,例如对方认为自己的货物质量超好,坚持不肯降价,你就可以顺势回应一个很苛刻的质量认定标准条款,或者违约金罚得很重的违约条款,给对方增加一种无形的压力,换取对方在商业上作出相应的让步。

第二类是交易模式不清,例如对于某些缺乏产权证明的房地产,不知如何确保交易的安全性和合法性等。此类问题既与法律有关,也与商业有关。与法律有关是因为法律并无明文界定,给予了我们一展专业所长的空间。

与商业有关是因为对于交易双方而言,承担法律瑕疵和风险多少,其实最终都是反映到商业利益点分配上,获得多少利益,就必须承担多少风险。

第三类是对于具体条款有争议,例如违约责任如何认定,选择诉讼或仲裁等,此类问题属于典型的法律问题,属于双方律师必须解决的!在不损害双方利益的前提下,双方律师完全可以运用专业智慧,通过调整交易模式、改变文书结构或者修改具体用词和语气等,顺利解决此类问题。

——问题二:(关于途径和方法)你希望通过什么样的方式和途径完成交易?

大而化之的说法,当然是又快又好地完成交易,将之细分,可以有如下要点:

快者,自然是要求合同能够尽量简单,主体简单、交易标的简单、履行方法简单等。这样的话,双方履行起来才快速,不容易发生纠纷,也容易通过政府部门审批。以此为指南,文书写作方法就会发生改变。

例如某些需要呈报给政府部门审批的合同,为了防止因为合同内容过于详尽而拖延审批进度,交易双方往往都会主动提出拆分合同,在审批版本当中保留主框架,细节内容统统搬到补充协议当中。

好者,体现在商业,则是越省钱越好,如何降低交易费用,合法避税等,这不仅仅是会计师的工作,更是律师在写作时必须纳入考虑范围的。体现在法律上,就是风险控制措施是否更为严密和有力。

例如明确交易资金的支付条件和期限,尽量做到验收前不给钱或少给钱,必然能够有效降低对方违约可能性;修改违约行为的认定标准,加大我方认定对方违约的话语权,还有增加违约金额等,增加对方违约成本,提高合同的威慑力。

——问题三:(关于理想状态)你希望获得的核心利益是什么?你担心发生的最大风险是什么?

正如前面所言,利益所在就是风险所在,也是客户关心所在。我们首先帮助客户找到利益核心,才能在写作当中有的放矢,抓住重点。

对于核心利益的写作,重在“排除”,运用“写作技能篇”当中的“繁复—简洁法则”,对核心利益“正说、反说、侧说、反复说、一起说”,层层设防;对于次要利益,善用“平衡”,例如在违约责任内容的篇幅上,不能只是大幅规定对方的违约责任,对于我方的违约责任也要有相应的规定。

千万不可为了追求条款的严谨和漂亮,给交易添加不必要的繁琐程序或障碍。

在现实当中我们会发现,对于一些不清晰、不合理甚至是不公平的合同条款,客户有时候咬着牙也接受。为什么?

因为律师更多是着眼于条款是否写得对,写得好,判断依据是法律;而客户则看重条款是否可以合理,是否可以接受,是否处于自己的底线之上,判断依据是利益。

如果我们不能很好地理解这一点,你写多少漂亮的文书,都不过是自我陶醉的摆设,毫无实际用处。

如果你是初级律师,连客户的面都没有机会见到,无法与客户直接沟通,获得第一手信息,就被你的师傅(即指导律师)要求直接写作文书,怎么办?别慌,你仍然可以通过如下途径找准客户目标:

——迅速记录和理解师傅说过的话,尤其是涉及法律性质分析和判断的部分。在师傅询问你是否理解任务的那一刻,立即尝试使用自己的话语,将你记录下来的内容,向师傅复述一遍,确认你接收信息完整,理解正确。

如果你的理解有疏漏,这就是绝佳的补救机会。千万别以为自己天资过人,自作聪明地省略这一步,或者因为害怕别人说自己理解能力差而跳过这一步。

如果等到你提交任务时候才发现当初理解有错,最惨的还不只是你的努力白费,而是你必将遭到师傅的严厉训斥,下场惨不堪言。

——阅读律所在洽谈该项目时所出具的法律分析报告、法律服务建议书和委托代理合同等文件,里面多数已经包括有固定内容的法律分析和判断用语。对于已有表述,非经请示师傅,不要自作聪明,轻易改动。

否则,轻者造成客户的理解混乱和疑问:为什么同一家律所,法律服务建议书当中的分析与正式报告当中的分析有如此差异?重者,容易误导师傅,造成判断上的重大失误。如果你不幸犯了这种错误,恐怕连辞职也不足以解决问题。

更多深入寻找客户目标的技巧和方法，可以参见本书第三章“思维篇”的相关介绍。

• 审阅文件

审阅文件是开始写作前的重要准备工作之一。客户大多容易忽视这个，他们通常会认为，情况与我所述相同，你就不用再浪费时间看文件了，直接写就行了。

殊不知，专业人士与普通人最大的不同，就是看问题、判断问题的标准、角度不同。客户依据的是经验，而律师依靠的是证据，尤其是书面文件。

以文书写作为例，律师在动笔前需要阅读和分析大量文件，主要有如下三类：

1. 涉及主体的文件

主要是主体成立、存续和变更等各种文件，看看执照是《企业法人营业执照》还是《营业执照》，可以直接判断该主体是否具备独立法人资格；看看执照上有无年审记录，可以判断该主体是否合法存续抑或有问题。还有验资报告，如果不是会计师出具的，则该主体很可能存在出资不足甚至虚假出资的问题；看看企业的合同和章程，可以直接了解该主体的决策机构和决策程序，据此可以判断该主体是否有正常运作。

我国企业种类众多，有国有企业、私营企业、三资企业、合伙企业等，经济性质不同，适用法律不同，证明文件和审查方法也有很大差异，要小心留意。这里因为篇幅所限，就不展开了。

自然人主要审查身份证、户口本等基本身份证明；审查合同的授权代表和合同各方是否具备相应的履约能力。例如授权委托书，公司委托的应当由公司出具董事会决议或股东会决议，港澳台企业或外国企业还需提供中国司法部认可的公证人出具的公证证明或中国驻当地领使馆的公证证明。对于授权不明、无权代理、无权处分的主体签订的合同，应当在审查意见中向当事人明确提示可能导致合同被变更、被撤销的法律后果。

2. 涉及客体的文件

关于客体方面，主要审查相应的权属证明和使用现状证明文件，例如房产证、发票、提单等，货物的发票、合同、提单或仓单；专利和商标的权利登记证书、特种设备的检验证明等,以证实客体是否属于出卖人所有或者出卖人有权处分。对于所有权或处分权有瑕疵和风险的客体,应当在合同当中加入声明条款、免责条款或权利保留条款等。

在写作当中,遇到有需要表述此类文件时,较好的方法是仅将能够突出客体唯一性的内容写下来,例如房地产的地址和权属证明文件编号。记住后面附件当中,必须引用该等文件,前后印证,如此方才最清晰和准确。

3. 涉及内容的文件

主要审查证明涉及各方权利义务的文件,例如意向书、协议书、合同、传真、备忘录、仓单等。这方面的资料一般会很多,一般需要编制清单、目录或统计表等,进行数据分类和统计分析,据此才能对事实进行有效梳理,进而建立证据体系。

完成了审阅文件的工作后,你会发现文件不再将你包围,而是尽在你的掌握之中。

● 参考资料

法律职业人多少都应该有念旧的习惯。看看他们的文件柜和电脑硬盘,你就会发现,里面往往收藏着大量的各式范本和模板。

为什么?因为职业需要。一旦遇到什么案件需要写作,随时可以拿将出来,用作写作参考,非常快捷和方便。

但是,正如不是所有的药都是仙丹,也可能是毒药,书城和网络上很多所谓范本和模板,质量也是参差不齐的。我们该当如何判断它们的真实价值?提供给大家如下参考方法:

1. 官方提供的范本和模板

这类文书,是我认为最没有参考价值的,主要是因为他们的立场所限。政府部门的职能是管理,注定了天生“重管理、重平衡”。他们重点考虑的,不是商业利益,而是管制效果。所以,此类文书一定会写得四平八稳,要么将双方的权利义务全部留白,例如工商局的合同示范文本;要么将双方的权利义务写得很标准,很平衡,例如有限公司的合作合同和章程模板。

如此观念指导下写出来的范本和模板,必定对劣势方相对有利,而浪费优势方的气势。所以,如果你的客户处于劣势,力争对方同意使用官方范本,既理直气壮,又可以信手拈来,不失为一招好棋。

2. 企业法务写成的范本和模板

写作此类文书的作者，由于具有丰富的实务操作经验，内容一般比较具体细致，可操作性较强。但是，由于作者长期处于某一小圈子当中，对于交易模式和文书框架的思考，一般不够开阔和完整。因此，此类文书可供参考之处，更多是具体写法、用词，而非思路和框架。

3. 专业律师写成的范本和模板

律师写出来的文书，非常注重风险控制和防范，但同时也容易剑走偏锋，因为过于注重风险，而失于僵化，无法以灵活和务实的态度，实现客户目标。因此，使用此类文书时，要注意根据实际情况，对相应内容进行灵活调整，切不可一味地强调控制风险，而忽略了帮助客户实现利益。

正如硬币总有正反两面，好处的另一面往往就是弊端。参考资料能够帮助我们迅速了解写作重点，构建起写作框架；同时，也容易约束思维，导致遗漏某些具体问题和关键要点。另外，现实情况千变万化，客户各有不同，以既定套路，应对多变的现实，往往失于僵化，最终可能会闹出笑话。

所以，最好用的范本和模板，还是经过自己改造的版本，最适合就是最好的。对于没有经验的新人，最好用的范本和模板，是指导律师或客户以前用过的文书，因为是你的老板和客户熟悉的，最熟悉就是最好的。如此做法不容易出彩，但起码能够确保你少出错，甚至不出错。

在法律这个保守的职业里，不要出错远比创新重要。邯郸学步其实是新人生存下来的良方。创新并非凭空想象的产物，它往往从模仿开始。

六、起草

各类文书的起草方法各有不同。

诉讼类文书，它好比是古代战场上的战书，以肯定自己、否定对方，最终击败对手为目标。所以，它在文风上更凸显针锋相对，明快简洁。就像拳手出拳，务求在最短时间，以最便捷的方法，打倒对手。

非诉讼类文书以解决问题为目的，并不一定要击倒对手，所以文风通常较为内敛，甚至于“含情脉脉”一些。但无论什么类型的文书，都有一些规律性的东西必须注意：

• 落笔如惊雷

宋代文豪欧阳修曾云,“文章看落笔,议论驰后先,破石出至宝,決高泻千川”,一篇好文章的开篇落笔,如果能够有石破天惊的气势,全文必然有如高涯泄洪,一去千里,令人为之叹服。如果以说服人为目标之一的法律文书,也能借鉴如此布局方法,加强感染力,岂非效果更佳?

比如诉讼类文书,以代理词为例,一般的写法非常呆板沉闷,通常以“某某律师事务所接受当事人的委托,指派某某律师担任代理人,参与本案的诉讼活动”开头,毫无意义可言。

其实,没有任何一条法律规定诉讼文书必须这样开头,这不过是因为当初在学校里是这样教的,大部分学生都是这样学的,结果毕业之后,都只懂得这样写,很少有人想到质疑,为什么只能这样而没有其他写法。

如果改换一种写法,又该当如何呢?

例如2010年发生在浙江乐清的“钱云会死亡案”,此案的被害人系前村委会主任、以“上访村长”出名。12月25日那天,他面部向下,颈椎折断,离奇惨死于车轮之下。事后,更接连发生“不明真相村民”围攻交警、现场监控设备不能录证等离奇事件,网上质疑钱云会之所以死亡,与其多次上访有关。

在当地法院一审下判后,被害人父亲不服,委托上海某律师提起上诉,二审的代理词是这样开头的:

“尊敬的法官任＊＊,以及另外两位未谋面的将在判决书上署名的法官:

我之所以用尊敬两字,是因为法官两个字,本身是很尊贵的。即便是我们法律人说来,法律也是很神圣的,更何况一般的百姓。毕竟一个国家大多数情况下,依赖法律来维系。谁破坏了法律,实际上是自毁长城,离祸乱不远,历史上的例子比比皆是。而具体法官自身是否值得尊敬,端赖法官个体的行为,或被人鄙夷,或受人尊敬。每个人都有自由意志,路都是自己选择,没什么可以做挡箭牌。

(为篇幅所限略去部分内容)

犹如现在很多体制内的官员说，钱云会案是否是交通事故，信者恒信，不信者恒不信。这话，说得很对。然而，可以说，信者大部分是体制内的，不信者大多是普通网民，人数多寡，你们也清楚。如果法院本身做到公开、公正，即使天下人都不信，我作为受害人的律师，也会大声说法院没做错，他们行使的是法律赋予给他们的权力，他们公正的行使了这个权柄，法庭外的人不信，是他们的错。这三个法官对得起，我们称呼他们尊敬的法官。

然而，一审开庭硬伤太多，正如我向任法官面谈时提出几点大概……

此文令人印象深刻之处，尤以开头为最，从“尊敬”两字小处落笔，延伸至谈论法院审判的公开和公正的大问题，单刀直入，层层深化，实为代理词的佳作。

又如非诉讼类文书，尤其是合同，又应该如何开头呢？很多谈论写作的文章和书籍，都容易忽略合同开头部分，仅以“甲乙双方经协商一致，达成如下条款，共同遵守履行”一句带过就算了。其实，这个开头非常关键。

因为在合同开头，我们通常会写明双方签订合同的目的是什么，简称“鉴于”。根据我国《合同法》的规定，当合同出现争议时，法官会根据合同目的来解释合同条款，并据此作出裁决。所以“合同目的”，也就是“鉴于部分”的内容完整、清晰与否，直接关系到合同各方的切身利益。最为直接和稳妥的写作方法，就是将客户目标，即这个合同顺利履行之后，客户能够获得什么期望收益，完整和清晰地写入“合同目的”即“鉴于”部分。

一者，可以更严密地保护己方客户利益。二者，给予对方强烈的心理预期和提示，降低对方违约的主观意愿。

当然，如果你经验尚浅，还无法把握好守正出奇的尺度，那么就以最常见，最普通的方式开始吧。抄袭范本或模板的框架、脉络和用语，虽然平淡无奇，但确保安全。

这就是法律职业的特性，安全永远比出彩更重要。

- **系统化写作**

这是一个系统化的世界，从基本粒子到宇宙的河外星系，从人类社会到人的思维深处，从自然科学到社会科学，系统化无所不在。法律实务写作也是如此,各类法律文书,无非是一个个系统的拆分或组合。

以合同写作为例,实务当中,合同条款如果是《合同法》规定的 8 个必备条款的堆砌,肯定不足以解决问题,我们需要的是系统化思维和写作。在动笔之前,我们应当首先将合同内容系统化,根据需要,将内容灵活变化为小汽车、火车或者火车群等多种形式,如下分述之:

系统一:一部小汽车

例如两个自然人谈好买卖一座房子,因为主体单一,客体单一,所以文件系统有如一部小汽车——单独一份合同,就足以解决问题了。

系统二:一列火车

又假如某个企业打算出售一座房子,除了交易合同之外,由于企业不能个人说了算,还有股东会和董事会,所以需要授权性文件,例如股东会决议或董事会决议;如果这个企业属于国有企业,还需要批准性文件,例如政府或国资委的批准文件;为了顺利办理过户的需要,多数还要签订与真实交易合同内容不同的格式合同版本。

此时,文件系统是一主多副的合同组合,有如一列火车——一份主合同牵头,后面拉上若干份辅助文件——授权委托书;股东会或董事会决议;批准或备案申请书以及与主合同格式相同、内容不同的交易合同版本等。

系统三:火车群

一个交易当中涉及多个主体或者客体,例如企业原有的多个股东,打算将其股权转让给另外几个新股东,由于其中法律关系众多,而且需要统一行动,所以较为安全的方法是设计一组火车——即多个主合同和多个从合同的组合。

关于系统化写作的实例,可以参见本书下册的相关内容。

- **优劣攻防战**

法律实务当中的文书写作,不是无人荒岛上的鲁滨逊,躲在自我世界里面天马行空地想象,而是现实当中各方利益冲突平衡之后的产物。有冲突,必然有攻防，自然有双方优劣地位的差异。那种所谓的交易双方谦恭退让、不计得失的场面，只是课堂上老师给学生描述的理想状态罢了，现实当中并不常见。

现实的常态是，优势方因为资金雄厚、产品紧俏等原因，在交易当中占据了主动位置，所以往往提出苛刻的交易条件，甚至多占便宜。而劣势方则相反，为了达成交易，不得不委曲求全，低声下气。所以，双方的攻防策略有很大差异。

以合同为例，优势方对于自己将来可能违约之处，会有意或无意地少提甚至不提，加设多处阻碍对方追究自己违约的保护性条款，例如违约警告、对违约行为的抗辩权以及设定赔偿上限等内容，以降低违约风险和赔偿金额。

相反，对于对方将来可能违约之处，则按照“宽认定、高赔额”的原则，采用比较宽泛的认定标准，要求对方承担较为严重的赔偿责任。所以，优势方喜欢采用“唯结果论”，即无论何等原因，只要出现某个特定情况，就视为对方违约，具体条款写法如下：

如果发生下列一种或更多种事件或该违约事件持续发生的，无论该事件起因系基于违约一方的过错还是第三人原因；或者基于违约一方自愿或非自愿原因；或者受法律实施的影响；或者根据任何生效法律文书认定，均构成本合同所称的违约事件，违约一方均应当向另一方承担本合同所述的违约责任。

而作为劣势方，面对优势方气势汹汹的进攻，防护之盾又在哪里呢？通常可以有如下四条抗辩理由：

1. 要求依法行事。即依据法律规定，指出优势方的某些条款不合法，要求进行修改或删除。

2. 要求依惯例行事，即主张优势方起草的某些条款不符合双方或行业内的交易惯例，要求进行修改或删除。

3. 以公平为由要求双方适用同一条款。即主张同样的条件或条款，应当同时适用于双方，而不仅仅是单方，从而逼迫优势方退让出部分利益。

4. 缩小或消除不利条款的潜在影响。对于劣势方不利或者不公平的条款,可以澄清或细化的名义,将条款的影响孤立、降低甚至消除。

在《合同与法律咨询文书制作技能》一书中,有这样一个例子[①]:

中国长城公司向美国硅谷公司购买高端路由器设备,硅谷公司为保护自己的利益和控制风险,坚持在合同当中加入免责条款,鉴于长城公司购买设备的意愿较为强烈,市场上并无其他更多选择,所以在这一点上长城公司处于劣势,如何应对这一问题呢?

律师提供了如下几种条款的修改理由和建议供客户参考:

第一,以条款内容违反我国《合同法》第53条规定为由,收窄免责条款的适用范围,即"应当规定任何故意的违法行为或重大过失给财产带来的损失以及人身伤害不能设定责任上限或者予以排除";

第二,以国际惯例为由,规定免责条款的例外情况,即"可以主张他们在知识产权赔偿条款下的义务也是不能以任方式设定上限或加以限制。这是因为这些责任产生于硅谷对第三方知识产权的侵犯,只有硅谷为其不当行为承担完全责任才是公平的。这在国外是普遍的做法";

第三,以交易条件应当对双方公平为由,主张免责条款对双方同时适用,即"我们可以坚持该免责条款对双方均有效力,即它既保护硅谷又保护长城免予承担利润损失的责任"。

前述例子是关于劣势方的三面盾,关于第四面盾牌,请看如下案例:

某次股权转让合同谈判,出售方极其希望将手中的股权转卖出去,因此购买方占据了合同谈判的优势地位,并在合同当中写上了这样一条非常苛刻的条件:购买股权的前提条件是出售方以购买方满意的方式完成公司重组。

但是,合同当中对于何谓"以购买方满意的方式"并无定义,导致合同双方对何谓"以购买方满意的方式"争执不下,合同谈判陷入僵局。

后来,我们提出,所谓的"令购买方满意"应当是符合法律规定和双方

① 吕立山:《合同与法律咨询文书制作技能》,法律出版社2007年版,第255~258页。

约定,因此建议在后面加上一个注释,将原文改为:"以购买方满意的方式系指根据中国法律和本合同规定履行相应权利义务的方式"。

上述做法实际上是将这一原本赋予优势方生杀大权的条款废掉,消除了对劣势方的一大威胁。

在文书攻防战当中,律师基于担任优势方抑或劣势方的不同,技法大有区别。

优势方总会比劣势方掌握更多的筹码,占据更主动的位置,因此,作为优势方的律师,应当"勤快"一些,深入考虑合同的各个细节,尤其着重在合同目的、合同履行抗辩权、合同解除权和违约责任条款等几个重要方面巩固优势,才能最终将优势化为胜势。

而作为劣势方的律师,则应当"懒惰"一些,不要每城每地必争,而应该学会抓大放小,把防守力量集中到核心利益上来。在谈判当中遇到分歧时,要学会权衡利益和义务,在确保己方核心利益的前提下,主动接受对方提出的苛刻写法或条件,以此换取对方的信任和善意,为交易成功加分。

无论是担任优势方抑或劣势方的角色,都应该谨记的是,律师只是参谋长而不是司令,律师的本分在于根据客户需求,设计相应方案,至于采用何等方案,决定权不在律师处,而专属于客户。如果律师忘记了这一点,把商业谈判作为展示自己专业风采的舞台,最终不仅会搞砸项目,而且也会被客户无情抛弃。

- **程序性内容**

无论何种法律文书,与程序有关的内容表述,往往都非常重要,有时候甚至超过实体分析。法律职业人往往非常重视和利用程序瑕疵,以此解决实体问题,可收事半功倍之效。

以刑事辩护为例,辩方律师的攻击重点往往是起诉方取证程序是否合法,是否存在刑讯逼供的情形。轰动全世界的美国棒球明星"辛普森涉嫌杀妻案",辩方律师就是通过质疑取证程序不合法,否定了关键证据,结果成功推翻诉方的指控。又如民事上诉案件,上诉状当中对于一审判决是否存在程序瑕疵,例如遗漏诉讼主体、适用程序不当等,是必须详加分析的部分。因为根据法律规定,一审判决如果存在遗漏诉讼主体等程序瑕疵,即使你的实体判决没有错误,也必须撤销原判,发回重审。

再以合同写作为例，关于程序的叙述和安排，同样在合同当中占有相当重要的位置。例如国有土地出让，一般必须履行"招—拍—挂"程序；建筑工程需要到当地的"建筑工程招投标中心"进场交易；国有资产转让，需要到当地的国有产权交易所挂牌交易；中外合资企业股权转让，需要获得原审批机关批准；我国企业对外国企业提供担保的，需要经过外汇管理局批准等。所有这些必经程序，双方如何配合，共同申报，分别提交文件，限时完成等程序性内容，都必须在合同当中详加规定，否则就容易发生扯皮。

在笔者总结的"合同七大模块"当中，与程序有关的条款内容主要分布在"争议解决"模块和"合同执行"模块当中，前者包括了合同解释权、语言差异解释、格式条款解释、合同标题、权利申明、法律适用和纠纷解决，总共七个条款；后者包括了授权代表、批准文件、生效条件、效力独立、主从合同、文本和份数、合同转让以及效力取代，总共八个条款，还有一些程序性条款，例如合同解除、合同中止等，广泛分布于各个模块当中，其重要性和篇幅比例，一点不亚于实体性条款。

关于程序与实体的详细论述，请参见本书"思维篇"的相关内容。

七、修订

法律文书的修订虽然是在起草的基础上，但其差异之大，使我们不得不用专题来讲述。起草法律文书的时候，注重的是表达些什么，必须赶在灵感稍纵即逝之前，将它们一一记录下来。所以，写的时候讲求保持速度，行云流水，一气呵成。

改则不同，它注重的不再是表达些什么，而是如何准确表达。所以，改的时候注意慢节奏、慢速度，修正框架、梳理脉络、考量表达、斟酌用词等，确保每一处都足够的细致、准确和严谨。

相比之下，改比写更难。文件还没有写出来的时候，客户的心态往往还比较放松些，还有放弃的可能性，因而对律师的压力小一些；如果是达成了交易条件、谈妥文书草稿之后，客户就容易患上焦虑症，总是害怕夜长梦多，煮熟的鸭子飞了，会经常催促律师尽快完成工作，哪怕是通宵加班都好。

此时，律师容易感觉痛苦：一方面要抚慰客户的焦虑，另一方面又不能因为赶时间而忽视文书当中可能存在的风险，降低工作质量。

还有，写的时候，客户目标往往还可以协商和调整，文书结构和用语等均未成型，自由发挥的空间较大。但是改的时候，客户目标已经确定下来，文书基本内容等均已确定，可作重大调整的几率很小，修改文书必须“戴着镣铐跳舞”。

下面介绍几种修订方法：

- **洋为中用**

2008年8月8日，当刘欢和莎拉·布莱曼在鸟巢以中英双语唱响《我和你》这首奥林匹克主题曲时，让众多的中国人强烈地感受到“地球村”之小，中国文化似乎已经与世界其他文化融为一体。但现实情况是，中外文化渊源和背景相差甚远，中文和外文有着巨大差异，这在法律文书写作中也有明显体现：

在语序方面，中文按照主谓宾，固定排列；英语则按重要性，先说最重要的，再说次要的，例如：中文——我明天坐车去广州，英语的语序是：我去北京坐车明天（I'll go to Guangzhou by car tomorrow）；

在句式方面，中文大多数是单句，而英语中复合句很多；中文少用甚至不用倒装句和被动句，英语则大量采用；中文很少用或者几乎不用从句；而英语多用从句，尤其定语从句、状语从句，甚至主语也是一个从句。

此外，还有一个很重要的差别，就是写法的差异。同样是为了精准和尽量涵盖所有范围，英文喜欢大量使用列举式写法，写法显得非常繁复；而中文则注重精确定义，讲求言简意赅，两种语言的运用手法有非常大的差异。

所以，每当中文和外文转换时，译者经常会陷入追求“形似”抑或“神似”的迷茫和痛苦当中。

请看某份翻译自英文版的《企业并购协议》，对于赔偿责任条款的翻译如下：

对由于出售方单独或与其他人共同违反包含在或将包含在本协议和/或任何交易文件中的任何义务、承诺、约定、陈述或保证而直接或间接导致的或与之相关的购买方及其关联方、继承方和受让方（合称“购买方被赔偿方”）实际遭受或产生的（包括但不限于由任何购买方被赔偿方提起的或以其他方式发起的任何诉讼)任何及所有责任、损失、损害、权利主张、费用和支出、判决和处罚;或标的企业在转让日前承担或遭受的或由标的企业不当操作(包括但不限于未缴纳税收、职工社会保险和住房公积金、产品责任或环境责任)引起的、无论是否在转让日之后出现或在签署本协议之日是否已知或未知的任何及所有债务、义务、权利主张和其他责任(无论是合同的、税收的或其他性质的);和/或购买方因任何第三方就本次交易之前的或与本次交易有关的股权的所有、占有、控制或变动或因交易的任何方面向购买方和/或收购后的标的企业提起的权利主张(包括但不限于任何政府机关的权利主张)而遭受或承担的任何及所有债务、义务、权利主张和其他责任,出售方及其关联方、继承方和受让方(合称“出售方赔偿方”)应承担为购买方被赔偿方进行辩护、对其进行赔偿并使其不受损害的责任。

很明显,上述翻译的重叠分岔非常多,让人看得头晕脑胀,应该是中文没有学好,英文也没有领会要旨的结果。可以改写如下:

——定义条款

“出售方”,包括出售方本身及其关联方、继承方和受让方。

“购买方”,包括购买方本身及其关联方、继承方和受让方。

“标的企业”,系指的×××公司。

——赔偿事件条款

发生如下情形之一的,出售方应负责或协助购买方和标的企业进行抗辩、对其进行赔偿并使保证使其不受损失:

1. 购买方发生如下事件任一或全部的:

(1)无论何种原因,出售方违反本协议及其他交易文件中的任何规定,导致购买方被任何第三方索赔、需要支出本合同规定以外的任何费用或被政府部门作出追缴、罚款或其他处罚决定而导致损失的;

(2)由于出售方的其他过错,导致购买方被任何第三方主张权利、索赔以及政府机关提出行政管理或税收等其他决定而导致损失的。

2. 标的企业发生如下任一或全部事件的:

(1)标的企业需要承担签署本协议之日前所发生的任何负债、义务和其他责任的;

(2)因标的企业在转让日前不当操作引起的转让日后的标的企业需要承担的任何责任或费用,包括但不限于未缴纳税收、职工社会保险和住房公积金、产品责任或环境责任等;标的企业被任何第三方提起的权利和索赔主张;或政府机关提出的行政管理或税收等等其他决定而导致损失的。

——抗辩权条款

一旦发生可能导致上述结果的事件,出售方应当及时通知购买方,将相关文件资料提供给购买方,负责或协助购买方向相关方提出抗辩主张,确保购买方不受损失。

——赔偿范围条款

出售方对购买方的赔偿范围包括直接和间接损失,包括但不限于购买方或标的企业因行使抗辩权而合理支出的律师费、顾问费、评估费和其他合理费用以及购买方预期利润。前述预期利润按照__________(标准)计算。

——保证不受损失条款

出售方保证购买方不因前述事件受到任何损失系指出售方保证购买方除支付本合同规定费用外,无须向出售方、任何第三方和政府部门支付任何费用,但该费用系因购买方过错造成的除外。

归结起来,有如下几点技巧可以快速提高翻译质量:

1. 在表达顺序方面,除了特别强调的内容或成分外,无论文书结构抑或段落结构,一般采用顺序表达方式,少用或者不用倒装句等特殊句式。

2. 在句子形式方面,尽量多用短句,少用长句;所有的词句多用单独词组,少用或者不用短语词组;每个句子当中,四要素尽量做到单一化,少用或不用复合性的词组。

3. 在描述对象方面,无论是主体或者客体,尽量确保一个句子对应一个。一旦发生改变,必须特别标注清楚。

其实,形似或神似,都不是关键,重点是翻译之后,意思不会变得模糊不清甚至逻辑错误。只要把握好这个根本点,翻译就变得容易了。

- **拆分删除**

“写作就如同穿迷你裙”,这是我在外国学习期间,听过关于写作的一个很有意思的说法。我理解这句话,不是说裙子越短越好,而是一切恰到好处,不能增一寸,也无法减一分。具体而言,有拆分和删除两种技巧。

首先是拆分。法律文句固然要求严谨细致,但不等于必然繁复,尤其是长句最容易出问题。较好的写作方式,是将长句分拆成若干短句,注意文句结构、句子元素尽量简化,尽量做到句子之间不要有嵌套、转向、交叉、指引等复合关系,否则容易引起歧义。

例如在某份法律意见书当中有这样一个句子:

我们的客户A公司拥有一家专门从事产品检测业务并拥有多个跨国集团认可产品检测资质的全资子公司——B公司。

这个句子的弊病在于主体多重嵌套,而且重复使用同一动词——拥有,难以被迅速理解。修正方法就是拆分,即将一个复杂的长句拆散为三个简单的短句,同时注意调整陈述顺序。改写如下:

我们的客户是A公司。A公司全资拥有B公司。B公司专门从事产品检测业务,并且拥有多个跨国集团认可的产品检测资质。

文字写得越简洁,句子表述得越简单,结构越清晰,反而能够将复杂的情况说得很明白,不容易产生误解和争议。

其次是删除。正如契诃夫所言,写得好的本领,就是删去写得不好地方的本领。鲁迅先生则主张,(文书)“写后至少看两遍,竭力将可有可无的字、句、段删去,毫不可惜”①。在法律文书写作当中,当你遇到如下类似部分时,即可用力地、狠狠地删除:

——枝节问题。例如在尽职调查报告当中描述某个债权项目,如果该

① 鲁迅著:“答北斗杂志社问——创作要怎样才会好?”,载 http://free. zhulang. com/archiver/tid - 54794. html。

债权业经法院判决书生效并且执行完毕的,如果尽调不是以研究推翻法院判决为目的,那么对于债权的描述,就应该以法院生效判决书认定情况为准。

至于判决生效之前,双方贷款往来情况,还款情况以及双方对账情况等,无论是否与判决书描述内容相符,都可以删除。

——多余的内容。尤其是与客户目标没有密切联系的内容,例如一些无关重要的日期、文书编号等,如果不删除,会让你的文书显得无比啰嗦,降低你的文书专业性和职业性。

——多余的文字。同一个句子当中,出现多个动词,既啰嗦,还会造成概念模糊。例如:“被告与原告经常发生吵架”,“吵架”本是动词,“经常吵架”就足矣,在“吵架”前面另外加上一个动词“发生”,成份重复,应当删除。

——不必要的修辞。法律文书最常见的风格是以叙述或说明为主,句子多用肯定、陈述、判断句式,少用或不用反问、设问、疑问、感叹等加强语气和感情色彩的句式。除非是在代理词或辩护词一类文书当中,出于渲染情感的需要,否则对于一些拟人、比喻、形容、联想的艺术修辞手法,皆可删除。

- **打磨抛光**

不知道你有没有过这样的感受:尤其是自己写的东西,无论反复看多少遍,总有些错误挑不出来?

为何如此? 这是因为我们经常有这样的习惯,看文章总是一遍遍地从头开始,一行行地扫过去,如此就会在你的思维当中,留下强烈的思维残像。

如此这般就算再看上一百遍,你的眼里存留的,其实依旧是开头那几遍的印象,所以很难再发现其他错误。

如何解决这个问题? 有如下的三种文书审阅方法,可以帮助你把文书打磨和抛光得格外漂亮一些:

1. 关键词跳读法

每次选择若干个关键词,例如主体名称、标的物、价格、标题、引用的条款编号等,对全文进行快速扫描,跳跃式阅读,每一次只审阅与关键词相关的部分,其他则大幅跳过。

这种方法有点像 Word 当中的“查找”或“替换”功能。它能够帮助你迅速找出文中表述有差异,或者前后有矛盾的地方。

2. 交叉审阅法

相信不少人有这样的体验,自己写的东西,无论看多少遍,总是挑不出毛病。相反,看别人的东西的时候却是目光如炬,一眼观去,可以随手挑出不少谬误。其实,不是你的水平有问题,而是不同的人阅读相同的文字,有不同的角度和方式。横看成岭侧成峰,就是这个道理。

所以,可能的话,将写好的文书交给你的同事和其他人交叉审阅一遍,防止出错之余还能彼此启发。

3. 文书晒晾法

即使是很紧急的文书,在写好之后也别忙着立刻发出,把它搁在一旁晾上一会,哪怕十分钟或者半小时都好。自己先干点别的活,将注意力从这份文件当中转移开去。

就像一杯刚倒好的水,等它慢慢平静下来,水自然变得清澈起来。

等到注意力转移、思维重新变得清晰之后,再捡起这份文书,从头审阅一遍,你肯定能够从中或多或少发现一些新的错误或问题,这些潜藏在文书深处的小臭虫就是你最后需要扫清的垃圾。

● 模块修订

合同不是写出来的,而是改出来的。在达成交易意向之后,最困难的是敲定每一个细节,其中必然经过反复的拉锯战。伴随其中的,就是合同条款的反复修订和淬炼。我们需要掌握更多的,是如何巧妙修订合同的技能,详述如下。

1. 合同首尾模块

实务当中,太多的合同标题存在“文不对题”的情形,通常表现在标题写法不当、不统一和与内容不对应等。

例如:在一个债务重组项目当中,债务人意欲以其持有的股权和房产抵偿其拖欠甲方的相应债务,律师起草了如下图左半部的《债务重组协议》初稿。我经过审查,将初稿重新调整和梳理,改写成右半部的《债务重组协议》定稿。

初稿		定稿
第一条　债权债务	→（改标题）	第一条　甲方债权和乙方债务
	（新增）	第二条　先决条件
第二条　债务重组方案	→（新增部分）	第三条　乙方债务重组方案
第三条　股权转让	→（相同）	（一）股权转让
第四条　拍卖抵债房产	→（改标题）	（二）房产拍卖
	（新增）	（三）债权债务抵销
	（新增）	（四）债务豁免
第五条　声明与保证	→（改标题）	第四条　双方声明与保证
第六条　协议的变更和转让	↘（改标题）	第五条　违约责任和协议解除
第七条　违约与责任条款	↗（改标题）	第六条　协议变更和终止
	（新增）	第七条　代表和通知
第八条　争议的解决	→（改标题）	第八条　争议解决和法律适用
第九条　本协议自双方签字盖章之日起生效	→（改标题）	第九条　附则

左边初稿的标题写法有很多错误。例如：

第一个标题“债权债务”写法过于空洞，模糊不清，有哪一份合同不是讲述债权债务关系呢？

第二个标题“债务重组方案”实质上包含了第三条和第四条的内容。

第三个标题“股权转让”采用的是提前宾语方式。

第四个标题“拍卖抵债房产”则是将谓语“拍卖”和宾语“房产”按顺序排列，前后两个标题写法不一致。

第六、八条标题换成了使用“的”字连接宾语与谓语的并列结构。

第七条标题不断寻求变化，将连接词“的”换成“与”，与第六、八条标题不一致。

第九条干脆忘记了要写标题，将正文加上去了。

右边定稿采取了如下三种方法进行改进：

——细化标题内容

主要是对标题作适当扩充,更准确涵盖相对应的内容。例如:初稿的“第一条　债权债务”指向不明,于是定稿扩充为“第一条　甲方债权和乙方债务”;初稿的“第八条　争议的解决”遗漏了部分内容,因此增加为“第八条　争议的解决和法律适用”。

——统一标题间的联系

初稿当中“第二条　债务重组方案”显然涵盖了“第三条　股权转让”和“第四条　拍卖抵债房产”,不宜并列为同一层次的标志。所以定稿将第三条和第四条都纳入了第二条下面作为二级标题。

——改进各标题写法

例如将初稿的第三条和第四条统一改为“(一)股权转让”和“(二)房产拍卖”,将原本不统一的形式予以改进,突出重点。

2. 交易目的模块

先决条件条款规定的是合同一方履行义务的前提条件,这个条款能够帮助合同一方有效规避对方的违约风险,并且有助于强化合同优势方的风险控制能力。但不少法律人对这一条款的作用还没有充分认识,往往没有写作专门条款的意识,这是需要改进的。

3. 交易标的模块

需要注意如下三个常见错误:

——标的条款经常缺失或不清

合同标的附属关系如何转移这一问题经常会被遗漏或模糊不清。例如不动产交付,有些合同只规定了实物交接和产权过户登记两项交付内容,对于附属在不动产之上的权利义务关系例如租赁关系等,却没有相应规定。租赁关系是否可以结束或必须延续,已经收取的租赁押金是否需要移交买方,预收的房屋租金是否需要退还承租人或者买方,不动产如果有拖欠物业管理费、水电费的应当由哪一方承担等内容,如果不作出清晰规定,则会成为双方将来纠纷的隐患。

又如某些需要经过试用期才能检验质量的生产线、设备或其他货物等,合同当中不仅要规定初次规定验收标准,还要规定试用期间发生故障如何处理以及试用期满如何最终验收合格等详细内容。

——付款方式的描述经常发生错误

例如某合同当中关于付款方法有如下表述:

在甲方将货物交付乙方之日起三日内,乙方将全部货款划至甲方账号。

这个条款乍看没有问题,其实是错的,或者说,只对甲方有利而对乙方不利,具体有两个问题:

规定乙方只能采用特定付款方式——划账付款,等于禁止乙方可以交现金、委托第三人代付款等其他形式付款。在如此苛刻的条款约束下,乙方行事稍有不慎就会给对方送上违约的理由。

关于"交付"的标准对乙方不利。这个条款规定,只要甲方向乙方交付了货物,乙方就应当付款。但是,如果甲方货物不合格,乙方虽然收取了货物,是否仍然有权拒绝付款?从这个条款内容来看,乙方没有这样的权利,但这一结果显然是不合理的。所以,修改的方法是对"交付"程序作适当扩充,增加乙方的控制能力,因此修改为:

在甲方将全部货物交付乙方验收合格之日起三日内,乙方向甲方支付全部货款。

——收付条款的关键内容经常遗漏

在实务当中,当事人往往出于某种需要,例如流动资金不够、同一集团内部资金调剂或者是其他客观情况,提出合同收付款需要委托第三人代为履行。对于这类行为所引起的法律风险,需要予以充分重视。虽然我国法律有委托代理制度,允许第三人代为履行,但鉴于收付款是合同的主要义务,应当由合同双方亲自履行更为稳妥。

如果因为客观原因,不得不委托第三人代为收付款,则应当在合同中写明,合同双方一致同意由第三人代为收付款,由此引起的债权债务关系由委托第三人的合同一方与该第三人自行解决。此外,同时要求受委托人签署声明和承诺,确认遵守上述条款。

如果采取外币付款方式,需要考虑到我国法律明确规定,国内贸易应当采取人民币结算,所以一般只能接受以人民币作为结算货币。如果因为客观原因,确实需要采取外币付款,则需要向外管局申请批准。遇到这种情形时,应当将合同生效条件增加"合同经政府部门批准后生效"的相关内容。

如果采取远期外币付款的方式,则需要考虑从现在至到期日,合同金额会因外币汇率变动而产生数额变化,合同当中应当对这种汇率风险作相应规定。

此外,如果双方约定实际付款地点在国外,则审查合同贸易是否具有涉外因素例如货物交付在国外等,如果没有的话,上述约定则可能违反我国的外汇监管制度,需要小心留意。

4. 权利义务模块

关于该模块的常见错误包括:

——声明和承诺条款描述不清

在一个股权收购项目当中,购买方为了防止出售方在合同签订后至企业移交前,随意取消企业的牌照而影响企业的商业运作秩序,因而要求出售方在《企业并购合同》当中作出如下声明和承诺:

出售方承诺已取得并保持其拥有、租赁、经营其资产及从事其业务所需的完全有效的所有证照、许可、批准和其他文书文件。前述证照、许可、批准和其他文书文件均不会因为本次交易进行中或完成而被撤销、中止、注销、变更、终止或不得续展。

看到上述内容后,出售方的律师坚决反对。原因是并购方过于注重防范风险,条款写法存在逻辑错误,将出售方推入了铁定违约的境地之中。

因为,如果要完成股权转让,必定要变更股东身份,注销或变更原有证照和文件。但是,按照上述条款规定,如此做法属于违约,这让出售方如何是好?

修改方法有好几种,比较直接的一种是将本次交易所需要发生变动的文书和证照一一列出,这个法子虽然有点笨,但比较直观;还有一种方法是在后面加一个除外条款,将相应的特殊情况排除之外:

但为了进行或完成本次交易为目的而需要撤销、注销、变更或终止的证照、许可、批准和其他文书文件除外。

审查和修订声明和承诺条款,首先应当注意防止对方要求己方作出超出自己能力范围的声明与承诺,否则容易落入被追究赔偿和违约责任的陷阱。

其次是对于陈述和担保的事实,需要有明确的截止日,是到签约日为止,还是生效日或者其他特定日期,需要明确规定。一般而言,只能截至签约日。因为超过了这个日期,交易已经开始,签订合同时的一些基本法律事实已经发生变动,将导致声明与承诺内容的改变,交易双方自然无法保证。

——担保条款所对应的批准和登记手续是否已经办妥

根据《担保法》的规定,各种担保手段必须办理相应批准和登记手续,例如:抵押必须办理抵押登记;股权质押必须制作股东名册和股东会决议;股权质押必须在工商局办妥质押登记;抵押或质押的是国有资产的,还需获得国有资产管理部门的批准,等等。相应的手续何时办理,如何办理,如果不办如何补救和追究责任等,均应当在合同当中明确规定。

——知识产权条款经常缺失

现代交易当中,随着产品责任的日渐严格和产品高科技含量的不断增加,产品因知识产权问题引起的纠纷和第三人诉讼等问题日益增加,所以对于知识产权的归属、开发当中采用他人知识产权造成侵权的责任分担等等问题,应当在合同当中增加相应的条款予以明确。

——通知条款的作用经常被忽略

通知条款虽然不起眼,其实也很重要,它的作用是明确界定双方的通知方式和地址,首先可以有效防止合同双方在交易过程中因为地址变更等问题所导致的信息沟通障碍;其次是可以明确区分各方责任,判定赔偿责任或违约责任的起算点。

5. 责任分配模块

责任分配主要讲述的是认定合同各方权利义务和违约责任的标准,主要见于责任分配和处理模块。修订此类条款需要注意使用如下技巧:

——集中表述合同义务和对应的责任

有多少条合同义务就有多少条违约责任,将合同义务、违约认定标准和惩罚措施集中在一起表述,好处是避免遗漏,对合同双方都公平,如果是合同内容复杂时,更应如此。

——明确违约责任认定内容

一份合同当中的违约责任认定内容,应当包括违约责任发生时间、认定标准、守约方对违约方的通知期限以及给予违约方纠正违约行为的补救时间等,方为完整和严密。

——合理界定损失范围

根据我国法律规定,损失的范围包括了直接损失和间接损失,其中直接损失是指因违约行为给守约方带来的损失和为此支出的费用,间接损失主要包括了守约方的预期利润。

合同优势方一般希望将损失范围尽量扩大和模糊化,涵盖预期利润,给予对方一定的心理压力,也保证对方一旦违约,自己可以获得足够的经济补偿。而合同劣势方则希望将损失范围尽量界定清晰和明确化,有时候会要求界定损失的上限等,使违约责任控制在自己可以承受的范围之内。

我国《合同法》规定了双务合同中的不安履行抗辩权、先履行抗辩权和同时履行抗辩权三种权利。但是,仅仅依靠原则性的法律是不够的,如果希望在合同履行过程当中自如地运用这三种权利,还必须制定更为详尽的合同条款。

在审查合同时,应结合违约责任的认定标准,结合双方履行义务的期限来确定履行义务的先后顺序。还有,注意补充关于中止履行的内容,即合同当中应当有合同一方不履行前一义务时另一方有权中止履行后一义务的相应规定。

一般而言,双方履行抗辩权的规定是比较少见的,因为双方同时履行时,不容易分清双方的违约责任。解决方法是即使是同时或需要双方共同履行的权利义务,也可以将其分拆成若干个环节或步骤,分别明确合同各方在每一环节或步骤当中的权利义务,这就能够分清合同各方的各自责任。

——区分终止合同和解除合同的概念

终止合同和解除合同是两个并不完全等同的法律概念,应当根据《合同法》第六章关于合同的权利义务终止的相关规定对合同进行审查,尤其注意如下问题:

解除合同的标准是否明确。《合同法》第 93 条规定了当事人双方可以在合同中约定解除合同的条件,这些条件的设置往往与一方违约行为相联系,在审查合同时,应当注意上述两者的联系是否明确。

其中需要特别留意的是,实务当中,合同一方发生迟延履行事件时,合同另一方应当及时对违约方进行催告,只有经过催告而违约方拒不履行合同,迟延已经达到根本违约程度时,另一方行使单方解除权才有充分的理据。

解除合同时如何通知对方。解除合同需要通知对方,且在通知到达对方时才发生解除合同的效力。这也是审查合同时需要注意的问题之一。

行使解除权的期限是否需要约定。根据《合同法》第95条的规定,双方可以约定行使解除权的期限,没有约定的适用法律规定,法律也没有规定的,则在对方催告后的合理期限内必须行使,否则会导致该权利的丧失。合同法分则许多条款都有关于法定解除的特别规定,如赠与合同、不定期租赁合同、承揽合同、委托合同、货运合同、保险合同等。因此,在审查解除权条款时,应当依据合同法分则对各类合同解除权的具体规定写作。

6. 争议解决模块

争议解决模块中经常发生错误的是纠纷解决条款,导致错误的原因一是不少合同范本有些甚至是政府部门制定的格式文本当中,仍然沿用“亦诉亦仲”的过时写法,容易造成误导;二是仲裁条款内容写得过于粗糙,容易在事后被法院认定无效。

避免错误的方法只能是“或诉或仲”;再就是将仲裁机关全称准确写上,可参看本章关于争议解决模块条款的正确写法。

7. 合同执行模块

合同生效条件考虑的不周到不严密,就很可能导致整份合同作废。以不动产资产转让为例,合同的生效条件通常涉及转让标的是否允许转让、转让行为是否需要批准等问题,如下例:

个人资产例如夫妻一方资产转让的,是否已经取得夫妻另外一方共有人的同意?

有限责任公司资产转让的,是否已经征得董事会或股东会的同意?

有限责任公司股权转让的,是否已经取得其他股东同意放弃优先权?

国有企业资产或股权转让的,是否已经取得国有资产管理部门的批准文件?

外商投资企业资产转让的,是否已经取得董事会的同意以及原有审批机关批准?

外商投资企业资产涉及海关监管设备转让的,是否已经取得相关海关补税证明和批准转让的证明？

相关资产存在抵押、租赁等优先权利而转让的，是否已经取得优先权人的同意？

实务当中，解决前述问题的一般做法是要求合同各方出具相应的批准或声明文件，并将合同生效时间设置为取得相应批准文件之日。

八、审定

大功即将告成，但此时也是你应该格外小心的时候，否则，一旦出现某个小失误，前面的所有努力就可能将毁之一旦。

- **支持性文件**

在大多数情况下，文书一经客户签署，即时生效，例如合同当中通常规定："本合同经甲乙双方签字盖章后生效"，其实我们还需要准备好相应的支持性文件，才能确保文书效力。所谓的支持性文件包括了前提性文件、辅助性文件和授权性文件。

前提性文件指的主要是政府的各种批文和备案证明。有些法律文书必须经过政府部门批准才能生效，例如中外合资合作合同、企业承包经营合同等，取得这些文件才能确保你的文书效力。

授权性文件的典型代表就是签约代表的授权委托书。我国公司与外国公司对于签约代表的确认方法有很大差别。我国公司一般由董事长签署授权委托书即可；但根据外国法律，外国公司仅有董事长的授权还不能完全证明签约人获得了适当的授权，必须考察该外国公司章程当中的相应规定。

一般而言，代表外国公司签署合同的授权委托书需要取得经过我国领事馆认证的公司董事会决议文件，这样才比较保险。

对于港澳台企业，则必须要求其提供经在当地开业的我国司法部认可的公证人认证的授权文件。

此外，有些文书需要与其他相关文件搭配使用，才能确定有效，例如以公司名义对外签署的担保合同必须结合公司章程来判定其效力等。

• 复核和签发

文书定稿之后，在制作过程经常会出现各种小错误，例如打印漏页、某一、二个字眼被删改，等等。务必记住在文书签署之前，拿着纸文本逐字、逐行、逐页核查至少三遍。

如果你是作为律师助理被安排承担这些工作，记住把这个看似枯燥无味的工作，视为一场检验自己工作态度的考试。一旦失误，无论你的文书写得多么出色，都会变得毫无意义。

在签署环节，要注意文书不同，盖章、签名的规则各有不同。

例如同为起诉状，个人起诉的，在起诉状上亲笔签名是必须的；但是公司起诉的，只需要在起诉状上加盖公司公章，并不要求法定代表人签名，这是为什么呢？翻查法律是不可能找到答案的，因为没有明确规定。真相是因为中国奉行“认章不认人”的文化，法定代表人签名不如盖章管用，如此而已。

又如合同，我国《合同法》第 32 条规定，“当事人采用合同书形式订立合同的，自双方当事人签字或者盖章时合同成立”，即对合同盖章等同于签字，同样反映了我国文化对印章的重视程度。

关于印章，另外一个常见问题就是私章是否有效。通常而言，企业的财务人员、高管等人的私人印章都是无效的，因为没有备案，无法证实它的真实性。但是，法定代表人的私人印章例外，因为在公安局有备案，与法定代表人的签名有着同样的效力。

在文书的收发环节，要注意的是两点，第一是尽早行动，第二是尽量不转交。

任何一个案子的审判结束后，法院会根据情况制作出判决书、调解书、裁定书。作为代表律师，收到法院通知后，应当第一时间通知客户，直接到法院签收法律文书，尽量不要代为签收后转交，以免因为中间某个环节出错，延误了客户上诉，也会增加我们工作失误的风险。

九、排版

二流文书等于二流质量，这个判断标准普遍存在于客户思维当中，因为客户都是“以貌取人”的。客户判断文书质量的首要标准,不是来自内容,而是从版式开始的。

不要批评客户不对,作为一份体现律师工作严谨、细致、周密特点的专业工作成果,如果你连排版都无法做好,怎么能够让客户放心个中质量呢?

• 标首明珠立文丛

有这样一则关于标点的故事:一教授在黑板上写下一句:女人没有了男人将一无所有,让学生断句。某男生将之加上标点,断句为:“女人没有了男人,将一无所有。”此句引起女生不满,愤而趋前,将标点改为:“女人没有了,男人将一无所有”。

标点符号是辅助文字、记录语言的符号,基本作用是表示停顿、连续或语气,还有上述的断句作用。常用的有16种,分为标号和点号两种,其中:

点号,顾名思义为“点断”,主要表示说话时的停顿和语气,分为句内点号和句末点号2类。句内点号用在句子中间,有逗号、顿号、分号、冒号4种,表示句中的停顿;句末点号有句号、问号、叹号3种,表示句子的结束。

标号,主要作用在于“标明”,即说明语句的性质和作用。标号有9种,即:引号、括号、破折号、省略号、着重号、连接号、间隔号和书名号。

在实践当中,标点符号的错误屡见不鲜,如下为常见的例子:

——句子内部并列词语之间应该使用顿号表示并列关系的,错用逗号:

客户一方不履行合同义务的,应当承担继续履行,采补救措施或者赔偿损失等违约责任。

——复句各分句间应该使用分号表示并列关系的,错用逗号或句号:

甲乙双方一致确认,甲方全资拥有题述房地产项目,乙方具有房地产开发资质。

——分行列举的各项之间应当使用分号表示并列关系的,错用句号;或者错误使用英文行文方式,不恰当地在倒数第二个并列选项后面加上“;

及/或”。例如：

中华人民共和国的行政区域划分如下：

（一）全国分为省、自治区、直辖市。

（二）省、自治区分为自治州、县、自治县、市。

（三）县、自治县分为乡、民族乡、镇。

——对于书籍名称、刊物名称、文件名称或者法律名称，应当使用书名号的错用引号，例如：

根据甲乙双方签订的“购销合同”第2条规定……

——乱用括号作注释用法的，例如：

2006年7月（文件上具体日期没写），被告经理张某（被告后改名为××公司）在广州（文件上注明的签订地为北京）签署合同（第二日被告公司盖章确认）。

——乱用引号作强调用法的，例如：

据此，我司特向贵局举报，恳请贵局能维护中外合资企业的合法权益，责成销售地工商管理部门立即取缔其销售，净化“经营”环境。

此外，全角和半角的混淆也是常见的错误，它的正确写法是：句号、问号、叹号、逗号、顿号、分号和冒号一般占一个字的位置，居左偏下，不出现在一行之首；引号、括号、书名号的前一半不出现在一行之末，后一半不出现在一行之首；破折号和省略号都占两个字的位置，中间不能断开；连接号和间隔号一般占一个字的位置；这四种符号上下居中等。

此外，标点符号还有左右文章气势的作用。例如用“句号”则声音由高而低，文气也就由扬转抑；用“疑问号”、“感叹号”则尾音上升，文气也就由抑转扬。如果能够准确和恰当地使用标点符号，法律文书可以实现抑扬有度,文气跌宕。

如果说文章是块美玉,标点符号就有如镶嵌其上的明珠,衬托得体,则使文章熠熠生辉,此所谓:标首明珠立文丛。

• 版筑文兴城始现

再好的红花,也需要绿叶衬托。恰当的文书版式能够烘托出内容的重要性。文书版式由封面、目录、排版乃至装订组成,具体要求目前尚无统一规定,可供参考的是我国质量技术监督局于 1999 年 12 月 27 日颁布的《国家行政机关公文格式》,要点如下:

——用纸尺寸。一般使用纸张定量为 $60g/m^2$—$80g/m^2$ 的胶版印刷或复印纸,采用 GB/f148 中规定的 A4 型纸,其成品幅面尺寸为:210mm × 297mm。

——四至。上白边为:37mm ± 1mm,左白边为:28mm ± 1mm,版心尺寸为:156mm × 225mm(不含页码)。

——书写方式。一律采用从左至右横写、横排的格式。在民族自治地方,可以并用汉字和通用的少数民族文字。

——页码样式。用 4 号半角白体阿拉伯数字,置于版心下边缘之下一行,数码左右各放一条 4 号一字线,一字线距版心下边缘 7mm。单页码居右空 1 字,双页码居左空 1 字,空白页和空白页以后的页不标页码。

——排版规格。标题用 2 号黑体,正文用小四宋体,一般每面排 22 行,每行排 28 个字。一个基准行的距离为一个 3 号字的高度加上该 3 号字高度的 7/8 倍。

——制版要求。版面干净无底灰,字迹清楚无断画,尺寸标准,版心不斜,误差不超过 1mm。

——印刷要求。双面印刷;页码应套正,两面误差不得超过 2mm。印品着墨要实而均匀,字面不花、不白、无断画。

——装订要求。左侧装订,不掉页。包装公文的封面与书心不脱落,后背平整、不空。两页页码之间误差不超过 4mm。骑马订或平订的订位为两钉钉锯订眼距书心上下各 1/4 处,允许误差 ± 4mm。平订钉锯与书脊间的距离为 3mm ~ 5mm;无坏钉、漏钉、重钉,钉脚平伏牢固;后背不可散页明订。

在实务写作当中,需要特别注意如下几点:

——标题。对不同层次的标题,注意采用不同的字体大小和颜色深浅差异,以方便阅读。

——字体。采用宋体、四号(或小四)、1.5倍行距是最老实也是最保险的方法。

——段落。段落之间尽量不用采用自动加空行的方式,这会导致段落之间是否应该加空行的争议,也容易造成阅读视觉上的混乱。

——页面设置。采用软件的默认间隔即可,不要自作聪明地设置其他样式。规范是法律文书应有特点之一。

——附件。由于正文内容多次被修改,所以导致以正文为基础所编制而成的声明、摘要、目录、图表等附件,可能与正文不一致,在最后必须全面复核一遍。

——装订。根据客户的口味或律师事务所的规定,考虑是否采用硬胶片装订封面和封底以及是否采用硬胶条装订文书背脊。

——封面。给法律文书一个独立、漂亮的封面,上面写上法律文书的全称和律师事务所的名字和签发日期,以示正式和庄重。

有了如此规范的版式,才能更好地体现正文内容,文书之城方才大功告成。此所谓:版筑文兴城始现。

• 将军下笔开生面

网络上有一句话,叫做:不怕神一样的文案,就怕猪一样的排版,很形象地点出版式的重要性。作为法律专业的文书排版,不用花哨或者复杂的版式,注意如下几点即可:

1. 制作独立的封面

制作一个独立的封面,在上面用大字打印上文书名称、签发时间以及律师事务所名称,还可以加上事务所的标志,显得文书简洁而庄重。尤其是对于重要的文书,除了制作独立的封面外,还应该加上硬皮封面甚至是密封的封套,这样更显得正式和保密,恰当地衬托出法律文书的重要地位和价值。

2. 制作简洁的摘要

制作一个简洁的摘要,可以帮助客户迅速理解一些复杂、冗长的法律文书的重点内容。其次是对于一些免责条款作出重点提示,提请阅读对象注意。

摘要一般采取对原文总体意思概括总结的方式而不对原文全文引用,这可以避免因为原文多次修改而没有及时更新摘要,导致两者不一致而出错。

文书摘要通常是定稿前的最后一步工作,将文书当中的某些具体条款直接拷贝变成摘要是一种快捷稳妥的方法。

3. 编制文档结构和目录

运用办公软件自动生成文档结构和目录,这个技巧对于帮助读者迅速阅读或浏览复杂、层级多的法律文书,作用尤为显著。

目录与摘要的作用类似,都是为了方便客户迅速阅读文书而设。目录是文书标题的集合,能够清晰反映出文书的整体结构和写作思路。现在常用的计算机办公软件例如 Word 已经有自动生成文档结构图和目录的功能,使律师们能够轻而易举地完成这项非常繁琐的工作。

4. 优选客户认可的排版方式

你可以在以往事务所和客户的往来文件当中获得这些信息,标题和正文使用的字体大小和字号应该符合公文行文规范,不要试图用自己欣赏的排版方式进行别出心裁的文书排版,要记住文书是给客户看的,不是给你自己欣赏的。

不要轻易改动办公软件默认的设置。法律文书不是艺术创作,个性化是次要的,关键是标准化。不要根据自己的喜好,轻易改动默认的字间距、行间距和段间距,按照 Word 软件的默认格式即可。

还有,每一段落开头要缩进两格,次行顶格。这种方式是规范的中文格式,为了突出显示段落的存在,符合文书庄重和正式的风格。

中文版式当中没有左侧一律对齐的排版方式,这种方式是外文文书才使用,中文文书当中是错误的。

5. 使用规范的注释和引用格式

注释一般用作解释引用词句的出处,分为脚注和尾注两种,脚注是将注释放在本页的下部,尾注是放在整个文书的末尾。写法上除了版次、卷次、页码应与所依据的版本写法一致外,一般均使用阿拉伯数字,如:上述观点引自高云著:《通向成功律师事务所之路》,法律出版社 2003 年版,第 208 页。

由于法律界直至目前为止,对于注释格式没有统一规定,各个流派方法都不一致，相对规范的是《法学研究》杂志，供各位参考。

不过，司法实践当中，法律文书很少使用注释，原因是法律文书讲求"言必有据"，而且这种根据应该是明确无误、没有争议的，所以学术界常用的"另有一说"的注释方法在司法实践当中几乎没有见到。

6. 将图表移到正文后面作附件

图表列入正文当中混排时，一旦正文某处发生变动，图表就不得不随之改变，整份文书的页数和版面都要重排，浪费时间和纸张。如果将图表放到附件，如果有变动，只需要改动单独一份附件即可，无需再改动文书正文，方便不少。

7. 打印和复印环节要非常小心

就我的经验，所有的正式法律文书，都应该使用激光打印机印制，不仅字体清晰、美观，而且便于长期保存。旧式的喷墨打印机打印出来的文件，见水即化，不利于保存，我在多年前已经弃用了。

此外，复印机如果有毛病一定要及时更换，不能让有毛病的机器在你高明的意见书上留下哪怕是一道黑色的杠杠，这无异于提醒你的客户：你出具的法律意见很可能是有瑕疵的，或者是廉价的。

8. 千万记住标注页码

法律文书凡是超过 2 页的，别忘记编上页码，这是最简单的事情，但却是新人常犯错误之处。

此外，对于合同版式的修订，需要额外注意如下几点：

——制作声明和目录

对复杂合同而言，一般应当在合同正文前附加特别声明和目录，特别声明主要是合同重要条款尤其是免责条款的摘抄，作用是提醒双方合同风险。目录的作用毋需多言，只是大多数律师，甚至是刚从学校毕业的青年律师，即使是拿到了微软的软件应用等级证书，竟然也不会利用文字编辑软件制作漂亮的目录，应当好好恶补一下软件应用知识。

——重要部分必须将字体加黑

合同开头的合同各方一般采用加黑字体特别标注，这体现了对合同主体的强调和重视。合同正文当中需要强调的部分，应当加黑。

还有，合同是一种很庄重的专业文书，文字，无论是标题还是正文，简单地将宋体、黑体或楷体三种字体轮换使用即可,不需要变化各种花样,尤其不要使用艺术字体,这会让合同变得很花哨和不严肃。

——加上正文结束标志

合同正文的下一行,最好加上"(以下无正文)"的字样,表示合同正文的结束,防止别有用心之人在合同正文后胡乱加上其他内容。

——给盖章签名之人留足空白

合同签署处,要留出至少两个空白行,给公司有足够盖章的位置,还有授权代表个人签字位置。因为公司老板的签字大多是龙飞凤舞,只留一行空白,会让他签起名来感觉很束缚,感觉不好。

——签署日期只写一个

签署日期最好是事先打印在合同各方签署的下方中央。这种做法可以有效防止合同各方自行书写签署日期不一而导致的混乱。实务当中就曾经出现过类似的日期争议。

杜甫在《丹青引赠曹将军霸》一诗中有云:"凌烟功臣少颜色,将军下笔开生面",意指功臣画像重新装裱后,又可以恢复生气,别开生面,这就是版式的好处。

Chapter 6 营销篇

不走往昔路,只爱陌生人。
呈现在眼前的,
不再是往日缓慢流淌的单调日子,
而是流光溢彩、婀娜多姿的缤纷生活。
而你灿烂的事业,就在其中。

律师是否需要营销？我本以为这个话题根本不需要讨论。不想最近几年参加数次会议,听到的大多是贬低或不齿律师营销之语,实在令人感觉诧异。例如,某次律师会议,某会长以自己的亲身经历为例,反复强调律师只要扎实地学好法律,专心做好本职工作,事业自然成功,毋须研究什么营销。

在我看来,这种说法有种坐着说话不腰疼的感觉。众所周知,中国律师业近年以来，老律师依靠先占为王的优势，越来越垄断大客户、大案源，导致律师业的二八现象甚至一九现象越来越严重，新律师找案源的难度越来越高，成长速度越来越慢，这已经是不争的事实。

以北京为例，近年以来，实际已经采取了一些隐性手段限制外地律师进入，例如，要求具备北京户口等。还有，很多律所根本就不欢迎实习律师，甚至规定，进所实习可以，报酬一分钱没有，还要向所里上交实习费。在其他地方，例，如陕西，甚至有新律师因为不堪生活重负，上吊自杀。新律师一代戏称自己为“穿着西装的民工”。

面对残酷的现实，越来越多的人失望、离开，有人出国，有人转行，甚至有人下海做生意去了。而留下来的，对律师业未来仍然心存希望的人，除了发发牢骚，生生怨气外，更需要的是努力思考、探索和行动。可以说，如何突破不知怎么找活干，或者有活不知怎么干的困局，成为摆在所有律师面前的重要问题。

怎么办？方法难道就像前面的协会会长所言，专心致志地研究好法律，做好专业工作就可以呢？果真如此，最好的律师就应该是学校里的老师，因为他们比大多数律师有时间、有精力，可以做最多最好的研究，但现实并非如此啊。

可能你会反驳，他们把大部分时间都花在教书上了，否则肯定比大部分律师做的要好。好吧，假设你说的有一定道理，那么我把最好的律师定义改成“校园里少教书、多办案的老师”，这个推断符合现实情况吗？相信包括你在内的大部分读者都不相信，因为实践证明，事实并非如此。

出路在哪里呢？营销应该是最简单快捷的途径之一。当然，我们所讲的“营销”与会长理解的“营销”不同，“营销”不等同于拉业务、搞关系，这只是对营销的狭义化、庸俗化的理解。

在现代科学体系当中，营销已经发展成为一门研究消费者行为习惯和决策模式的学科，它通过历史、文化、社会、语言乃至心理等多个层面和因素，以消费者为核心展开分析研究，并综合研究如何充分调动各种企业资源和社会资源，提炼出商业模式、市场模式、客户关系管理、营销工具等丰富内容。

无论是有形的产品，例如，汽车，或者无形的产品，例如，法律服务，甚至是空气，在营销专家面前，其实没有区别，因为原理和技能都是相通的。

但凡学过营销的人，都应该知道一个非常经典的营销故事，说的是一个营销员，成功地将感冒药、鱼钩、鱼竿、帐篷、汽车甚至游艇这些表面上完全不搭的产品，打包卖给了同一个客户。表面上是因为他掌握了高超的营销技巧，其实内里有其科学原理在。

与其他行业相比，法律服务只不过是具体的产品特性、客户需求不一样罢了，其他所有的基础理论、应用体系乃至营销工具，都是相通的，都可以运用和借鉴。可惜的是，长期以来，中国律师业的市场定位、特点、发展规划等重要问题，乃至律师事务所的营销体系、营销策略、营销人才培养乃至营销理论研究等，从来没有被系统地分析和提炼过。

现在市场上所谓的“律师营销”培训班，往往只是组织一帮老律师，向新律师讲解自己摸爬滚打过之后的个人感悟、经验总结，其中混杂着成功或失败的经验，更多的是连自己都不知道是否真正管用的感悟。

听完之后你多数会发现，这些成功模式或经验，因为都是基于个体特殊因素之上产生的，对营销原理和要素并无任何提炼，所以难以复制，甚至参考和借鉴意义也有限。

本章是我潜心多年，总结的一些关于律师营销的规律和方法，但因为本书的要旨并非专门研究律师营销，所以仅选取部分重要问题进行讨论，读者对律师营销感兴趣的，可以登录“中国律师营销网”www. edwinsky. cn 查看更详尽内容。

一、基础

1801 年，意大利中部的小山村，住着两位名叫柏波罗和布鲁诺的年轻人，他们都很聪明，很勤奋，都有渴望展现自我才华，获取财富的强烈愿望。

一天，村里决定雇他们把附近河里的水运到村里，按每桶一分钱支付劳务费。布鲁诺对这份长期工作很兴奋，认为找到了赚钱的方法，于是开始勤奋劳作。

但是，柏波罗却不甘心如此，他想到了一个“偷懒”的方法——修管道把水引到村里。布鲁诺嘲笑他在做白日梦，因为这样的事情需要投资大量资金，而且以前从没有人做过。

在开头第一年，布鲁诺因为不用投资，比柏波罗多赚下多一倍的钱，他买了新衣服、一头驴,还新盖了房子。而柏波罗不仅没有存钱,还要付出更辛苦的工作,因为他在搬水的同时,还要挖管道。

就这样到了第二年,柏波罗的管道终于完工了!村子源源不断地有新鲜水供应了,柏波罗不用再提水桶了,无论他是否在工作,水都会源源不断地流入村子。而布鲁诺因为长期从事如此强劳动力的工作,精力逐渐减弱。

许多年后,柏波罗的管道生意已经逐步遍布全球,每年都有几百万收入打进他的银行账户。而布鲁诺,还是日复一日地从事如此单调的工作。

柏波罗退休后,开始了自己的环球旅行。某一天,他到访某地,发现了那些还在提水桶的年轻人。于是,他试图分享自己的成功故事给年轻人听。

但他听到的,却是无数个类似的借口,例如,"没有时间"、"我认识的一个朋友曾经试过,但失败了"、"只有那些很早加入的人,才可以从管道那里赚到钱"、"我这辈子只想维持现状"等。

其实,大多数人都生活在提桶的世界里。只有一小部分人,敢做管道的梦,并且坚持下去直至成功。

学习营销,首先需要改变思维。作为法律人,无论让你办什么样的案件,即使对案情不熟悉,摸索起来也很快,因为基本原理、经验和做法,都是相通的,思维模式更是一个模子出来的。但是,如果让你开展营销,就会发现,专业的思维模式、行事风格乃至人际沟通方法,有时候却会成为阻碍营销的障碍。

法律人的思维大多严谨、细致,判断问题和行事风格都偏重理性,乃至保守,所以每事必先考虑是否有成功的前例,是否有投资风险等,必定谋定而后动。

但是,营销思维讲求的是创意,突破前例,看重的不是风险,而是风险背后蕴含的市场机会。更重要的是强调不断尝试,强调在失败和挫折当中发掘成功机会。

正如砍伐参天大树,每一击看似微不足道,数百刀可能并无明显痕迹,当你发出最后一击,巨树终会轰然倒下。在世人眼中,看到的多数只是最后一击。只有你自己内心明白,结果其实来自于之前的无数次积累。

如果没有对梦想的坚持和不断尝试,成功永远只是从木桶里洒落路上的点滴水珠,很快就会随风飘逝,永远不会水到渠成,世间诸事莫不如此。

• 爱品质

有人认为,营销就是做广告,所谓的营销技能无非就是通过一些花招和手段,把东西硬塞到客户手中,就像本章开头某会长的观点。其实,这种观点恰恰违背了营销的第一原则:营销成功的前提是品质而非技巧。

营销学强调,营销成功的基础是产品的内在品质,这是前提;外在技巧,是在此基础上的成功关键。两者是相辅相成,缺一不可的关系。要营销成功,就必须先将自己的核心产品、核心竞争力建立好。

没有这个根本,所有的外在名声,都只是建立在沙丘上的大厦,可以一夜之间荡然无存。

正如Ipad商标,在深圳唯冠公司手中,没有产品的品质支持,只不过是一个普通的商标,还清巨额债务的工具,一个空壳而已;而转到苹果公司手上,以其创新的理念和丰富的产品,将这个商标塑造成新新人类的娱乐、社交的代表性标志。

对于中小律所和新律师而言,拼人际关系、拼排场、拼经验,你如何能够拼得过老牌律所和律师?如何能够在山头林立的状况下成功突围?最简单、直接的想法,当然可以拼价格,以超低价挤入市场,但谁都知道,如此做法的后果是竭泽而渔,恶性竞争。

更好的办法是拼品质——人无我有,别人不懂某些新型法律服务时,没有关注某类服务的品质标准时,我已经开始研究,懂得如何服务;人有我专,当市场上大家都说知道如何服务时,我已经比别人有了更系统、更深入的总结和提炼,服务更专业,品质更优秀;人专我精,当别人也积累了一些专业经验时,我的服务内容和服务方法已经更加深入,更加精细化。

所以,我每次开营销讲座,都屡屡告诫律师们,不要相信市面上那些流传的"打鸡血"式的快速成功秘籍和方法,例如,某某律师在一两年之间,凭着一两个美妙创意,就从门可罗雀变为宾客盈门,接案接到手软等。此等成功故事的背后,其实遗漏了很多与默默耕耘和长期积累有关的事实。

没有人天生就是英雄,也没有人轻易就获得成功,尤其在中国这个什么都缺,就是不缺人的国度里。

- **爱统一**

很多人以为,既然要营销,设立相应的营销部门就对了。但是很奇怪,据统计,在日本,有一半以上的公司,没有设立营销部门,是因为他们不重视营销?当然不是,否则我们就不会看到日本公司横扫欧美市场的局面。这是因为日本人认为,公司里的每一个人,每一个动作,都是营销的一部分。

即使你表面功夫做得够足,VI设计很完美,很现代,但如果外貌的背后,是松散的团队结构、随意的服务态度和糟糕的服务质量,很难相信这样的营销会成功。

律师办案可以个人奋斗,一个人谈案件,一个人办案,一个人接文件,一个人开会,依靠个人意志和专业经验可以成功。但是,律师营销必须讲求统一,统一的规划和实施,统一的形象和团队等,非如此无法成功。

因此,我们要注意在营销全过程当中,无论是品牌规划、产品设计、专业包装、广告投放和活动策划等,都必须统一规划、统一实施和统一收益,否则不可能成功。要做到这一点,背后的制度配合至关重要。

为什么很多律所讲营销理念容易,实施起来很难?原因很多,在我看来,最重要的症结,在于目前陈旧的律所经济体制——律所客户个人化。

在一个律所内部,合伙人之间总要明确区分谁是你的、谁是我的客户,谁是律所共同的客户。有了这个开头,接踵而来的,就是话语权、将来利益如何分配等一大堆问题。

想当年成吉思汗出兵统一天下之前,如果没有先统一了各旗,而是采取“谁出资,谁受益”的股份制做法,结果又当如何?表面上看,要求各旗自己养兵、按需出兵,松散型组合,既可节省日常开销,又可聚拢超高人气。至于打下天下之后的收获,按照当初各自出资多少就分多少,岂非更好?不过,军队指挥不统一,如何形成严密军纪?如何调度?又如何确保打胜仗?

最有可能的,倒是还没有出兵之前,各个股东已经对打胜仗战之后怎么分地盘后的问题,吵翻了天。

于是,营销就此沦为饭后茶余的谈资或者开会时的漂亮话题了。

所以,律所必须树立“全员营销”的观念,令律所的每一位合伙人、律师和员工都深信,他们在营销上都负有共同的使命和角色。他们必须深入了解律所的愿景、经营理念和各项服务，时刻关注顾客利益和需求，以实际言论和行动向客户树立事务所的企业形象。

要实现前述目标，最难解决的不是行政人员，而是合伙人和资深律师。前一类人只是律所的员工，对于律所统一布置的任务，多数能够不折不扣地执行，最多增加几场培训即可。而后一类人，属于律所的老板或高层，平常自由散漫惯了，加上律师的性格当中，多数带有一点固执自傲的因子，要说服他们跟从律所“全员营销”的方向行动，需要花费很多的时间，进行耐心和细致的沟通，或者长时间潜移默化的影响才能实现。

理念、思想、方法、团队和行动全部统一，营销才可能真正起效。

• 爱差异

无论是企业抑或律所，生存和发展的根源在于自身的核心竞争力，这已是众所周知的事实。关于核心竞争力的思想和方法，虽然仁者见仁，智者见智，但无论如何，它与前信息时代的内涵完全不同。

在前信息时代，律所之间比拼的是经验和知识的稀缺程度，谁懂得做某项业务，谁懂得业务诀窍越多，谁就能在竞争中领先。

但是，在如今的信息时代，专业知识获得较为容易，所以，面对法律服务同质化的问题越来越明显，不少律所沿着惯性思维，都不约而同地选择一种快速见效的市场竞争策略——低价战略，先占领市场再讲求质量。

以办理证券上市全过程服务为例，据说价格已经从原来的200万元、300万元掉价至10万元、20万元甚至更低了。法律顾问业务在沿海地区，甚至有到每年几千元的。如此竞争的恶果是显而易见的，牺牲的必定是服务品质，还有客户利益。

反观最近十年在中国律所当中脱颖而出的领先者，他们无一不与前述的低价战略绝缘。从表面上看，他们各具特色，但从本质上来讲，他们所使用的战略都是相同的，就是差异化战略。无论是从经营理念、市场定位、客户服务、企业文化等方面来看，他们都呈现出各自鲜明的特征。

个性越鲜明，与竞争对手差异越明显，你的竞争力就越强，这就是新一代律所核心竞争力的魅力所在。

那么，有差异化的核心竞争力从何而来呢？我们可以尝试从如下几个方向展开思考。

1. 市场开拓

最早成功的经营者,总是第一个找到“蓝海”的人。尽管你或许不是做得最好的,但因为是第一个,于是总能在客户心中留下非常深刻的印象,甚至成为品类的代名词,从而长期占据该市场。像“可口可乐”和“席梦思”。

在律师行业当中也是如此,业内总有这样的流传,某家律师事务所擅长做证券业务、某家擅长做改制、某家擅长做房地产等,通过客户口碑相传,于是形成固定的认知。

这些律所除了它们本身确实有较强的实力外,更多是因为它们属于最早的服务提供者。虽然经过多年的市场竞争,他们的业务量实际上很可能已经退居到第三四甚至更后位置了,但由于多年的积累,已经足够确保它们在市场上的稳固地位。

法律服务业发展三十多年以来,总有这样一个规律,就是经济热点在哪里,法律服务新市场就在哪里。

例如,20 年前的证券市场,催生了中国目前为止利润率最高的证券业务;15 年前的房地产开发领域兴起,打造了按揭律师业务的庞大市场;5 年前的《劳动合同法》出台,衍生出大批的劳动法专业律师等。如果你细心翻查过去的记录,就会发现目前在某个市场领域占据领先者地位的律师或律所,正是当年这个市场的开拓者!

2. 理念创新

目前法律服务市场发展迅速,许多领域已有人涉足,后来者还能找到新“蓝海”吗?答案就在于理念。同样的市场,不同的理念,就能够发现“蓝海”。

在理念创新方面,中国律所还显得比较落后。我上网搜索过中国排名前十位的其中五家律所的经营宗旨,吃惊地发现其理念表述大同小异,没有明显的差异化,分别如下:

——致力于为客户提供全方位的解决方案

——致力提供一流的商业及诉讼服务

——致力于您的成功

——致力于打造商务型、国际化的综合性律师事务所

——致力于为客户提供优质高效的法律服务

不可否认,成功、解决方案等要素很重要,但这些要素只是旁支,未能直入客户内心深处。如果我们看看世界一流的公司企业,就会发现它们之所以成功,往往与它们差异化的、独特的经营理念分不开:

美国微软公司——致力于帮助全球用户展现所有潜力
美国苹果公司——我们销售的是梦想,而不仅仅是产品
日本松下公司——做好本份,提高社会生活质量,为世界文化发展做贡献
德国西门子公司——我们绝不会为了短期利益出卖未来

这些世界一流的大公司,都有着出色的经营理念和企业文化,但落在关注重点上,他们又有着鲜明的个性,各不相同,却又能深刻把握住目标客户群的诉求,这是中国律师需要大力学习和借鉴的。

3. 服务重构

详见如下“三、服务”的详细介绍。

归结而言,由于现阶段中国法律服务市场还不够成熟,不同地域的发达程度相差很远,客户构成多样,使得法律服务呈现出多变性与复杂性。所以,我们在营销当中,必须注意把握好上述三种差异化的营销思维,才能摆脱服务同质化、成本低价化的困局,闯出一片新天地。

二、市场

市场在哪里?这是营销的思考基础和归依,也是中国很多律师苦苦思考的问题。为了寻找答案,不少律师每年花不少银子,踊跃报名参加各种的金融证券、知识产权、破产重组等类似的学习班,期待借此契机,开拓新市场。

不可否认,学习班确可以增进专业知识,密切同行交流机会。但是,如果你期望从中挖掘新市场,无异于缘木求鱼。

道理很简单,专业服务不等于市场营销,懂得服务不等于懂得营销。

市场营销,讲求的是定位目标市场,再根据行业、地域、规模等情况,对市场进行定位和细分,然后有针对性地制定市场的进入、竞争、进攻、防御和退出战略等,以下是主要内容。

• 市场定位

要进入一个新市场,首要考虑的是如何定位。所谓的定位,并非是我们准备提供什么服务,而是考察竞争者在现有市场上所处的位置,根据客户的现实需求,强有力地塑造出与众不同的、给人印象鲜明的个性化服务或品牌形象。

例如,定位是个人法律服务,则服务内容必然偏重于与个人婚姻、劳动、消费、投资等日常衣食住行有关;如果是定位侧重于企业客户,则要分析企业所处行业、地域、规模等情况,服务内容可以结合企业设立、经营、重组和传承整个过程,依次提供尽职调查、投资策划、法务外包、并购重组、融资上市等专项服务。

在实践当中,法律服务的市场定位方法有如下几种:

——根据经济热点来定位

例如,香港某些领先律师事务所,在过去数十年,以本地诉讼和楼宇转让为主,这两项产品所产生的收入,曾经让香港律师有滋有味地过了二十多年幸福日子。

然而,最近的十多年以来,因为饱受金融海啸、世界经济危机等影响,尤其是香港法律规定消费者和律师可就楼宇转让协商律师费用而无须遵守定额收费标准后,本地业务大幅萎缩,让香港律师叫苦不迭。

但是,香港一些有远见的律师事务所,紧随经济发展热点,及时调整市场经营策略,从而保持着自己的竞争优势。例如,1997 年前后,科网股热潮,他们随即增聘 IT 专业律师,发展与信息科技有关的业务。大约在 2003 年开始,他们发现与知识产权有关的诉讼和代理业务有快速增长势头,于是就纷纷储备人才,结果都有了非常不错的收入增长。

——根据客户需求定位

大概在十年前,某家律所原来并没有非常突出的主营业务,后来因为创始合伙人的努力和因缘际遇,成功接下了中国迄今为止标的额最大、律师费最高的国有金融机构破产项目。因为工作量非常庞大,服务期限很长,于是该所根据客户需求,全所进行改制,重新定位为专业从事破产案件的法律服务机构,集中全所律师力量,全力完成该项目。

十年后,该项目已经进入收官阶段,于是这家律所再次顺应客户需求变化,大力开拓日本企业在华投资业务、移民业务等新的业务领域,成功开拓了新市场。

——根据行业来定位

例如,上海某律师事务所,他们的首席合伙人原来长期在建筑工程行业,具有丰富的行业经验,还有深厚的人脉基础。于是,他们充分发挥这一优势,把自己定位为提供“不动产法律服务的专业律师事务所”,专业从事与不动产相关行业的法律服务,不仅在全国各地承办了大量的不动产重大诉讼案件,还承接了不少城市的地铁、机场等大型基建项目的全过程法律服务。

近年以来,该所在国内外获得关于房地产领域领先律师事务所的奖项多个,并迅速扩张成立分所,现在已经发展成为一家颇有实力的全国性律所。

找准定位,重点突破,这就是市场定位的要旨。

● 策略要点

年轻律师问的最多的一个问题,就是如何面对老律师先入为主的优势,获得自己的一片天地?但其实老律师的问题是类似的,如何面对年轻律师的剧烈竞争,如何进一步稳固自己的市场,并且有所发展?

解决两个问题的方法都是同样的,就是如何面对竞争对手,制定成功的市场营销策略。

根据“现代营销学之父”之称的菲利普·科特勒(Philip Kotler)于1986年提出“大市场营销(Mega marketing)”理论,制定市场营销策略必须考虑的因素主要由11Ps组成,具体包括:

——产品(Product)
——价格(Price)
——地点(Place)
——促销(Promotion)

——政治力量(Political Power)

——公共关系(Public Relations)

——市场研究(Probing)

——市场细分(Partitioning)

——目标优选(Prioritizing)

——产品定位(Positioning)

——人(People)

对于律师营销而言,在制定市场营销策略时,也可以参考11Ps。

例如,公共关系。北京、上海有几个律师,选准了婚姻家庭法为主业,非常注重运用媒体的力量,积极参与各种电视和纸面媒体的法律类节目,提高知名度。结果数年之内就在业内声名鹊起,全国客户纷纷慕名而至。

又如政治力量。近年以来,中国政府投入大笔资金采购社会服务,同时,国有大型企业集团和央企对法律服务的需求也日益增加,此类基于政治力量形成的巨大购买力已经逐渐显露出来,因而全国各地律所开始重视政治力量在市场营销当中所起的作用,不少律师积极担任人大代表、政协委员以及党组织的相关职务,以法律专家身份参与政府的日常工作等,因而收获了大量的客户。

又如促销要素。因为比邻香港的关系,我与香港同行交往的机会颇多,发觉近年以来,几乎每一位香港律师,虽然他们说普通话就像“煲冬瓜”,但他们还是很积极主动地用普通话与客户交流,态度之好,足以让大多数的内地律师汗颜。

还有,在各种社交场合,香港律师总是非常注重自己的言行,衣着得体,说话严谨,懂得主动关心和照顾别人。在初次见面后,还不时给你寄来一些节日卡片、问候邮件等。这种促销方式让人感觉很舒服,值得借鉴。

又如市场细分。在律师界内有些律师,虽然律师专业圈内名气不高,但在企业家群体当中知名度甚高。以某律师为例,他的成功之道在于敏感察觉到我国当前的政治和市场环境给民营企业主造成的法律风险,于是他将自己定位成“民营企业主的保护者”,主力研究如何帮助民营企业家个人解决各种法律问题,从企业经营的对外投资、资产保护等,延伸至个人财产保护乃至家族财富传承等,全面覆盖民营企业主的工作和生活的方方面面,受到很多民营企业家的欢迎。

按照11Ps要素，我们其实还可以有很多的思路和做法，这里因为篇幅关系，就不一一列举了。

三、服务

台湾的王永庆被誉为华人的经营之神，他一生之所以能够取得如此辉煌的成就，其中一个重要的原因就是他能够提供比别人更多更周到的服务。

王永庆15岁的时候，在台南一个小镇上的米店里做伙计，只要是他服务过的客户，都会成为米店的回头客。

原来，他不是像一般伙计那样，把米放下就走，而是先帮客户把米缸里面的陈米倒出来，然后把米缸擦干净，再把新米倒进去，陈米则放在上面，最后还要细心地盖上盖子。

此外，他还随身携带两大法宝：

第一个法宝是一把软尺，用它量出米缸的宽度和高度，计算它的体积，从而知道这个米缸能装多少米，这样的话他就能把客户需求精准地记录下来。

第二个法宝是一个小本子，上面记录了客户的档案，包括人口、地址、生活习惯、对米的需求和喜好等等。用今天的术语来说，就是建立客户资料档案。

到了晚上，其他伙计在呼呼大睡的时候，王永庆还在挑灯夜战，整理所有的资料，把客户资料档案转化为服务计划。

所以，经常有客户一打开门，就看到王永庆笑眯眯地背着一袋米站在门口说："你们家的米快吃完了，给你送来。"这时，顾客才发现原来自己家真的快没米了，有这样好的服务，为什么不光顾这家米店呢？于是，越来越多的人成为米店的忠诚客户。

正是因为王永庆如此重视服务，于是生意越做越大，最终成为著名的华人企业家。

这个故事给我们的启发有很多，其中最突出的一点，就是如何正确地看待服务与营销的关系。

我曾经听过律师界当中流传这样一个观点,服务营销比产品营销更难,因为没有成形的东西,客户见不到摸不着。果真如此吗?其实这是只知其一,不知其二。

制造业有看得见的东西可卖不假,但正因为如此,同质化的难题更加突出。大家都是卖米,凭什么只买你的不买其他人的?其中的关键就在于服务的差异,而非产品有别。

曾经有过这样一个统计,世界前50强的企业,虽然经营理念和口号千差万别,但很奇怪,他们有一个提法是完全相同的,那就是他们全部都认为,自己是服务型企业而非制造型企业。

在他们眼中,产品只不过是服务内容的一部分,最有价值的不是产品,反倒是服务。例如,IBM公司就主张,他们卖的不是计算机,而是服务,所以他们的口号叫做——IBM意味着服务。海尔公司更直接提出“先服务,后制造”的经营理念。

连制造业大户都忙着转型为服务型企业,那专门销售服务的律师事务所,还有什么道理说服务营销很困难呢?

如何才能通过服务开拓市场,赢得客户呢?下面与大家共同探讨几个关键问题。

• 以客户为中心

这个标题看起来太简单了,谁都懂得这个道理是什么意思,但所谓知易行难,实际能否做到,又是另外一码事了。

我曾经参加过某年的“中国律师论坛”,收到了某家著名律所在论坛上散发的律所宣传资料,平心而论,宣传资料的装订、印刷都不错,可惜的是封面上的口号:

******(该律所的名字)的成功,是你我共同的心愿

看着这句口号,让人对这家律所顿生反感,因为它将自己的位置摆得太高了,却视客户、员工为无物,完全违背了以客户为中心的营销要旨。

现实当中,类似的问题太多了。有律师在讲座上问:如何能够说服客户聘请我? 或者,如何与低价竞争者开展竞争? 等等,这些问题的发问前提,实际上都是以自我为中心。

市场营销的对象和核心应该是客户而非其他,这已经成为定论。自1912年哈佛大学学者J. E. 哈格蒂(J. E. Hagerty)出版第一本《市场营销学》以来,市场营销学的研究已经将营销活动从以前的“现场成交”单点,向“产前活动”(如市场调查、产品研发)和“售后活动”(如售后服务、客户意见收集反映)全过程延伸开来。这个过程围绕客户为中心,包括了市场调研、市场定位和细化、服务项目开发、服务定价、营销策略制定、服务营销、售后信息反馈等全过程。

实践当中,两种不同的思维和心态,直接决定了你的行为和结果。

如果你以自我为中心,你的思维和心态可以用“律己”来代表:也就是重点关注自身,关注产品的技术和质量,强调自我约束和管理,要以“最佳产品”或“最低成本”争取客户,立足于竞争。心中想的自然是“如何提供又好又便宜的法律服务?”以此吸引更多客户。于是,你容易自己亲自参与提供服务,以此加强对服务质量的控制。

如果你以客户为中心,则思维和心态完全不同,可以“利他”来概括:关心重点客户,关心客户的问题和需求是什么,在乎服务是否能够真正解决顾客困难,要以“最佳服务”或“最满足需求”立足于竞争。

以客户为中心思考问题,你会发现自己的思维会开阔许多,除了想到前面的问题外,你还会想到:“客户希望获得什么样的法律服务? 想要在怎样的状况和情形下获得? 客户为此愿意支付多少钱?”等问题。然后根据客户需求,重新规范你的服务内容、服务流程、评价标准,增删服务内容,调整服务方式。

于是,法律服务不再是单一化、菜单化的法条解释或出庭代理,而是满足客户全方位需求的综合型产品。如此才能真正突破“个体户”的身份,真正以经营企业的眼光和思路来看待营销,经营律所。

许多外国大公司依据这一思路,为客户提供了全过程和全方位的服务。如世界著名的联邦快递公司,推出即时的网上关税和税收评估系统,向从事国际贸易的商家和有关物流企业提供是否采用空运的咨询服务。客户不仅可以查询运价,而且可以查询包括42个国家的关税、增值税、货物税、最惠国待遇条款和有关的政府收费等信息,并计算出货物的“落地价”。使得商家在把货物交给承运人之前,就知道这笔交易是否赚钱。不仅方便了商家,也大大方便了运输代理人。

可见,以客户为中心这一观念多么地重要。

- **服务有形化**

曾经有一次,我去某家律所做客,主任很苦恼地问我,为什么律师费价钱收不高?

我在他的律所参观了一圈,终于明白其中原因了。我说:“你的律师费是随着客户进来所里的脚步,一步步减少的”。

“请看看前台接待坏掉的光管、墙角的污迹、不苟言笑的前台接待、随意穿着的律师、摆放着扫帚和抹布的贵宾室,就是这些貌似细节的形象化问题,使得你的律师费以5%、10%的比例往下掉。”

服务营销与产品营销最明显的差别之一,在于有形和无形。客户看不到无形的服务,但可以通过观察提供服务的人和物,例如,环境、人员、资料、目录、工具甚至其他客户的反馈等,来判断你的服务是否就是他喜欢的,他想要的。

换而言之,只要你提供给客户的“有形线索”足够多,足够出色,足够贴合客户心中所想所喜欢,你就能够营销成功。所以,我们需要学会把“有形的线索”加入“无形的服务”当中,此谓“服务有形化”。

“服务有形化”就是通过借助服务过程中的各种有形要素(包括实物、数字、文字、音像、实景、事实及其他可视方式),使无形服务具体化,具体技巧有如下几种:

首先是企业形象的有形化。例如,律所的VI设计,漂亮庄重的简介资料、简洁大方的网站、高雅洁净的办公环境等,都在无言地展示着律所的专业和素质,让客户未见律师,就已经强烈感受到专业氛围,为顺利开展下一步营销工作打下良好基础。此外,律所获得的荣誉、典型案例和客户名单等,都可以在无言当中塑造着企业形象。

其次是服务过程的有形化。在提供无形服务的过程中,定期向客户提供一份份装订精美、内容严谨的法律服务建议、工作进度报告、案情分析报告或者法律顾问服务报告等，详细介绍服务过程和思路，及时总结遇到的问题和提出解决方案，能够让客户强烈感受到律师服务的主动性和专业性。

对于某些重大复杂的跨国并购或破产重组项目，大型律师事务所展示其过人之处的方法，往往是强调其拥有庞大的知识管理系统，能够调集全所最精英的律师经验和知识资源，共同为客户提供周密细致的法律意见。

最后是服务提供者的有形化。一家有实力的律所，往往对律师、律师助理甚至行政人员的着装、言谈举止都有着严格要求，以此向客户传递专业、严谨和认真的信息。

简而言之，服务有形化是服务品质的体现，也是一种高明的营销策略。

- **服务产品化**

曾经有一些律所做过这样的尝试：他们设计了一款“企业法律顾问服务”服务产品，将模糊化的常年法律顾问服务内容设计成菜单式，按照公司法、合同法、劳动法、知识产权法等部门法进行分类，提供给客户进行挑选。

这种设计思路是错误的，因为企业的法律需求不会按照部门法来，而只会自动对口到企业各个功能部门，例如，销售、财务、人力资源、行政等。菜单式的设计思路，把服务特色掩埋在标准目录当中，一切变得平淡无奇，你还有多少成功的希望？

法律服务有三个问题一直难以解决，那就是内容、定价和质量评估。解决之道在哪里呢？“服务产品化”应该是一个值得尝试的方向。

“服务产品化”并非一个新概念，它早在十年前就开始被 IT 等行业全面引入，获得了非常出色的效果。它有如下几个要旨：

第一，将“无形服务”与“有形产品”充分融为一体，为客户提供全方位的解决方案。

例如，中国著名的海尔公司，他们提出了“真诚到永远”的服务口号，对售后服务进行了全面的标准化和程序化，并以科学严格的监督考核体系为保证。海尔第一个提出保修概念，第一个提出 5 星级服务方式，售后服务人员达到 2 万多人，建立起上万个售后服务点，甚至可以深入到农村。

如此强大的服务体系，对消费者而言，意味着更加方便和快捷的服务，因此，每当提起海尔，人们自然地联想到服务好、值得信赖的印象，在同等质量的情况下,自然愿意多花几百元购买“海尔”产品。

第二,“服务产品化”并非要把服务变成产品,只是把服务过程流程化和标准化。

无形的法律服务,可以像有形产品一样,做到标准化生产吗?在律师界,这个命题一直存在争议。例如,针对某个项目而写作的法律服务建议书,一事一书,需要汇聚多位律师的集体智慧,分析结论无法千篇一律,自然很难标准化。

其实,这是对何谓“标准化”的错误理解。所谓的“服务标准化”,指的不是产品本身,而是它的制作工艺和流程。以手机、电视机制造为例,我们都知道他们的零件、线路板制作工艺是标准化的,但有谁听说过里面的电话号码、应用软件乃至节目内容是标准化的?又如小肥羊,我们都明白,他们的标准化是指服务流程、羊肉采购和制作流程的标准化,并非指羊肉全部出自同一家牧场。

同理,法律服务的“标准化”,不是内容的“标准化”,而是将服务流程、评价标准和服务“标准化”。

在这方面,IT 行业的龙头老大 IBM 公司经验值得我们参考。

自 2006 年 10 月份开始,就提出全面向“服务产品化”转型。IBM 主张,服务产品化不是把服务变成产品,不是否定个性化的解决方案,而是努力把服务的生产过程变得像产品制造一样,让服务有标准,能够被评估。

在过去,IBM 每承接一项业务,都需要一名十分资深的咨询师,与客户共同在白纸上从零开始设计,客户不知道 IBM 具体在卖什么,怎么做。现在,IBM 将抽象的服务分解为服务价值表述、服务 SOW、服务过程、服务结果和服务 SLA 等多个要素,从客户、服务商、定价和交付四个角度分别进行阐述,其后再增加模型、方法、工具等内容。

结果,通过资源需求预测模型、操作过程流程化、服务承诺明确化、定价体系等,客户就可以获得清晰的定价标准,可以预期的服务质量和服务考核标准,而不再是以往含混不清、缺乏衡量标准的服务。

以某客户咨询 IT 安全服务解决方案为例,当时该用户的评估标准是:厂商提供多少个人,每个人每天需要多少钱。结果,IBM 提交解决方案的速度比其他厂商要快,而且服务人数仅是其他厂商的 1/3,收费自然也更低。

为什么 IBM 能够做到这样?因为他们全面实施了服务产品化策略,积累了大量的IT安全框架产品,不需要像其他公司投入众多人手现场构建,他们只需要像搭积木一样,从已有的标准服务产品目录中选择合适模块,组合装配,再进行个性化调整,就可以拿出最佳的解决方案。

IBM前任中华区副总裁张烈生认为,服务产品化最大的收获是“服务产品线建立之后,IBM就像个智力工厂,源源不断地生产服务产品。”①

回头来看法律服务,其实有很多可以借鉴IBM的成功经验。

以原本内容和评价标准比较模糊的法律顾问服务为例,广东某律师事务所推出了《法律顾问服务标准化体系》,其中将服务流程细分为“测评”、“服务”、“评价”等若干模块,每个模块当中再细分若干项工作内容和服务方法。例如“服务”模块当中,工作内容按照“起草文件”、“审查合同”、“解答咨询”、“危机应对”等常见事务进行分类,分别规定了不同的应对方法、使用范本和岗位职责,使客户对原来模糊不清的服务清晰可见,易于了解和监督,因而深受客户好评。

即使是难以标准化的诉讼业务,也可以标准化。例如北京某律师事务所,主要从事诉讼和争议解决法律业务,他们独创了中国第一个《案件难度评估体系》,通过对司法环境、案件事实、案件所涉法律问题、案件程序、涉案当事人类别等二十余个分项指标进行科学分析,以量化的方式,对案件难度进行评估,从而以相对科学和准确的方式评估案件胜诉的可能性,提示案件难点及诉讼风险,明确律师需要在哪个方面投入更多的努力、克服更多的困难,并据此科学地衡量律师相应工作的价值,建立合理、透明的法律服务收费体系。

说到底,服务产品化也是一种解决方案,服务产品化不是把服务变成产品,而是在服务生产过程中加入产品的要素,解决服务中标准、质量、定价、评估等一系列过去无法克服的问题。

要实现服务产品化,需要做到如下几点:

首先是流程的重新梳理。必须建设各种预测、服务和评价体系和模型,同时考虑如何根据用户的实际需要,随时在中间加入个性化内容。这是一个困难、痛苦而又漫长的过程,不仅需要大量的知识整理,引入数据库、信息

---

① 和讯科技网:《跨国巨头的变革:IBM如何让服务走上生产线》,载http://tech.hexun.com/2008-03-12/104399315_1.html。

化管理平台,岗位职能的重新安排和调整,也都是必须的。

其次是人员调整,这是最困难的部分。一方面,服务产品化最终要实现的目标是形成标准,提升质量,这就要一支优秀的专业律师团队来完成。另一方面,人才越优秀,个性越强,越不容易服从于你的统一标准。所以,这就对律所的人员配置提出了更高的要求,高素养,强大执行力以及统一行动都是必须克服的巨大挑战。

最后是律所文化的变革。长期以来服务和产品思维两者对立,已经形成定式,要做到模式创新、流程创新,最根本的转变首先来自于观念的转变。如果无法做到这一点,服务产品化就不可能实现。显然,这是一个长期的过程,而不可能是几个月或者几年就能完成的。

但是,从长远来看,服务产品化可以带动整个法律业逐步走向制度化、规范化和规模化,这才是它的最大贡献。

四、客户

法律营销的对象是人,所以我们首先要弄明白,律师面对的人群都有什么样的特质,他们依据什么标准来评价和购买法律服务。

- **陌生人社会**

中国著名学者费孝通在《中国乡土社会》一书当中提出,中国目前正在从“熟人社会”转向“陌生人社会”。据我的观察,这种变化在最近十年有明显加速的迹象。

“熟人社会”通俗一点讲,就是“小圈子社会”,它的特点是社会当中的主要群体,因为长期交往和相处,逐渐形成一个个关系稳定的小圈子。

在“熟人社会”当中,朋友之间从认识到熟悉,通常需要经过数年甚至十几年的自然积累,所谓的“三同五铁”——三同,同学、同乡、同宗;五铁:同过窗、扛过枪、下过乡、嫖过娼和分过赃,说的就是这个。

在“熟人社会”当中,“关系”代替“契约”,“人情”优先于“规则”,很多的事情都是依靠熟人搞定,而非通过法律。生活在这样的“熟人社会”当中,大家都习惯于通过人际关系搞定难题,自然就习惯通过人际关系介绍律师，搞定案件。这种情形尤其在中国的二三线城市表现明显。

我从小在广州生活长大，也经历了这样的社会进程。记得我最初的客户来源，就是通过自己的熟人——从小一起长大的玩伴、朋友、亲戚的介绍而来。不过在最近10年以来，我的客户来源逐渐变成是各类带有商业化的人际关系网，更多是萍水相逢的陌生人。

原来，广州长大了，这个中国第三大城市，与北京、上海、深圳等一线城市一样，正在经历着一个深刻的社会化大转变——大量的外地人不断涌入，本地人和外地人的比例已经达到1∶3，甚至1∶5，使得社会结构、人际交往规则都发生了根本性的变化。

中国大部分的城市，如同广州一般，正逐渐步入“陌生人社会”时代。在这个转型时期，城市越大，朋友越少，因为星散各方；熟悉越多，距离越远，因为要避嫌。我曾经代表律所去参与某个银行的法律服务项目投标，原本有个同学在该银行工作，但丝毫不敢越轨找他，甚至在银行大堂碰面，都装作不认识，因为双方要避嫌。可见，两种类型的社会，人际关系交往方式差异有多大。

当年的费孝通先生虽然提出了“陌生人社会”这一理念，但他未必能想到的是速度如此之快，随着市场经济的迅猛发展，尤其是互联网、即时通讯工具以及手机的普及，中国几千年以来依附于土地上的户籍制度，实际正在逐渐瓦解，熟人关系网逐渐萎缩，越来越多的社会交往，出现在陌生人之间。有越来越多的人，可能一辈子只打一次交道。

我们如何面对和适应“陌生人社会”呢？最大的挑战，当数必须重建与“熟人社会”完全不同的社会交往理念、规则和方法。

在“陌生人社会”当中，这个世界已经被压缩到两分钟：第一分钟，让别人认识你；第二分钟，让别人喜欢你。与陌生人在一起，我们应该掌握的，是如何让陌生人迅速认识和认可你，如何在公众面前做一个出色的演讲，如何构建和经营自己的人脉圈子等与陌生人打交道的各种方法。

随着中国改革开放和经济发展进程的加速，“陌生人社会”现象将越来越明显，每个人身处其中，可以说是压力山大，也可以说是幸运。不要坐井观天，要勇敢地走出去，不走往昔路，只爱陌生人。

当你突破了这一难关后，你会发觉呈现在眼前的，不再是往日缓慢流淌的单调日子，而是流光溢彩、婀娜多姿的缤纷生活。而你灿烂的事业，就在其中。

- **决策模式**

客户根据什么来作出购买法律服务的决策呢？具体而言,有如下模式:

决策过程	营销目标	客户对象	营销组合
认识 了解	提供信息	无特定对象	广告媒体 公共关系 口碑传播
喜爱 偏好	改变态度 建立好感	一对多	广告 主动推销
信任 购买	刺激欲望	一对一	主动推销 促销手段

1. 认识和了解

客户首先要认识和了解自己的需求,还有相应的法律服务,才可能产生选择的想法。在这个阶段里,营销目标是向潜在客户提供他所需要的信息,引起他们的注意力,由于营销对象多数不是特定的,所以应该充分利用各种广告媒体、公共关系和口碑传播的力量。

在这个阶段中,帮助客户认识和了解自己以及相应的法律服务的工作,可以细分为“满足需求”、“引导需求”和“创造需求”三种层次。

——满足需求

客户需求的最原始动力,往往来自于对现实的不满和痛苦,例如被起诉、被拖欠货款、需要收购某项资产等。此时,客户本能反应就是,找个专业人士——律师,把这个痛苦承担下来,此谓“替代效应”。此时,律师的工作比较简单,就是找出客户的痛苦点,代入进去,减轻或消除客户的痛苦。

——引导需求

对于未来,所有人都会有所恐惧和担忧,以客户为最。例如企业经营过程充满各种风险,客户有时候会担心,如果不找法律顾问,法律风险就无法预测和控制;如果找了,也许可以将风险消弭于萌芽当中,让自己摆脱困扰,更专注于做生意赚钱。于是,就产生了这种建立于想象而非现实之上的需求。

对于这种需求,律师在与客户交流时,不能总是发问,因为客户通常对于自己究竟害怕什么都不太清晰,你一味打破砂锅问到底,恐怕只会加剧客户的茫然和无助感,进而怀疑自己的这些恐惧和担忧,可能只是主观想象而已,于是就可能退缩,消灭需求。要么更加绝望,痛苦不堪。

果真如此,就是律师自己把客户赶走了。正确的方法,应该是多点肯定他这种“未雨绸缪”的积极心态,并且为他总结出若干风险点和问题,引导他拓宽思路和空间,如此才是正确的方式。

——创造需求

人的潜意识当中,除了逃避痛苦外,更喜欢的,是追求快乐。为了这个最高目标,时间、成本甚至价格都会成为次要问题。此时,律师能够做的,就是帮助客户主动设计、提供专业培训和咨询帮助。

例如在法律顾问工作当中,律师不仅帮助客户管理风险,还要积极设计新方案,帮助企业降低成本,提高生产效率,创造更多商业价值,例如制定股权激励方案、建立知识产权保护体系等。要建立此类需求,不仅依赖于律师的专业工作,还有更精妙的设计和更敏锐的市场触觉,对律师的综合素质要求更高。

在确定客户需求后,我们要了解的另外一个关键问题是,客户如何进行信息搜索。

根据统计,客户寻找律师最常见的途径,是通过亲戚、同学和朋友等熟人圈子进行。尽管这一途径获得的信息比较不完整甚至不权威,但客户通常还是非常信任它,因为信任推荐人。其次是通过公共媒体包括网络,寻找知名度较高的律师,政府或其他组织的评奖,报纸或杂志中关于产品的评论与介绍,还有广播电台或电视台组织的节目都是了解的途径。

需要留意的是,网络时代和非网络时代的信息搜索,特点有很大差异。非网络时代,信息闭塞,不对称,因此,凡是报纸、电视等官方媒体发出的信息,人民群众还是很相信的。但是,到了当下的网络时代,信息量爆炸,信息传播逐步扁平化,用户不再相信官方媒体等单一渠道的声音,更加愿意相信来自于普通群众的,草根的声音。

所以,律师应该充分利用网络,在网上多发言,多与网民交流,在普通网民当中树立自己的网络知名度。

别小看这些积累,迟早有一天,你会发现往日的积累会转化成现金流,这就是网络口碑的魔力。

2. 喜爱和偏好

人性当中,对某样事物越熟悉、越了解,选择它的几率就越大。因此,已经手握不少老客户的老律师们,显然占了先机,而客户不多的新律师,则需要付出更多努力。

例如准备好律所和自己的过往经办过的案例、业绩、客户名单、社会职务和社会活动等。在介绍当中,赞美自己的话尽量少写一些,因为这些文字无论如何书写,都是王婆卖瓜,自卖自夸,客户是不会看的。

客户看重的是第三方提供的材料,案例、名单、职务等,这些客观性很强的材料会在无声中证明,你的服务是优质、快捷、安全的。通常而言,此类材料列举越多,客户对你的兴趣越高,印象才可能越好。

还有,不断通过各种途径和方法,让客户经常见到你的人、看到你的文章、听别人谈起你。反复强化,才能让别人逐步熟悉你。

例如参加同乡、同宗、同城或同圈子的各种聚会,让更多的人认识你,了解你,建立更多连接点。在网络上,则是尽量通过网站、邮件、博客、微博等各种电子媒介,详细介绍你自己,包括你的专业经历、经办案例和研究成果等,你的故事当中各个部分,都可能是引起客户兴趣的连接点。

据国外的研究表明,这种从陌生到熟悉、培养客户偏好的过程,一般需要 10 – 30 周时间,也就是 3 个月到半年时间。如果这种重复是在专注于专业形象上面,这是最佳的。

当别人向你咨询法律问题的时候,就表示他开始了解你,并且有所熟悉。因为法律问题一般都涉及个人隐私或者比较烦恼的问题,客户一般不会主动向陌生人提出的。

3. 信任和购买

客户决定购买法律服务的关键因素是什么?在法律人角度看来,除了价格外,最重要的应该是结果,譬如案件胜诉或者收购成功。在理性思维的角度,这个结论毫无逻辑错误。但实际上,这个判断百分之百是错的。

想想看,客户在决定购买产品或服务的时候,结果出来没有?答案自然是没有。那么,客户又凭什么确信你一定能带来他们想要的结果呢?你多数会回答,凭着我的表现啊,例如我对案件的分析、经验、人脉关系等;还有就是客户对我的信任、我下的承诺等等。

好吧,如果你说得对,那么你的实际观点是,客户作出购买决策的根本

因素,不在于结果,因为结果还没有,而是在于你与客户的沟通结果,其实还是人性在起作用。归结起来,有如下几种法则:

——熟悉法则

在律师界有这样一种想象,如果某个客户在最近3年里,一直连续聘请你担任他的常年法律顾问,那么,以后的日子里,这个客户基本就会成为你的核心客户。这是因为你的服务是最好的或者最合适的吗?未必。

我们细想一下,在很多领域都是这样:习惯了某一品牌,不会轻易去换;熟悉了这条路,总是不自觉地就走下去等等,这是人性使然,不愿花很大的精力去寻找新的、不确定的东西,选择律师也是如此,最熟悉的律师总是被最先选择,此谓“熟悉法则”。

——近因法则

即使是客户将你纳入备选的范围之内,这还不足够,因为客户依然可能选择老律师。此时,你还需要运用另外一种法则继续努力争取,这就是“近因法则”。

根据心理学的研究表明,如果你能够使自己成为客户最近一次被提及、被关注广的对象,并且不断连续重复,你必定能够比其他人有更大可能性争取到这个客户。

美国税务局就非常喜欢运用这个法则。通常在每年3月,纳税申报的时候,美国国家税务局就会在全国性的报纸上,反复刊登一些关于巨额逃税诉讼案件的故事,例如:“今年20人因为逃税被起诉”等。通过广泛宣传,使人们产生了巨大的心理压力,从而乖乖纳税。

——权威法则

人性当中,总是容易崇拜和认同权威。尤其是在接受非常讲究专业技能的法律服务时,人们总是喜欢选择在这个行业内占据权威地位的律所或律师,例如律协会长、专业委员会主任等。客户选择此类律师的几率,总是高过没有披上类似光环的其他律师,此谓“权威法则”。

所以,把自己塑造成某个专业领域的权威,好比大炮打蚊子,总比步枪点射效果好得多。

——推断法则

对于上一法则,有些律师担心,如果我们过于强调自己在某一专业是权威,是否给客户造成这样一个印象,就是我只擅长于此领域?其实不用过分担心,因为另外一个法则——“推断法则”会起作用。

早在20世纪70年代的时候,在美国纽约,并购重组案件开始大量出现,而这时候,纽约市大多数著名的律师事务所都被来自哈佛、耶鲁等所谓特权俱乐部精英们控制着,他们自恃风度,并不主动参与并购项目,这给了世达律师事务所的乔·佛洛姆(Joe Flom)律师造就了巨大的发展机会。

他毕业于普通的纽约城市大学,敏感的市场触觉促使他把全部精力集中到并购业务当中,结果,他迅速成为纽约最著名的律师之一。逐渐地,很多客户纷纷慕名而来,委托他办理其他案件,包括公司投资、房产分配甚至还有离婚官司。

这是一个很有趣的现象,媒体曾经采访某些客户,为什么认定这位律师就是他们要找的,结果答案是类似的,“如果他能把那么难的事情处理好,也能把我的事情处理好”,这就是“推断法则”在人的心理上所起的作用。

——信任传递法则

陌生客户对你的信任感,是建立在他对你的老客户或者朋友(即媒介)的信任感上,他相信中间的传递媒介有多少,信任你的程度就有多少。

这个法则更生动说明了,为什么律师经过一段时间的原始积累后,开始有自己的固定客户群后,即使不太积极做营销,业务总是不断的原因。

口碑为王,确实是颠扑不破的真理。

——保守法则

某次我参加一个不良资产项目打包清算案件的选聘项目。我自认是行业内最佳的人选,很少有人像我一样了解类似项目,也很少有人像我一样有这样长时间的工作经验,而且,我的竞争对手也没有像我一样,给客户提供非常深入透彻的法律意见。所以,我很自信将赢得这个项目。

结果,我失败了。

后来回顾,我才发现原来自己忘记决策论当中的一个重要法则——保守法则。在选聘过程中,我一再向他们强调,我是处理此类项目的有名专家,手头处理过很多类似项目,目前还在操作不少项目。由于我过分强调自己的资历和工作经验,使得客户产生了额外的担心,例如收费太高,可能导致董事会的批准更困难;我兼顾的项目太多,可能无法全身心地投入此项目当中。

结果,他们为了避免出现前述问题,保守心态占据了上风,最终还是选择了其他律师。

这个故事给我们的启发是,客户在更多时候,并不是选最好的,而会保守地选择最对的那一个选项。

合同江湖梦　法律侠客行
——高云 25 年磨一剑,《合同六法》完美归来

亲爱的读者:

当你翻到这一页的时候,想必已经通读完全书。期望您在掩卷之余,能够收获满满的干货,并对您的法律实务有所感悟,这将是对作者最好的肯定和鼓励。

不过,我的期望远不止如此。在我看来,最能够体现法律思维与写作精髓的,应该是素有"文书之首"之称的合同。为此,本书原版设有专篇——合同写作篇,详细讲述合同谈判、起草、审阅和管理技巧,这是我多年工作经验总结之精华,并且在多个论坛和大学多次公开演讲过,体系和内容都相当实用和精炼。

这本应是法律人成长之道当中最重要的一块拼图,但是为了照顾体例以及压缩篇幅等原因,此篇在最后时刻被拿下。现在回想起来,不得不说是一大遗憾。

一、为此,经过我的努力写作,终于将属于《思维的笔迹》遗珠的《合同六法》部分全部完成。这部作品汇集了我 25 年的合同实战经验,100 家+法律顾问服务案例,1 万+合同写作和修改实践,300 万+实务冠军作品精华,我将其命名为《思维的笔迹——合同六法》。所谓《合同六法》,是一部围绕中国合同实务为核心,以解决合同写作、修改、谈判、实战、管理五大典型场景问题,标准化、技能化和流程化的知识体系。

二、经过与法律出版社和网络合作方熊猫法律新媒体的多番商议,我为读者提供如下学习途径:

我将在网上推出"高云合同实务交流群",实务交流群是公益性、全免费的,由我长期主持解答各种合同实务问题,为中国所有的律师和企业法务等从事合同实务工作人群提供实务交流的网上平台。关注"熊猫法律星球"公众号,查看菜单栏,可免费申请加入。

三、正如懂得再多的道理，仍然过不好人生。懂得再多的合同道理，仍然做不好合同实务。所以，如果你希望重塑思维，建立体系，培养技能和掌握软件工具，就来参加《合同六法》系列网络课程吧。

首推的《合同六法实训营》由我亲自教学，采取2个月21节视频课＋答疑课＋点评课的网络教学方式进行，不仅仅是教学，还有我亲自解答疑问和点评作业，一切以培养合同实战技能为核心目标。由于是网络课程，学习时间由学员灵活掌握，可以随时随地回放学习。同时，学员还能够免费获得我亲自审核的10大类52种合同范本库、最高人民法院合同诉讼案例大数据分析报告以及各种高效合同技术工具。

最重要的是，所有学员将由我全程一对一亲自指导，最大限度地确保实训营的教学质量！

有兴趣了解和报名《合同六法》课程的朋友，可以扫描如下二维码，点击菜单栏免费收听公开课，了解更多详情：

欢迎各位读者加我的个人微信号：gaoyun_whj。法律人生，尽在笑谈中：

图书在版编目(CIP)数据

思维的笔迹.上,法律人成长之道/高云著.--3版.--北京:法律出版社,2013.2(2021.2重印)
ISBN 978-7-5118-4290-9

Ⅰ.①思… Ⅱ.①高… Ⅲ.①律师-思维方法-研究②法律文书-写作-中国 Ⅳ.①D916.5②D926.13

中国版本图书馆CIP数据核字(2012)第283285号

思维的笔迹.上,法律人成长之道
SIWEI DE BIJI. SHANG,
FALÜREN CHENGZHANG ZHIDAO

高 云 著

策划编辑 吴剑虹 张心萌
责任编辑 吴剑虹 张心萌
装帧设计 马 帅

出版 法律出版社
总发行 中国法律图书有限公司
经销 新华书店
印刷 固安华明印业有限公司
责任印制 吕亚莉

编辑统筹 市场研发部
开本 710毫米×1000毫米 1/16
印张 18
字数 278千
版本 2013年2月第3版
印次 2021年2月第16次印刷

法律出版社/北京市丰台区莲花池西里7号(100073)
网址/www.lawpress.com.cn
投稿邮箱/info@lawpress.com.cn
举报维权邮箱/jbwq@lawpress.com.cn
销售热线/400-660-8393
咨询电话/010-63939796

中国法律图书有限公司/北京市丰台区莲花池西里7号(100073)
全国各地中法图分、子公司销售电话:
统一销售客服/400-660-8393/6393
第一法律书店/010-83938432/8433 西安分公司/029-85330678 重庆分公司/023-67453036
上海分公司/021-62071639/1636 深圳分公司/0755-83072995

书号:ISBN 978-7-5118-4290-9 **定价**:58.00元